러시아문서보관소 자료집 5

1920~30년대 극동러시아 한인의 삶

이 저서는 2017년 대한민국 교육부와 한국연구재단의 지원을 받아 수행된 연구임
(NRF-2017S1A5B4055531)

| 한국외대 디지털인문한국학연구소 연구총서 09 |

러시아문서보관소
자료집 5_ 1920~30년대
극동러시아 한인의 삶

송준서 엮음

김혜진·방일권·배은경 옮김

한울
아카데미

일러두기

1. 이 책은 러시아하바롭스크변강국립문서보관소(ГАХК)에서 발굴한 사료 중 1920~30년
   대 극동러시아 한인의 삶에 관한 기록을 모아 번역해 놓은 것이다.
2. 각 문서의 출전은 러시아문서보관소의 공통적인 문서 분류 방식에 따라 문서군(фонд),
   목록(опись), 문서철(дело), 쪽(лист)의 순서로 표기했다. 쪽 숫자 표기 뒤에 붙어 있는
   'об.'는 뒷장을 뜻한다.
3. 출전 아래에 있는 각 문서의 제목은 문서의 핵심 내용을 바탕으로 역자가 국문 제목을
   만들어 붙인 것이다. 역자가 지은 국문 제목 이하부터는 모두 원문이다.
4. 문서의 배열은 시간순을 원칙으로 하되, 내용상 연관성이 있는 문서들의 경우에는 예
   외를 두었다.
5. 문서의 번역은 원문에 충실하게 하려고 했으며, 의역을 삼갔다. 문서의 형식도 원문 그
   대로 옮기고자 했다.
6. 문서 내용에 대한 이해를 돕기 위해 필요한 경우 주석을 달았다. 그러므로 이 책에 달
   린 주석은 모두 편집자 주이다
7. 판독이 불가한 단어는 […]로 표기했으며, 긴 문장이나 많은 내용이 누락된 경우에는
   [……]로 표기했다.
8. 약물(『』, ≪ ≫)과 문장부호(" ", ' '), 그리고 밑줄은 원문의 표기를 따랐다.
9. 번역문의 인명, 지명, 기관명 중 중요하거나 낯선 용어인 경우 독자의 이해를 돕기 위
   해 러시아어 원어를 괄호 안에 병기했다.
10. 외래어의 표기는 국립국어원 외래어표기법을 준용했다.

제2부 | 1920~30년대 극동러시아 한인의 삶

제3부 │ 1937년 극동러시아 한인의 강제이주와 그 후

이 책은 한국외국어대학교 디지털인문한국학연구소 토대연구단이 한국연구재단의 지원을 받아 수행한 '디지털 아카이브로 보는 일제강점기(1910~1945) 한국과 러시아 한인의 역사: 러시아문서보관소 자료를 중심으로'(NRF-2017S1A5B4055531)의 결과물이다.

본 토대연구단은 2017년 9월부터 한국과 러시아 문서보관소에 소장되어 있는 문서보관소 자료 중 일제강점기 동안 한국과 러시아 한인에 대한 문서를 발굴하여 번역하고 데이터베이스화하는 작업을 수행했다. 이 작업은 언어장벽으로 인해 쉽게 접근할 수 없었던 러시아어 기록을 번역함으로써 역사 연구자와 학문 후속세대, 더 나아가 일반인들에게 자료 열람의 편의를 제공하는 것을 목적으로 하였으며, 이를 통해 그동안 알려지지 않은 러시아의 한국 관련 기록을 제공함으로써 한국사의 공백을 메우고 일제강점기 연구의 지평을 확장·심화하며 이 주제에 대한 일반인들의 관심을 제고할 수 있으리라 기대한다.

이 자료집은 러시아하바롭스크변강국립문서보관소(ГАХК) 자료 중 1920~1930년대 극동러시아의 한인과 관련한 자료를 번역하여 엮은 것으로 자료의 원문은 대부분 국내에 처음 소개되는 것이다. 본 자료집은 3부로 구성되어 있다. 자료집에 소개된 자료에 대한 독자의 이해를 돕기 위해 먼저 각 부 주제에 대한 시대 배경을 설명하고 난 후 본 자료집에 실린 자료가 그 시대 배경 중 어디에 연관되는지에 대해 간략한 설명을 덧붙이고자 한다.

제1부 '극동러시아의 한인 혁명가들'은 1920~30년대 이르쿠츠크, 아무르, 연해주

지역에서 활동한 한인 독립운동가들과 사회주의자들에 대한 기록을 담고 있다. 1890년대 동학혁명, 청일전쟁 이후부터 조선에 대한 일본의 지배권이 점차 확립되면서 한인들이 러시아로 정치적 망명을 떠나는 경우가 점차 늘기 시작하면서 1900년대 초 러시아 극동지역은 중국, 만주, 간도 지역과 함께 항일운동의 전초 기지가 되어가고 있었다. 1910년 한일합방을 전후한 즈음에는 조선이나 만주 지역에서 항일운동을 위해 연해주로 흘러들어 온 항일운동가뿐만 아니라 1860년대 이후 조선 북부지방에서 보다 나은 삶은 찾아 연해주로 이주해 와 삶의 터전을 닦은 자들의 후손들도 항일운동에 가담하여 활동하기 시작했다. 그 와중에 1917년 볼셰비키혁명이 발발하고 1918년부터 혁명 지지세력과 반대세력 간에 치열한 내전이 시작되자 많은 수의 극동지역 한인들은 제국주의를 반대하고 식민지 해방을 지지하는 볼셰비키 편에 가담하여 반혁명 세력인 백군(백위대)에 대항하여 싸웠다. 이 과정에서 극동지역 한인들은 1918년 일본군이 백군세력과 연합해 혁명 정부를 무너뜨리고자 극동지역에 상륙하자 일본군에 대항하여 쫓고 쫓기는 빨치산(무장유격대) 활동을 전개하였다. 본 자료집의 1번, 9~10번 문서(5쪽 차례 참고)는 바로 이 같은 극동러시아 한인들의 러시아 내전 참전과 관련된 내용을 담고 있으며, 제1부의 그 외 문서에서도 이들의 내전 시 경력에 대해 살펴볼 수 있다.

극동의 한인 공산주의자들은 볼셰비키 군대에 합류하여 일본 간섭군 세력과 용감히 싸웠지만 한편으로는 자체 내 노선상의 분열로 민족운동과 사회주의운동에서 결집된 역량을 발휘하지 못한 치명적인 약점도 지니고 있었다. 1920년경부터 그들은 조선 독립을 우선순위로 놓은 민족주의 성향이 강한 분파(상해파)와 주로 러시아에 소재한 단체로 구성되고 러시아 국적을 취득한 한인(원호인)들이 많으며 신생 소비에트 국가와 협조 관계를 우선순위에 놓았던 분파(이르쿠츠크파)로 나뉘었다. 그런가 하면 당시 러시아의 한인 민족운동가들 사이에서는 상해임시정부처럼 '정부'급의 조직을 만들어 활동하고자 하는 '국민의회'라는 단체가 생겨났다. 국민의회파는 초기 이르쿠츠크파와 뜻을 같이했으나 1920년대 중반 이후 독자적 행보를 가게 되었다. 이후 1920년대 내내 이들 분파 간 분쟁은 지속되었고, 1920년대 말에는 상해파 내에서 내분이 일어나면서 극동지역에서 활동하던 한인 공산주의 운동가들은 더욱 깊은 분열의 길로 접어들었다. 이러한 파벌 싸움의 양상은 1928~1929년 스탈린이 권력투쟁 마지막 단계의 일환으로 볼셰비키 당내 우파 숙청을 시작하면서 당시 극동지역 당·정부기관 한인부서에서 요직을 차지하고 있던 이르쿠츠크파, 국민의회파 대부분이 당과 공직에서 축출되는 것으로 전개된다. 그런가 하면 1934년 당시 인기 있었던 당지도자 중 한 명이었던 레닌그라드 당비서 키로프가 암살되면서 스탈린 정부는 '내부의 적'을 색출해 낸다는 명분으로 1935~1936년에 걸쳐 당숙청 작업을 전개했는데, 이때 남아 있던 한인 공산주의운동 지도자들도 일본과 협조했다는 근거 없는 혐의를 씌워 숙청하였다. 결국 1930년대 중반 오랜 기간 분파싸움을 벌여왔던 한인 공산주의자들은 거의 모두 당에서 축출되었던 것이다. 본 자료집의 2~8번, 13~17번 문서는 이와 같이 1920년대 극동지역 러시아 한인들의 분파와 분파 간 마찰, 반목, 분열과 관련된 내용을 담고 있다. 16번 문서(김아파나시의 탄원서) 경우 1920년대 전체의 분파 간 알력에 대한 내용을 담고 있는 중요한 문서로, 1990년대 국내 서적에 소개된 적이 있으나 편지 작성 날짜를 포함하여 인명의 오기, 오역 그리고 누락된 부분이 있어 이번에 다시 번역하여 수록하였다. 이외에도 4번, 5번 문서는 한인 공산당원 박공세(박공서)의 출생 연도와 황석태의 1920년대 활동 사항 등 한인 공산주의자들의 잘 알려지지 않은 이력을 소개해 주고 있다.

　제2부 '1920~30년대 극동러시아 한인의 삶'은 이 시기 극동러시아 지역에서 살고 있던 한인들의 생활상을 보여준다. 1863년 궁핍한 삶을 피해 함경도 주민 13가구가 국경을 넘어 러시아 땅으로 이주한 이래 러시아로의 이주민 수는 해마다 늘어 이미 1860년대 말로부터 6년 후인 1869년 연해주에 거주하는 한인 수(6천 5백 명)는 그 지역 러시아인 수를 능가하게 되었다. 이주 초기 러시아 지방정부는 1860년 북경조약 체결로 중국으로부터 획득한 연해주 지역개발을 위해 한인 이주를 수용한 측면도 있었다. 따라서 1891년 연해주총독 코르프는 극동지역 한인을 조선과 러시아가 조로통상수호조약을 통해 수교를 맺은 1884년을 기점으로 구분하여 1884년 이전에 러시아에 이주해와 러시아 국적을 취득한 한인에게는 일정 면적의 토지를 제공하여 자기 땅을 갖고 농사짓게 하였고, 이후 이주해 온 한인에게는 토지 제공을 하지 않았다. 따라서 러시아 정부로부터 토지를 제공받지 못한 한인들은 주로 이주한 지 오래되고 러시아 국적과 함께 토지를 소유한 원호인이나 러시아인의 소작농으로 생계를 이어가거나 광산업, 어업, 상업에 종사하면서 살아갔다. 러일전쟁 이후인 1905년 말 연해주 총독으로 부임한 운테르베르게르는 점증하는 극동지역 한인에 대해 황화론적 시각으로 극동지역의 러시아화를 저해하는 요소로 보고 한인 이주민에 대한 러시아 국적 취득을 허용하지 않았다.

그러나 1917년 혁명 이후 벌어진 시베리아 내전이 1922년 볼셰비키의 승리로 끝나고 일본 간섭군이 극동지방에서 완전히 철수하자 소비에트 정부는 1923년 8월, 내전 동안 소비에트 편에서 싸운 한인과 빨치산 출신에게 영주권을 배부하고, 토지가 없거나 부족한 한인들에게 러시아인들이 보유한 토지 일정량을 분배하는 정책을 시행했다. 1923년 당시 한인이 가장 많이 거주하고 있던 연해주의 경우, 한인 인구는 10만 6천 명(1924년 기준 연해주, 아무르주, 자바이칼주, 사할린주, 캄챗카주 등 극동변강 전체 지역의 한인 수는 14만 명)이었고, 이들 중 88%에 해당하는 한인 인구가 농사를 짓고 있었다. 이들 한인 농민 중 정부로부터 토지를 분여받아 보유하고 있는 농가는 연해주 전체 한인 농가의 13%밖에 되지 않았다. 이런 상황에서 한인에 대한 정부의 토지 분여 정책은 한인의 토지 보유 비율을 개선하는 효과를 가져와서 1925년에는 자기 보유 토지가 있는 한인 비율은 28%로 증가했다. 하지만 여전히 70% 이상이 토지를 보유하지 못하고 부유한 한인 원호민이나 러시아인에게 비싼 토지임대료를 내고 농사지어야 하는 상황이었다. 이러한 상황에서 가난한 한인 농민들의 원호민 및 러시아인에 대한 적개심이 커지고 상호 긴장관계가 조성되는 경우도 많았다. 볼셰비키혁명 이후에도 이러한 문제는 근본적으로 해결되지 않았던 것이다. 또한 블라디보스토크 지역처럼 한인 인구가 밀집되어 있는 반면 농토가 그에 비례해 충분치 않은 경우는 지역 한인들이 정부로부터 해당 지역에서 토지를 분여받지 못하고 북쪽의 하바롭스크 지역까지 이주해서 그곳에서 토지를 분여받는 경우도 있었다. 결국 토지 부족 문제로 반강제적인 이주를 했던 것이다. 본 자료집의 19~20번, 23~31번 문서가 위에 설명한 한인 농민에게 토지를 분여하는 문제 및 한인 농민 이주 문제와 연관된 것이다.

1927년 12월 '제1차 5개년 계획'이라는 이름하에 스탈린 정부의 급속한 산업화 정책 입안과 함께 농업집단화 정책이 결정되고, 1928년부터 본격적으로 농업집단화가 시행되면서 소련 농민들은 '콜호스'라고 불리는 집단농장에 토지, 농기구, 가축 등 모든 소유물을 이전해야 했고, 이는 극동지역 한인들도 예외는 아니었다. 극동지역 한인 중 토지를 보유하지 않은 빈농들은 집단화를 반겼으며 적극 지원했다. 덕분에 한인 거주 지역에서 농업집단화는 빠른 속도로 진행되어 1928년 집단화율은 5%였으나 1932년에는 82%의 집단화 성과를 기록했는데, 이는 그 시기 극동지역 전체 집단화 비율이 62%인 것을 감안하면 상당한 성과였다. 하지만 이 집단화 과정에서 한인 원호민 토호 및 러시아인 농민과 한인 빈농 간의 적대감이

증폭되는 경우가 많았고, 그에 더해 소비에트 정부가 차별적으로 러시아 농민 집단농장 조성 시 더 많은 혜택을 제공함으로써 한인 농민들의 불만이 증폭되었고 집단농장에서 탈퇴하는 경우도 많았다. 또한 집단화 이전부터 계획되고 부분적으로 시행되었던 토지 부족으로 인한 한인 농민의 아무르 지역으로의 이주 정책은 집단화가 시작된 이후에도 추가 계획이 수립되었고 부분적으로 이행이 되었다. 이같은 내용은 본 자료집의 32~35번, 37~39번 문서에 나타나고 있다. 이 외에도 21~22번, 36번 문서는 1920년대 한인 사회의 출판, 교육 등 문화 영역과 관련된 자료로, 21~22번 문서는 1926년 극동러시아 지역의 한국어 출판사업에 대해서, 36번 문서는 1924년경 하바롭스크 지역 한인의 초등교육 대상자에 대한 정보를 제공해 주고 있다.

제3부 '1937년 극동러시아 한인의 강제이주와 그 후'는 우리에게 익히 잘 알려져 있는 극동러시아 한인의 강제이주에 관한 문서를 싣고 있다. 우리에게 익히 잘 알려진 스탈린 정부의 전격적인 극동러시아 한인 강제이주 결정의 배경은 1937년 8월 21일 소련공산당 중앙위원회 결정문에 명시되어 있듯이 극동지역에 일본 스파이들이 침투하는 것을 차단하기 위한 것이었다. 일본 스파이설은 이미 그해 4월 23일 소련공산당 기관지 ≪프라브다≫ 기사에 극동지역에서 한인, 중국인이 소련 주민으로 가장하여 일본을 위한 스파이 활동을 하고 있다고 보도된 것과 같은 맥락이었다. 하지만 극동지역 한인의 이주가 1937년에 처음 등장한 것은 아니었다. 이미 1870년대부터 국경 안보 문제나 국경지역의 러시아화에 지장을 준다는 이유로 한인 이주민들을 국경 지역에서 멀리 떨어진 내륙 지역으로 이주시켜야 한다는 견해가 대두되었고, 많은 수는 아니지만 실제로 이주가 이루어지기도 했다. 그런가 하면 본 자료집 제2부 자료에서 볼 수 있듯 혁명 이후 소비에트 정부가 들어선 후에는 토지 부족에 따른 분여지 분배 문제로 한인들이 북쪽 내륙으로 이주당하기도 했다. 따라서 1937년 극동러시아 한인 이주 원인에 대해서는 제2부 자료와 연계하여 좀 더 다양한 각도에서 바라볼 필요가 있을 것이다.

1937년 한인 강제이주와 관련하여 제3부에는 8월부터 10월까지 극동지역에서의 이주 과정을 다룬 문서 외에도 극동 한인들이 카자흐스탄, 우즈베키스탄에 도착한 이후 극동지역에 두고 온 자산에 대한 보상 처리가 어떻게 진행되었는지, 강제이주 이후의 상황을 담은 문서를 소개하고 있다. 이들 문서는 우리가 얼핏 생각하기에 가혹한 조건에서 강제이주가 시행됐을 것이라는 예상을 뒤집는 조항도 보여준다. 예를 들어 본 자료집의 44번 문서의 경우 한인 농민들 소유의 가축에 대해서 이주 정착지에서 그에 상응하는 현물을 받을 수 있도록 규정한 조항, 극동 한인들이 남겨놓고 가는 부동산에 대해서 현금으로 지급하거나 신용장을 발급한다는 조항을 담고 있다. 47번 문서는 강제이주 이송 기간 동안 필요한 식량 구입비로 한 가구당 200루블의 현금 지급을 명시하고 있고, 51번 문서는 모든 이주 대상 주민에게 2주치 휴가보조금 지급을 명시하고 있다. 하지만 이미 잘 알려졌듯이 강제이주민을 위한 정부기관의 '세심한' 배려는 중앙과 지방 관리들 간 의사소통의 문제와 지방 현지 상황에 의해 실제로는 거의 실행되지 않았고 피해는 오롯이 한인 이주민들이 감내해야 하는 것이었다. 58번 문서는 블라디보스토크 수송부대 책임자가 한인 이주민 수송을 위해 지방 관청에 보내는 이송열차 요청서인데, 특실이 달린 객차와 심지어 주방차와 위생차를 요청한 것으로 나타나지만, 당시 이송된 한인들의 진술은 이송 과정이 '안락한' 여행이 전혀 아니었음을 보여주므로 이러한 신청은 거의 수용되지 않은 것을 알 수 있다. 다만 61~68번 문서를 통해서 한인 이송 시에 동일한 직업군끼리 묶어서 이송하라는 정부의 지시만큼은 비교적 잘 지켜졌음을 확인할 수 있다. 그에 더해 이들 문서에는 이송자 가족의 나이, 출생지, 이름, 성별이 상세히 기재되어 있어서 강제이주 당시 한인 가족들의 모습이 눈앞에 선히 떠오르면서 당시 그들이 느꼈을 처참한 심정과 고통에 조금이라도 공감할 수 있도록 해줄 것이다.

본 자료집에는 강제이주와 관련하여 그동안 연구자들이 상대적으로 큰 관심을 보이지 않았던 중앙아시아로의 이주 후인 1938년, 1939년 한인 이주민들이 극동지방에 남겨둔 재산 처리, 보상 문제에 관한 다양한 내용도 담고 있다. 이 문서들을 보면 강제이주 당하기 전 극동지방 정부가 약속한 한인들의 재산 보상 문제가 중앙아시아 지역 관리들과 극동지역 관리들, 그리고 모스크바 중앙은행과 지방은행 간의 소통 문제, 무관심, 허술한 행정처리, 중앙의 지시 불이행 등으로 대부분 이행이 안 되고 있음을 알 수 있다. 본 자료집의 74~88번 문서는 바로 이 같은 문제를 보여주고 있다. 제3부에 소개된 자료 중에는 기존의 국내에서 출판된 강제이주 관련 자료집과 유사한 것이 있으나 중복되는 문서는 아니므로 기존 자료집과 상호보완해서 활용한다면 한인 강제이주와 이후 상황에 대해 더 완성도 높은 그림을 그릴 수 있으리라 생각한다.

본 자료집은 해당 주제에 대한 전공자뿐만 아니라 비전공자의 이해를 돕기 위해 자료 번역문 아래 각주 형식으로 특정 용어와 인물, 사건에 대한 설명을 첨가했다. 해당 주석과 본 해제 집필을 위해 도움을 받은 참고문헌은 아래에 명시하였다. 본 자료집을 준비하면서 가장 어려웠던 점 중 하나는 1920~30년대 당시 극동 러시아 지역에서 사용했던 용어를 살려 번역하는 문제였다. 대표적인 예로는 '극동'을 의미하는 러시아어 '달리니 보스토크(Дальний восток)'를 당시 현지에서 널리 사용되던 '원동(遠東)'으로 할지, 아니면 오늘날 일반적으로 통용되는 '극동'으로 번역할지의 문제였다. 자료의 시대 분위기를 살리고 역사적 의미를 고려한다면 원동으로 번역하는 것이 합당하나 본 자료집을 비전문가에게도 좀 더 친숙히 다가갈 수 있도록 만든다는 기획의도를 살려서 '극동'으로 번역하였음을 밝히는 바이다.

희미하고 잘 보이지 않는 문서보관소 자료를 번역한 역자 세 분의 노고에 다시 한번 감사드리며, 아울러 자료 내용과 관련한 문의 사항에 대해 상세히 답변해 주신 반병률 한국외국어대학교 사학과 명예교수님, 그리고 토대연구사업을 적극 지원해 주신 이해윤 한국외국어대학교 디지털인문한국학연구소 소장님께도 깊이 감사드린다.

토대연구단 연구책임자 송준서

참고문헌

리 블라디미르(우효)·김 예브게니(영웅). 1994. 『스탈린체제의 한인 강제이주』. 김명호 옮김. 건국대학교출판부.
박환. 1998. 『在蘇韓人民族運動史』. 국학자료원.
반병률. 1998. 『성재 이동휘 일대기』. 범우사.
_____. 2019. 『항일혁명가 최호림과 러시아지역 독립운동의 역사』. 한울엠플러스.
배은경. 2019. 『로력자의 고향, 로력자의 조국』. 민속원.
송준서. 2014. 「1920~30년대 경제정책을 통해 본 소련의 중앙-지방 관계」. 《서양사론》, 제123호, 201~232쪽.
심헌용. 2017. 『러시아 민족정책과 강제이주』. 선인.
이채문. 2007. 『동토의 디아스포라』. 경북대학교출판부.
임경석. 2003. 『한국사회주의의 기원』. 역사비평사.

동국대학교 대외교류연구원. 2015. 『러시아문서 번역집 XXIII: 하바롭스크변강국립문서보관소(ГАХК)』. 이재훈 옮김. 선인.

전북대학교 고려인연구센터. 2019. 『스탈린시대 정치탄압 고려인 희생자들』 자료편·인명편 1, 인명편 2. 김선안·문준일·양민아 외 옮김. 독립기념관.

한국외국어대학교 디지털인문한국학연구소. 2020. 『러시아문서보관소 자료집: 모스크바 동방노력자공산대학(1921~1938)의 한인들』 1, 2. 김혜진·방일권·배은경 외 옮김. 한울엠플러스.

_____. 2022. 『러시아문서보관소 자료집 3: 고려공산청년회 I』. 이완종 옮김. 한울엠플러스.

_____. 2022. 『러시아문서보관소 자료집 4: 고려공산청년회 II』. 이재훈 옮김. 한울엠플러스.

_____. 2019. 『사진으로 본 러시아 항일 독립운동 제3권』. 안동진·이재훈·신동혁 옮김. 한울엠플러스.

웹사이트

세계한민족문화대전. http://www.okpedia.kr/

한국독립운동인명사전. https://search.i815.or.kr/dictionary/main.do

한국민족문화대백과사전. http://encykorea.aks.ac.kr/

제1부

극동러시아의 한인 혁명가들

ГАХК, ф.137, оп.11, д.1, лл.114-115

블라디미르 세르게예비치 이의 이력서[1]

1918년 이래 러시아공산당(볼셰비키) 당원

당증 № 462983

1884년 1월 9일 조선 한성부의 명문 사대부가에서 출생함. 1890년부터 1894년
까지 소학 교육을 가정에서 받고 부친과 더불어 북미합중국으로 건너 가 1900년
까지 미국 워싱턴시에서 수학하였으며 1896년부터 1900년까지 미국과 캐나다 중
부의 거의 전역을 여행하였음. 노비제에 대한 공개적 반대와 농민 해방으로 경고성
질책을 받았고 왕권 제한에 대한 거듭된 주장으로 엄중한 질책과 '특별법원'[2] 칙임
관의 감시를 받음. 왕릉을 빼앗아 빈농들에게 나누어 줄 것을 주장하여 부모들이
150데샤티나의 전답을 벌금으로 물었고, 매관매직에 대해 항의했다 하여 3개월치
봉록의 감봉 조치를 받았음.

1900년 5월 유럽 도시 파리로 이주해 기숙중학교에 입학해 법학 및 국제법의 두
과정을 마침. 1902년에 시험을 통과하고 (파리에서 27km 떨어진) 생시르 특별군사
학교[3]에 입학함. 학교 졸업에 맞추어 1904년 육군 소위로 임관하여 파리의 151보병
부대 소대장으로 임명됨. 대한제국 정부의 명에 따라 페트로그라드[4]로 이주하였
고, 대한제국 공사관의 조치에 따라 1904년에 대한제국 공사관 서기로, 1905년에
참서관으로 임명됨. 1907년에 대한제국 정부와 조직들로부터 위임을 받은 네덜란

---

1 Владимир Сергеевич И. 이위종(李瑋鍾)의 러시아 이름. 1905년에 러시아 정교로 개종
   한 이위종은 10월에 세례를 받고 블라디미르 세르게예비치라는 이름을 받았음.
2 «Семейный Суд»로 의미상으로는 '가정법원'으로 해석되나 대한제국기에 가정법원이
   존재하지 않았음. 따라서 본문의 시기상 1899년 5월부터 1907년 12월까지 존치된 최고
   법원인 평리원(平理院) 산하의 특별법원으로 보임. 특별법원은 황실과 관련된 범죄를 다
   루었음.
3 Ecole Speciale Militaire de Saint-Cyr. 프랑스 장교 양성을 목적으로 1802년 나폴레옹이
   프랑스 혁명 당시 해산된 왕립군사학교를 대체하기 위해 설립한 고등 교육기관. 사관학
   교의 역사에서 11명의 프랑스 원수를 비롯해, 6명의 프랑스 아카데미 회원을 배출되었고,
   여기에는 3명의 국가원수(맥마흔, 페탱, 드골)가 포함됨.
4 1904년 당시 명칭은 상트페테르부르크.

드 헤이그 제2차 만국평화회의의 전권대표였음. 1908년 의병 조직을 위해 연해주로 떠났고 한반도의 북부 지역과 러시아 영토에서 의병을 지휘함. 같은 시기에 혁명운동을 이끌어 조선 국경에서 100베르스타 떨어진 우수리스크 지역 노보키옙스크시에서 혁명 세력을 규합. 1907년부터 1910년 사이에 두 차례에 걸쳐 궐석재판을 통해 무기 징역과 사형을 선고받음. 러시아 차르 정부와의 조약 위반이 된 결과로 테러 조직을 결성하는 등 적극적 행동을 벌이던 빨치산 활동을 중단해야 했음. 1909년 (미국) 캘리포니아에서 결성된 테러 조직과의 연계 구축을 위해 페트로그라드로 돌아옴. 동시에 러시아 학생 조직들과의 연락을 유지하고 있었으나 미국과 조선과의 연락은 끊어졌기에 때를 기다려야만 했음. 자금과 예비금이 모두 청년학교, 특히 연해주 아동 학교 건립에 지출되었으므로 생활비가 부족해짐에 따라 노브고로드주에서 농사, 즉 양계업에 종사함. 1911년 부친의 사후[5] 어렵게 서북 철도에 입사하여 사무원으로 근무함. 1916년 1월 군사학교 입학 차 해용될 당시 운전감독관으로 근무하였음. 1916년 5월 블라디미르 군사학교를 졸업하고 소위로 랴잔주 스코핀(Скопин)시의 제81보병 부대에 배치됨. 1917년 5월에 이미 서부전선[6]에 있었고 휴전과 동원 해제로 휴가를 받아 귀가하였음. 류머티즘으로 인해 4개월 치료를 받음. 1918년 5월 스코핀의 […] 제3인터내셔널 연대로 들어가 공병 부대에 배정되었음. 같은 도시에 재결성된 15보병 연대로 이동하여 기관총 부대 지휘관에 임명되었고, 1918년 10월에 연대 세포 후보가 되었으며 같은 해 12월에는 러시아 공산당 총회의 결의에 따라 당원이 됨. 1919년 4월 우파 근교의 국내 전선으로 떠남. 적극적인 적군(赤軍)의 교육과 훈련을 인정받아 연대 명령에 따라 15보병연대장으로부터 표창을 받음. 행군과 전투의 모든 기간에 연대 정치지도원을 역임했고 우파 탈환의 일원이었음. 우파시 근교 적과 대항함에 있어 공적을 거둠으로써 적기 훈장을 수여받았음; 우파시 탈환 이후 차리친(Царицын)시 근교로 재배치되어 이동 중 장티푸스에 걸려 탐보프시로 후송되었고, 이에 의료위원회는 1개월 병가를 줌. 외무인민위원부의 요청에 따라 공화국 혁명 군사위원회를 통해 선임 선동가 및 선전문학의 한국어 번역가로 소환·임명되었음. 조선민족연합 중앙위원회

---

5 부친(이범진 주러 공사)의 자결을 말함.
6 제1차 대전 당시 서부전선에는 벨기에, 룩셈부르크, 알자스, 로렌, 독일의 라인강 지방 및 프랑스 북동부 지역이 포함됨.

산하 동양부에서 최초의 한인 공산당 세포를 조직했고 러시아 및 시베리아 노동자 농민 및 농민대표 중앙위원회의 명칭을 얻어 세포를 고려민족회로 개편함. 1919년 공화국군사혁명위원회의 위임에 따라 선거에서 제3 및 제5군 산하의 한인 민족 부대 구성을 위한 군사지도자로 선출되었음. 외무인민위원부 협의회의 결정에 따라 1920년 우랄 지역 한인 노동자에 대한 선동 선전을 위해 페름시로 파견됨. 1920년 5월 러시아 공산당 세미팔라틴스크 지방위원회 당 활동을 위해 페름을 떠나 세미팔라틴스크로 가서 한인 세포를 조직하여 고려분과 서기로 일했고, 한인을 위한 당학교를 세워 한인의 문맹 퇴치에 힘썼으며, 한인 당학교를 이끌고 정치지식과 영어 및 한국어 강좌를 담당하였고, 한인과 중국인 노동자 연맹을 조직하고 세미팔라틴스크시의 주(州)직업동맹 강사로 활동함. 러시아 공산당 세미팔라틴스크 지역위원회의 결의에 따라 1920년 크라스노야르스크 지역위원회로 파견되어 한인 지부를 구성하고 책임서기로 임명됨. 1920년 12월 한인 지부의 해산 후 지역식량위원회(Губпродком)에 지역식량 감독관으로 들어가 관리-납세과장을 겸직함. 1922년 지역식량위원회 공산세포의 책임 서기로 선출됨. 같은 해 5월 러시아공산당 협력 세포 구성원의 선거에 따라 식품노동자 클럽 조직자 및 클럽 지도부 의장으로 선출됨. 청년 및 여성 노동 지도자, 사회보험금고의 전권대표이자 '지역식량위원회'의 노동보호 위원회의 구성원이었음. 1922년 10월 지방식량위원회의 특수비밀사업 전권대표와 지역인민경제소비에트[7] 탁아소의 감독과 통제를 위한 운영위원회 상임의장으로 선출되었고, 11월에는 크라스노야르스크시 소비에트 위원으로 선출되었으며 주식회사 '곡물생산물(Хлебопродукт)'[8]의 작업단 지도원으로 이동 조치되어 1922년 12월 26일까지 지역식량위원회 세포 책임 서기직을 겸직함. 1923년 1월 3일 자 예니세이주 집행위원회의 결의를 따라 러시아소비에트연방 사회주의 공화국(РСФСР)의 국민이 됨. 1924년 3월 30일부터 작업단 회계원으로, 그리고 4월 15일부터 배급부서장에 임명되었으며, 당 노선에서 '곡물생산물'회사 세포 집행부 위원으로, 직업 노선에서 노동보호위원회 의장(노력 부문) 및 곡물생산물회사 산하

---

7   원문에는 ГСНХ로 표기. 도시인민경제소비에트(городской совет народного хозяйства) 혹은 губсовнархоз, 즉 주(州)인민경제소비에트(губернский совет народного хозяйства) 의 약자로 여겨지나 본문만으로 확정하기 어려우므로 지역인민경제소비에트로 옮김.
8   신경제정책 시기 존재했던 상업회사. 1922~1927년 존립.

국제혁명투사후원회(МОПР)[9] 세포의 의장으로 선출됨. 1924년 9월에 '곡물생산물' 회사 치타 사무실로 전보되어 상업 감독관 및 배급부서의 세포 책임자 및 부대리인에 임명되었음.

---

9 МОПР(Международная организация помощи борцам революции). 1922~1947년 시기에 존립. 세계 도처에서 급진적 계급 전쟁을 수행하는 과정에서 수감된 정치범들에 대한 물질적·도덕적 지원을 위해 코민테른이 1922년에 설립한 기구. 러시아어 약어 МОПР는 '모프르'로 발음되며 국내에서 '희생자위원회', '국제적색구원회' 등으로 번역되기도 하였지만 원어와 본 단체의 성격을 고려하면 '국제혁명투사후원회'로 칭하는 것이 적절함.

ГАХК, ф.137, оп.11, д.1, лл.172-175

극동혁명위원회 간부회가 모스크바 한인연합
(Корейский Союз) 해산에 찬성하는 이유

모스크바 한인연합 문제에 대해 극동혁명위원회 간부회는 다음과 같은 이유로 그 해산에 찬성을 표했다: 2월 혁명의 시초부터 극동지방 영토들에서 그와 같은 조직들이 자발적으로 생겨나기 시작했지만, 그들이 오직 2월혁명에 의해서만 추동되었다고 여긴다면 잘못된 것이다. 이들 조직은 반합법적으로, 간간히 합법적으로 심지어 차르 시대 지역 정부의 자애로운 지원까지 받아가며 혁명 시까지 "국민회(КУК-МИН-ХЕ: 국민협회10)"라는 명칭으로 존재했다. 이후 지역의 정치적 형편과 권력 기관의 분위기에 따라 이들 조직은 (국민의회,11 노동자-농민연합 등) 다양한 이름으로 존재했지만 본질적으로 그들의 주된 구호였던 '한국민의 보호'는 변경되지 않았다. 특히 1924년 초까지 극동 군관구의 한인 주민 대부분이 소비에트화되지 않았기 때문에 그러한 조직들의 존재가 소비에트 권력의 어떠한 반대도 부딪치지 않았던 것은 당연하다. 한인 주민의 90%가 소비에트화된 현재 대부분의 조선 학교는 국가 운영이나 지역의 운영 체계로 들어왔으나, 한인 마을과 촌락들에서는 공통적으로 문화선전 근거지들이 집중적으로 생겨나고 있다. 명료한 기능과 형태조차 갖추지 못하고 한인 대중들의 정치적 관계에서 미약한 발전을 보이는 부문의 분위기를 혼란스럽게 만드는 이러한 조직들의 존재는 그 무엇으로도 정당화될 수 없다. 극동군관구로부터 간섭군과 백위파를 쓸어냈을 무렵 그와 같은 연합의 수는 극동군관구 전역에 걸쳐 60개 이상을 헤아렸다. 러시아공산당 극동국은 강압적인 수단이 아니라 노력자 한인 대중을 소비에트 건설에 참여시킴으로써 그 조직들을 청산하는 쪽으로 접근하였다. 현재는 블라고베셴스크시에 단 하나의 (한인)연합만이 초라한 존립을 지속하고 있다. 연합의 그 같은 존립 상태는 아무르주의 한인들이 연해주 남부에 거주하는 핵심적인 한인 대중으로부터 고립되어 있어 미약하게나마 소비에트 건설에 관여하고 있다는 사실로만 설명되는 것

---

10 Национальное Общество
11 Национальные Советы

이다. 그나마 이 연합은, 아무르주의 한인 관련 사업 책임자의 보고로 미루어 볼 때, 자체 해산 직전이다. 연합 자체가 낸 올해 2월 18일 자 제60호 집행위원회 의견이 그 무엇보다 훌륭히 성격을 규정하고 있는바, 그 말 그대로 연합은 존립이 위기 일발이며, 회원은 돈을 내지 않고 있고 할 일이 없다는 것이다. 노력자 한인대중은 연합의 운명에 아무런 관여도 하지 않고 있고, 연합의 설립과 생존이 그 인민과 동떨어져 있다고 설명할 수밖에 없다. 이들 연합의 집행위원회조차 치타시의 경우처럼 연합조차 없는 채로 존재하기 일쑤다. 민족정신으로 훈육을 받은 일부 한인 지식인들이 죽어가는 연합을 인위적으로 되살리려는 시도는 점점 쇠약해지는 민족 연합보다 직업 연합과 소비에트 기구를 더 선호하는 한인 노동자와 농민의 폭발적으로 증대하는 적극성과 계속적으로 맞서고 있는 것이다. 그러므로, 만일 그 연합들이 14만 명이나 되는 한인들을 보유하고 있는 극동 군관구의 조건 아래서도 자신의 생존 능력을 입증하지 못했다면 한인 출신의 노동자나 농민이 사실상 전무한 소련의 유럽 지역에 대해서는 언급할 필요조차 없을 것이다. 때때로 날품팔이나 하면서 담뱃잎이나 말아 피우는 수백 명의 떠돌이들을 헤아리게 되거나, 아니면 대부분이 명백한 투기꾼이나 네프만(Нэпман)[12]으로 퇴화하게 될 것이다. 하지만, 최근에 지부를 조직하고자 이곳에 도착한 대표가 언급하였듯이, 외무인민위원부(НКИД)[13]에 대한 물질적·도덕적 지원이 있다고 해도 한인연합의 존재는 그다지 의미가 없을 것이다. 만일 이 연합이 극동 군관구 내의 한인 노력자들에게 자신의 영향력을 확대하려는 진실하고 헛된 시도를 하지 않는다 할지라도, 그 상황은 필연적으로 한인들 사이에 순조로이 진행되고 있는 소비에트 건설에 장애요인이 될 수도 있기 때문이다.

이것이 극동혁명위원회가 모스크바 한인연합의 해산에 찬성하는 입장을 밝히게 된 근거들이다. 이러한 시각은 이 문제에 대해 확고한 결정을 표명한 극동 군관구의 한인들과 활동적 노동자들의 지지를 받고 있다.

동시에 극동혁명위원회 간부회는 볼셰비키 중앙집행위원회에 연해주 한인들

---

12 신경제정책(Новая экономическая политика, 1921~1928) 시기 허용된 시장경제 체제하에서 개인 사업 등을 통해 돈을 번 사람들. '신경제정책'의 약어 НЭП와 '열성자', '지지자'를 뜻하는 ман의 합성어.

13 Народный комиссариат иностранных дел.

의 경지 정리에 관한 상세 견적서를 제출하고자 한다(사본 첨부).

이뿐만 아니라, 이 문제에 관한 볼셰비키 중앙집행위원회의 결정과 무관하게, 특히 연해주에서 한인 농민들 사이의 토지 관계가 지극히 혼란스럽다는 점과 관련하여, 극동혁명위원회 연해(주) 토지관리국의 결정에 따라 이미 가장 필요한 구역들에서 경지 정리 작업에 착수하였다.

극동혁명위원회는 이를 보고 드리며 볼셰비키 중앙집행위원회에서 한인 토지의 조사 사업비 지출 문제가 첨부된 예산에 따라 승인되도록 민족문제국[14]이 서둘러 줄 것을 요청하는 바이다.

극동혁명위원회 의장

한인 문제 전권위원 김기룡(КИМ-ГИРИОНГ)

---

14 Отдел Национальностей. 스탈린이 이끌었던 민족문제인민위원부(Народный комиссариат по делам национальностей РСФСР)의 지방 본부를 의미. 민족문제인민위원부는 1917년 10월부터 1924년 4월까지 존립함.

ГАХК, ф.П-2, оп.1, д.72, лл.11-12

박윤세와 이정균이 박애에게 보낸
1927년 11월 21일 자 편지

박애 동지에게

귀하의 건강을 기원한다. 별송하는 편지에서 우리는 간도에서 일어난 최근 사건[15]에 대해 알려드렸으며, 지금 서술하는 바는 우리가 여기 블라디보스토크에 도착한 이유는 여기에 도착하기 전의 우리 상황에 대한 것과 최근에 추적을 피해 숨어 있는 사람들과 관련된 조치 방법에 대한 것이다.

만주 지도부는 지금까지 간도의 용정, 즉 언급한 사건 후에 더 이상 그곳에 머물 수 없게 된 지역에 있었으며, 따라서 상황상 당연히 다른 체류 장소를 찾아야 했다. 즉 만주 지도부는 사람들을 이동시키기에 유일하게 안전한 경로인 소련을 경유하여 남만주로 이전하기로 하였다. 이 목적을 위해 이곳으로 와서 체류했다. 올 10월 3일 사건 이후 지도부는 지역과의 모든 관계를 상실했다.

사건 후 일주일이 지나서 남만주로 2명의 동지가 파견되었는데, 용정에서 [⋯] 베르스타 떨어진 [⋯] 산으로 가는 길을 따라 오다가 초소에 있던 일본 경찰에 체포되어 용정에 위치한 일본 영사관으로 이송되었다. 용정에서 130베르스타 거리에 위치한 봉천에서도 추적을 피해 도피한 또 한 명의 동지가 피체되어 남만주로 이송되어 용정으로 송치되었다. 북만주로 가는 길에 위치한 운천라즈(Унченлаз) 지역에서 또 3명이 체포되었는데, 그중 2명은 용정으로 이송 중 호위병의 눈을 피해 도주했고, 그리하여 1명만 용정으로 이송되었다. 위에서 언급한 것으로 볼 때 용정을 통한 남만주 경로가 매우 위험함이 너무나 명백하다. 게다가 남만주로 가

---

15 1927년 10월 발생한 제1차 간도 공산당사건으로 추정됨. 당시 용정의 일본 총영사관이 간도에서 활동하던 중학교 교원인 공산주의 운동가들을 검거하였고 이에 수백 명의 학생들이 시위를 벌임.

기 위해서는 도보로 최소한 500~[…]베르스타를 가야하며, 동시에 인적이 드물고 다른 길이 없으므로 일본인들이 2~3곳에 경찰 초소를 세워서 우리 모두를 체포하는 게 어렵지 않다. 이와 같은 정황에 근거하여 우리는 더 편리하고도 인적이 많은 소련을 통해 사람들을 이동시킬 수밖에 없었다.

지난달 25일 용정에서 출발하여 이번 달 4일 이곳에 도착했다. 도착하자 우리는 만주에서 장쭤린(ЧЖАН-ЦЗОЛИН)[16] 부대가 "정의부(Тен-Ы-Ву)" 부대를 무장해제하고 200기의 무기를 몰수했다는 소식이 알려졌다. 또한 동청철도가 수용한 철로에서는 통행자를 엄격하게 통제하고 그 때문에 추적을 피해 도피한 자들이 최근 블라디보스토크에 도착한 다음 남만주로 가거나 일부는 북만주로 갔다. 그래서 여기에 모인 사람이 모두 49명이 되었다. 그들의 물질적 상황은 대체로 좋지 않아 상황을 개선시키기 위해 다음과 같은 조치를 실시하기로 결정했으며, 이미 조치를 시행하고 있다.

1. 블라디보스토크에 머물고 있는 동지들을 모든 지역으로 파견한다.

a) 무엇보다도 먼저 남만주 지도부와의 관계를 조정한다.
б) 남만주와 북만주 각 지역 지도부에서 몇 명을 보살필 수 있는지 확인한다.
в) 장쭤린 군대의 탄압 상황을 확인한다.
г) 최대한 빨리 만주 지도부를 이전할 장소를 선정한다.

위에 언급한 항목을 실현하기 위해 먼저 몇몇 동지들을 "어디로든" 파견 보낸다.

2. 우리 동지들 중에 블라디보스토크와 그 인근에 친척과 친구가 있는 이가 누구인지를 확인하고, 가능한 한 친척과 친구들에게 장소를 제공할 것을 제안하며,

---

16 張作霖(1873~1928). 1913~1928년 동안 만주 지방, 중국 북부의 일부 지방을 지배했던 군벌. 1927년 장제스가 이끄는 국민당 군대에 밀리는 와중에 만주 지방 패권을 노리던 극우파 일본군의 공격으로 사망.

자력으로 살 방도를 구할 수 있는 자들에게는 스스로 해결하도록 제안하며, 친척이나 친구가 없는 이들이나 직접 노동을 할 수 없는 자들에 대해서는 국제혁명투사후원회에 물질적 도움을 요청한다. 이 또한 조사 결과로 밝혀졌다.

a) 지금까지 도착한 동지들은 모두 49명임.
б) 언급한 동지 중에서 자력으로 해결할 수 없는 자들은 27명임.
в) 살 방도를 구할 수 있는 자는 22명임.

국제혁명투사후원회에서 지원을 거절할 경우 과업 배당에 대해 노동조합에 호소한다.

3. 진로에 대하여:

상부 기관의 지시에 근거하여 문제를 해결한다.

4. 난민 동지들을 위한 기숙사 개설에 대하여.

이 지역(블라디보스토크)이 3개국과의 국경 지역에 위치해 있고 많은 혁명가들, 특히 한인들이 블라디보스토크에 도착했기 때문에 매우 복잡한 정치적 상황으로 일본 첩자들도 의심할 여지 없이 이 지역을 방문한다. 그래서 당연히 비밀이 노출되고 도처에 전파되고 그 결과로 우리가 이미 목도한 바와 같이 해외에서의 한국 공산당 과업에 손실을 끼칠 수 있다. 이런 상황 때문에 최대한 빠른 시일 내에 반드시 이 지역에서 나와야 한다. 그러나 얼마간 이 지역에 머물러야 하는 상황이라면 반드시 기숙사를 개설해야 한다.

동지들이여, 우리는 위에 언급한 결정을 실현할 예정이지만 자금 때문에 결정은 아직 문서로만 작성되었고 실현 시기는 지연되고 있다. 현 상황에 처한 우리는 자금 문제 해결에는 2가지 방법뿐이라고 생각한다.
첫째, 우리가 제출한 예산에 따른 상부 기관의 자금 지출이며, 둘째, 지역 기관과 동지 개개인의 후원 모금이다. 이 모든 것을 이미 상부 기관에 보고했으며, 이번 달 25일 답변을 받을 것이다. 대부분의 동지들은 여기서 이미 물질적 도움을 받고 있다. 동지들이여, 어려운 상황에서 벗어날 수 있도록 모든 수단에 협력해 줄 것을 요청한다.

우리는 한인 활동분자들의 지역 회의에 참여할 생각이었지만 몇 가지 사정으로 그럴 가능성이 없다. 가능하다면 과업의 상황에 대해 귀하에게 직접 전달하기 위해 갈 예정이다.

1927년 11월 24일

박윤세(ПАК-ЮН-ШЕ)와 이정균(Ли-Ден-Ген) /가명 장진(Тян-Дин)/

이사와 생활과 의복을 위해 49명에게 […]이 필요하다. 국제혁명투사후원회로부터 총 205루블을 받았으며, 나머지 액수는 여러 곳에서 융통했다. 위에 열거한 것으로 우리의 상황에 대해 충분히 판단할 수 있을 것으로 생각한다.

후원 모금을 할 수 있도록 허락한다면 2주 이내에 몇 천 루블을 모금할 수 있을 것이다. 귀하의 협력을 바란다.

빠른 시일 내에 우리의 직장 소재지로 출발해야 하는데 이 모든 것은 자금 문제와 연결되어 있다. 문제를 해결하는 대로 우리에게 알려주길 바란다.

회의록 제2호

블라디보스토크 당조직의 고려부 조사에 대한 전연방공산당(볼셰비키)[17] 관구위원회 회의록
(1928년 3월 21일)

베즈팔로프(Безпалов), 코르킨(Коркин), 야코블레프(Яковлев) 동지 참석

청취 내용	조치 사항
1. 한창걸(ХАН-ЧАН-ГЕР), 그리고리 엘리예세비치(Григорий Елисеевич). 1892년 빈농가정 출생. 전연방공산당(볼셰비키) 당원. 1921년 그로데코보 지구위원회 선전선동부(АПО)[18] 책임자로 활동. 과거 수찬 지역 빨치산 부대장으로 활동. 분파주의자의 일원으로 국민의회파와 가까움. 한인 관련 토지 문제로 인해 당과 소비에트 권력 노선에 대한 이견을 보임.	한창걸 동지는 당의 책임 있는 위치에서 활동하는 바, 토지 문제에 대한 그의 견해는 면밀히 검토받아야 함.
2. 쿤스트, 레프 이바노비치(КУНСТ, Лев Иванович). 1902년 농민가정 출생. 고위간부학교 졸업. 1925년 9월부터 전연방공산당(볼셰비키) 당원. 지구집행위원회(РИК)[19] 지도자로 복무. 쿤스트는 농촌소비에트 공급을 사적으로 유용함(치료 목적으로 녹용을 구입).	도덕적 해이와 정치적 소양의 결핍에 대해서 심사받게 해야 함.
3. 정, 미하일 파블로비치(ТЕН, Михаил Павлович). 1905년 농민가정 출생. 조선사범학교 졸업. 1926년부터 전연방공산당(볼셰비키) 당원후보로 현재까지 니쿠스 지역 '농민의 집'의 정치교육 책임자로 활동. 정치적 확고함이 불충분함. 푸칠롭카(Пуциловка)에서 콤소몰 세포의 비서로 활동하는 동안 그는 여분의 토지에 대한 경작권을 지역사회가 아닌 본인의 지인들에게 임대하는 과정에서 지역 농민들과 함께 정교회 토지 소작인들을 구타함.	상동
4. 박영섭 이반(ПАК-ЕН-СЕБ Иван). 1895년 농민가정 출생. 교육수준 낮음. 농사일에 종사. 1925년 8월부터 전연방공산당(볼셰비키) 당원. 당원으로서의 훈련이 부족하며 국민의회파에 동조(적극적이지는 않음). 1927년 3월 지역당대회 당시 분파주의자 모임에 참석함.	분파주의 활동에 대한 조사 필요

---

17 ВКП(б). Всесоюзный Коммуническая Партия (большевиков). 1918~1925년까지의 명칭은 러시아공산당(РКП(б))이었으나 1922년 소비에트사회주의공화국연방(СССР)이 성립되었고 그에 따라 3년 후인 1925년에 전연방공산당(ВКП(б))으로 개칭함. 참고할 사항은 1925년 이후에 생성된 문서에는 1925년 이전의 당 명칭에 대해서 РКП가 아니라 개칭된 ВКП로 통일하여 표기하고 있다는 점임. 본 번역집에는 원문서에 쓰인 그대로 표기하였음.

5. 이훈(ЛИ-ХУН). 1892년 노동자가정 출생. 육체노동자로서 교육수준 매우 낮음. 1920년부터 정식당원. 1920~21년 제3지대 부대장보로, 21년, 24년 동시베리아군사관구(ВСВО)[20] 특별부 전권위원 및 통역으로 활동함. 1927년 그로데코보(Гродеково)역 국경검문소 감독관으로 근무할 때 검문소장 몰래 한인 분파주의자들의 국경 통과에 관여하여 체포된 바 있음. 다만 범죄 혐의점이 없어 석방되고 사건은 종결됨.	이훈의 분파주의그룹 접촉 사실에 대한 추가조사 필요
6. 이진(ЛИ-ДИН). 1896년 출생. 중등교육 수료, 사무원. 1927년부터 예비당원. 현직은 학교장. 1917~19년 교사로 근무했으며 1919~22년 (한인) 빨치산 활동. 이진은 국민의회파에서 적극 활동함.	[…] 분파주의 그룹에서의 이진 활동에 대한 관찰 필요
7. 박창난(ПАК-ЧАН-НАН). 1900년 출생. 중등교육 과정 마침. 농민 출신. 1920년 7월부터 정식당원. 현재 이바노프지구 콤소몰 한인분과 책임자. 1921~22년 노동자농민붉은군대(РККА)[21] 정치부 지도원. 그는 한때 박윤세 그룹의 열성 회원이었으나 조직의 어떤 결정으로부터 압력이 가해지면서 동그룹의 적극적인 반대자가 됨. 정치적 확고함이 불충분함.	상동
8. 김, 바실리 니콜라예비치(КИМ, Василлий Николаевич). 1895년 농민가정 출생. 교육수준은 매우 낮으며 1921년 2월 예비당원, 같은 해 8월에 정식당원이 됨. 현재 이바놉스크지구 집행위원회의 회계담당으로 근무 중. 1917~18년 행정관리 사무장, 1923~26년 농촌소비에트 서기, 1926~27년 지구집행위원회 위원으로 활동함. 분파주의 활동에 대한 제보는 없으나 이영선(ЛИ-ЕН-ШЕН)과 밀접하게 접촉한 바 있으며 그의 정치적 소양은 충분해 보이지 않음.	정치적 소양에 대한 점검 필요
9. 박공세(ПАК-КОН-СЕ). 1888년 농민가정 출생. 교육수준은 매우 낮으며 1921년 3월부터 예비당원, 1926년 12월 정식당원이 됨. 이바노프지구에서 시종일관 일했으며 이전에는 국민의회파, 지금은 박윤세 그룹에 적극 참여.	분파주의 활동에 대한 확인 필요
10. 최호림(ЦОЙ-ХОРИМ). 1896년 출생. 사무원. 한인 중등교육 받음. 1919년 12월 입당. 현재 이동식 문화시설 교장이며, 1917~19년에는 농촌학교 교사로 근무. 1923~24년 전연방공산당(볼셰비키) 포시예트지구 집행위원회 지도원, 1924~25년 노보키옙스크 학교 교사, 1926년부터는 이동식 문화시설의 교사로 일함. 국민의회파 그룹의 열성적 회원.	상동

위원회:　베즈팔로프(Безпалов) [서명]

코르킨(Коркин) [서명]

야코블레프(Яковлев) [서명]

18　Агитационно-пропагандистский отдел
19　Районный исполнительный комитет
20　Восточно-Сибирский военный округ
21　Рабоче-крестьянская Красная Армия

회의록 제3호

블라디보스토크 당조직 고려부 조사에 대한
전연방공산당(볼셰비키) 관구위원회 회의(1928년 4월 4일)

베즈팔로프, 코르킨, 야코블레프 동지 참석

청취 내용	조치 사항
1. 정순철(ТЕН-СУН-ЧЕР). 1890년 농민가정 출생. 곡물생산자로서 한인 중등학교 졸업함. 1922년 2월 예비당원. 1925년 5월부터 정식당원. 현재 시코토보(Шкотово)지구 소재 교사로서 근무 중이며 1917~19년 농사꾼. 19~22년 빨치산 분견대원, 22~23년 농촌소비에트 의장, 1924~25년 교사, 1925~27년 농촌도서실 사서로 재직. 분파주의 조직과의 연관성은 밝혀지지 않고 있으나 민족주의에 경도되어 있고 모든 분파사업의 상당 부분을 편향된 시선으로 바라보면서 정치적 책동에 많이 관여하고 있음.	도덕성 및 정치적 편향성에 대한 추가조사 필요
2. 박피련(ПАК-ФИ-РЕН). 1874년 농민가정 출생. 낮은 수준의 교육만 받음. 1921년 입당. 1917~19년 어부, 1919~21년 한인빨치산 분견대원, 1921~23년 한인분견대 정치지도원, 1925~27년 수찬지구 어업협동조합 의장. 정치사상적으로 무지하며 도덕적으로 확고하지 않음. 어부로 부자가 될 생각을 지니고 있음.	정치적 확고함 및 도덕성에 대한 조사 필요
3. 제재원(ДЕ-ДЯ-ВОН). 1881년 농민가정 출생. 낮은 수준의 교육만 받음. 1922년 예비당원, 1925년 정식 당원됨. 현재 농촌도서실 사서로 근무 중. 이전에는 1918~20년 고려혁명위원회 분과지도자로 일했고, 1921~22년 고려 위원회 비서, 1923~24년 농민위원회 의장, 1925~27년 농촌도서실 사서로 일함. 상습적으로 과음하는 경향이 있음. 구 국민의회파로 김호석(КИМ-ХО-ШЕК)과 지속적인 관계를 유지하고 있음.	분파주의 활동과의 연관성 확인 필요
4. 한, 인노켄티 옐리세예비치(ХАН, Иннокентий Елисеевич). 1895년 출생. 사무원. 직업은 교사. 중등교육 받음. 1920년 3월부터 예비당원, 1925년부터 정식당원. 1917~18년 상(上)우딘스크(Верхне-Уддинск)연대 부관, 1918~23년 학교 교장, 1926년 수찬지구 정치교육조직자 등으로 활동함. 당성이 충분치 않음. 간혹 비당원으로부터 방어막을 구하면서 비당원들에게 당 세포원들에 대한 개인적 분노를 언급함.	정치적 확고함 및 도덕성에 대한 면밀한 검토 필요
5. 황석태(ХВАН-ШЕК-ТАЙ). 1893년 농민가정 출생. 교육수준 낮음. 1923년 10월 입당, 1925년 2월부터 정식당원.	정치적 확고함 및 도덕성에 대한 면밀한

1920~22년 한인농촌혁명위원회 위원, 1923~24년 국가보안부 주(州)지국(ГОГПУ)[22] 전권위원, 1924~25년 군(郡)혁명위원회(Уревком)[23] 지도원, 1925~26년 관구보안기구(Окр.ЗУ)[24] … 전권위원으로 활동함. 비록 분파에서 적극 활동한 정황은 없으나 국민의회파 동조자임. 어업조합에서 김 로만(Роман КИМ)의 제명 결정을 내렸을 때 관구위원회 노선에 반하면서 김 로만을 적극 방어함. 1927년 당대회 기간 중 자택에서 불법 회동을 주선함. 어떤 정보에 의하면 부 축적 성향을 지니고 있음	검토 필요
6. 양철운(ЯН-ЧЕР-УН). 1893년 농민가정 출생. 사무원. 고급초등학교(В.Н. училище)[25] 졸업. 1921년 입당. 1917~1918년 노동자, 1919~20년 당선전선동가, 1921~22년 수이푼(Суйфун) 지역 집행위원회 서기, 1922년 이르쿠츠크 군간부후보생, 1924~25년 스파스크 학교 교사, 현재 체르니곱카 학교 교사. 약한 성격의 소유자로서 그는 요청하지도 않은 사람 모두에게 추천서를 제공한 것에 대해 제1차 지구위원회로부터 질책당한 바 있음. 토지 문제에 대한 편향성으로 인해 비공식적 요인을 고려함.	상동
7. 남, 블라디미르 막시모비치(НАМ, Владимир Максимович). 1906년 농민가정 출생. 중·하 수준의 교육. 1926년 2월 입당, 1927년 정식당원. 1924~25년 농촌소비에트 의장, 1926년부터 1928년까지 포시예트지구 콤소몰 선전선동원, 1928년 3월 10일부터 현재까지 한카(Ханка)지구 집행위원회 한인 위원. 분파주의 그룹에 관여한 명확한 사실은 확인되고 있지 않으나, 몇몇 자료에 의하면 콤소몰에서 반당적인 경향을 보인 바 있음. 자기 통제력이 뛰어나지는 않음.	상동

위원회

베즈팔로프(Безпалов) [서명]

코르킨(Коркин) [서명]

야코블레프(Яковлев) [서명]

---

22 Губернский отдел государственного политического управления
23 Уездный революционный комитет
24 Окружные защитные устройства. 혹은 '관구토지관리(Окружное земельное
    управление)'의 약어일 수도 있음.
25 Высшие Начальный училища. 1912~1917년 존립한 고급초등학교. 모든 계층의 자제
    들이 입학 가능. 기초교육을 마친 10~13세 학생들이 입학 가능. 10월혁명 이후 폐교됨.

회의록 제4호

블라디보스토크 당조직 고려부 조사에 대한
전연방공산당(볼셰비키) 관구위원회 회의(1928년 4월 11일)

베즈팔로프, 코르킨, 야코블레프 동지 참석

의제: 블라디보스토크시 당조직 검토안

청취 내용	조치 사항
1. 남만춘(HAM-MAH-ЧУН) 동무. 1892년 출생. 사무원. 중등교육 받음. 교사. 1920년 입당, 현재는 소비에트당학교[26] 교수. 이전 경력: 1917~18년 회계원, 1920~21년 적군 참모장, 지도원, 1921년 고려공산당 중앙위원, 1921~24년 전연방공산당(볼셰비키) 극동국 소수민족부장, 1924~25년 코민테른 관구국 고려부원, 1925년 해외파견, 1927년 국제혁명투사후원회 관구 지도원. 다양한 정보에 의하면 남만춘은 구 제국군대 장교로 복무했으며 1917~18년 페름과 예카테린부르크에서 담배제조소를 경영함, 1918년 가을 노동자농민붉은군대(PKKA)에 입대했으나 19년 초 몇몇 문서를 소지하고 백군과 접촉하고 노동자농민붉은군대에 있는 동안 비밀리에 백군장교 조직과 관계를 맺음. 백군 진영으로 가서 장교 신분으로 있었으며 콜차크 방첩부대와 관계를 맺기도 함. 현재 당노선에 대한 충성도는 기록되어 있지 않음.	남만춘의 과거 행적에 대한 관련 기관의 추가조사가 반드시 필요
2. 김진(КИМ-ДИН) 동무. 1894년 출생. 사무원. 직업은 교사. 1920년 입당. 현재는 소비에트당학교 교수. 1918~19년에는 교사, 1919~20년 블라고베셴스크 한인신문사 직원, 1920~21년 치타 선전선동국 책임자, 1922~23년 베르흐네우딘스크(Верхнеудинск)[27] 고려공산당 대표단장, 1923~25년 고려공산당 모스크바 세포 비서 겸 동방노력자공산대학[28] 학생. 상해파 추종자로 적극적인 분파주의자 활동. 당성이 충분히 확고하지 않음.	김진의 분파주의 활동에 대한 조사 필요
3. 김, 미하일 미하일로비치(КИМ, Михаил Михайлович) 동무. 1896년 출생. 사무원. 고등교육 받음. 교사. 1921년 2월 입당. 현재 극동국립대학교(ГДУ)[29] 교수, 이전 경력: 1917~18년 군사학교, 1920~22년 중국공산당 문화사업 분견대원 및 상해 지역 정보원, 1923년 블라디보스토크 주위원회 정보원, 1924년 주집행위원회 한인담당 전권위원.	상동

상해파 추종자로서 금지했음에도 불구하고 해외 한인 사업에 관여함. 그러나 해외에서 온 한 일꾼이 그를 알지 못한다고 밝힌 적이 있었음.	
4. 김하석(КИМ-ХА-СЕК) 동무. 1886년 출생. 사무원, 교사. 중등교육 받음. 1920년 7월 입당. 현재 한인어업협동조합장. 이전에는 1919~20년 대한국민의회 군사조직가로 일함, 1921년 1월~1922년 12월 고려군사소비에트 위원. 국민의회 그룹 지도부 일원으로서 적극 활동하고 해외와의 연계 견지함. 연해주 당업무에는 소극적으로 임해서 영향력이 없음.	분파주의 활동에 대한 조사 필요
5. 오성묵(О-СЕН-МУК) 동무. 1886년 출생. 사무원. 중등교육. 1920년 6월 당원후보, 1920년 8월 정식당원. 현재 시소비에트 지도원. 이전에는 의장. 1918년 11월부터 1920년 3월까지 한인연합 의장, 1922년 12월부터 1923년 11월까지 전연방공산당(볼셰비키) 주위원회 소수민족부장, 1924년 3월부터 12월까지 소수민족감, 24년 12월부터 26년 3월까지 극동지역 주(州)인민교육부(Губ ОНО)[30] 감독관. 24년 12월부터 26년 3월까지 극동변강 인문교육부 전문가로 활동. 적극적인 국민의회파로 공산주의자들뿐만 아니라 비당원도 사이에서도 해당 파의 추종자를 영입하고 있음.	상동
6. 박군정(ПАК-КУН-ДЮН). 1899년 출생. 육체노동자. 가정교육 수학. 23년 4월 3일 예비당원, 25년 1월 13일 정식 입당. 현재 실직 상태. 1917년부터 1925년까지 짐꾼, 1925년부터 1927년까지 소비에트당학교 간부후보생 등으로 활동함. 당 사업에 거의 참여한 바 없으며 국민의회 분파에 적극 참여하고 그 외 유사 분파의 업무에도 스스럼없이 관여함.	상동
7. 정현(ТЕН-ХЕН) 동무. 1897년 출생. 사무원. 전문 직업 없음. 1922년 예비당원, 1925년 7월 정식당원. 현재 문맹퇴치학교 교사. 1922년부터 23년 사회학[31] 교사로 활동함. 유약한 성격으로 발전도 약함. 국민의회파에 참여함.	상동
8. 최계(ЦОЙ-КУЕ). 1892년 출생. 사무원. 차 전문가. 중등과정 수학. 1925년 4월 10일 예비당원, 1927년 정식당원. 현재는 어업조합에서 어부로 일하고 있음. 1917년~19년 차 생산공장 직원, 20년 4월 20일~9월 20일 고려공산당 평당원, 20년 10월 20일~12월 20일 한인민족학교 소대장, 21년 1월 1일~22년 4월 1일 기마첩보대 한인부대장, 22년 6월 1일~25년 6월 1일 기마부대학교 생도. 25년 6월 1일~26년 6월 1일 중국인민군 교관. 26년 6월 1일부터 동방인민공산대학교[32] 강사 등으로 활동함. 당원으로서 특이 활동 경력 없으며 비록 적극적으로 활동하지 않았지만 국민의회파와 가까이 지냄. 도덕적으로 충분히 엄격하지 않으며, 노름을 하고 이를 통해서 돈을 벌기도 함. 당 문제에 있어서 비당원과 의견을 같이함.	도덕성과 당성의 확고함에 대한 확인 필요
9. 박기현(ПАК-КИ-ХЕН). 1893년 농민가정 출생. 전문 분야 없고, 학력수준 낮음. 21년 6월 예비당원, 현재 어업협동조합장. 17년 4월~18년 7월 크누르드 탄광 광부, 18년 8월~19년 9월 아무르 철도 하역부,	도덕성과 당성의 확고함이 신중하게 검토 필요하고 필요시 당적 박탈 검토

19년 10월~23년 3월 제3 한인연대 사병, 1923년 5월~24년 9월 짐꾼으로 활동함. 규율과 당성이 약하며 상인 기질과 같은 이질적 요소를 지님. 조합장의 지위를 이용해 이윤을 챙기려는 경향이 있다는 평이 있음. 국민의회파와 연관되어 있으나 참여는 적극적이지 않았던 것으로 관찰됨.	
10. 남도희(НАМ-ДО-ХИ). 1887년 노동자 집안 출생. 소농. 학력수준 낮음, 19년 12월부터 당원. 현재 어업협동조합원. 17년 6월~19년 6월 사설 담배공장 십장, 20년 6월~22년 3월 인터내셔널부대 소대장, 22년 3월~23년 3월 한인부대 대위, 23년 10월~25년 6월 블라디보스토크 세관원, 27년 3월~11월 통조림 공장 직원으로 일함. 규율과 의지가 약하며 세관 근무중 공공물품을 타인 명의로 수령하여 집에 은닉함. 도박을 자주 하며 국민의회파와 연결되어 있으나 적극적이지는 않았음.	상동
11. 김흔(КИМ-ХЫН). 무직자로서 당성이 약함. 김하석(КИМ-ХА-СЕК) 그룹의 지령을 충실히 수행함.	분파주의 활동에 대한 추가조사 필요
12. 황동육(ХВАН-ТОН-НЮК). 사관학교 교수. 국민의회파 일원으로 활발히 활동. 외국과의 연락책 관련 지인(사업가)로부터 금품 수수 정황 있음.	상동

위원회　　　　베즈팔로프 [서명]

　　　　　　　코르킨 [서명]

　　　　　　　야코블레프 [서명]

26　Совпартийная школа(Советская партийная школа). 소비에트 정부 및 공산당 관리를
　　교육시키는 학교.

27　부랴티야공화국 수도. 1934년 울란-우데(Улан-Ндэ)로 개칭됨.

28　원문에는 ВУТВ로 표기되어 있으나 КУТВ(동방노력자공산대학)의 오기로 추정됨. 동 대
　　학의 한인소조 명단에 기록된 김진의 출생 연도, 직업, 당 가입 년도가 이 문서에 기록된
　　정보와 일치함.

29　Государственный Дальневосточный университет

30　Губернский отдел народного образования

31　Обществоведение. 중등교육과정의 고(8~9)학년 과목으로 1920년대 소비에트 교육과
　　정에 처음 도입됨. 역사, 경제, 법 분야를 통합한 내용으로 마르크스주의 세계관, 사회주
　　의건설의 혁명적 성격에 대해 가르침.

32　Коммунистический университет народов Востока. '동방노력자공산대학
　　(Коммунистический университет народов Востока)'의 별칭으로 추정됨.

ГАХК, Ф.П-2, Оп.1, Д.104, ЛЛ.34~35

블라디보스토크지구 감독위원회(OKK)[33]
1928년 5월 24일 자 보고서

한인 공산주의자들에 대한 자료 검토 결과 아래와 같은 결론에 도달함.

한인 공산주의자들의 당내 분파주의 활동에 대한 일정한 혐의가 있음.

특히 이와 관련하여 국민의회 분파주의 그룹의 활동이 매우 활발했으며 여타 분파주의 그룹들의 활동은 이보다는 소극적이거나 조심스러운 경향을 보인바, 국민의회 분파 활동가 수의 정량적 지표가 여타 그룹들 전체의 지표보다도 많았음 (총 37명 중 28명을 차지).

우리 자료는 분파주의 집단 중 상당 비율(64명 중 27명)이 정치적 소양이 부족하고 부농 정서를 지닌 자, 주정꾼, 회계 문제를 일으킨 자. 정치적 불확신자 등임을 보여줌.

위원회 조사에서 밝혀진 숫자(64명)는 명백히 꾸준하게 전체 당원 [……] 특별한 교육이 필요하고 [……]

조사위원회는 이들과 관련한 제반 자료와 함께 상반되고 다양한 의견과 증언을 청취했으며 필요하다고 판단한 특정 사안에 대해서는 각별히 세밀한 조사를 진행했음.

무엇보다 일부 한인 공산주의자들의 분파활동은 그들의 국경 밖 동료들과 긴밀히 연계되어 진행되었거나 한인 정치망명자들과도 연계된 바, 그 수는 연해주에서 50명에 달함.

조사를 진행하는 과정에서 혐의가 현저한 한인 공산주의자들 중 전연방공산당(볼셰비키)의 당원, 예비당원, 당과 그 외 관련 조직 관계자들을 조속히 축출하고 극동변강 지역 내 한인 이민 사회에 대한 추가적인 조사와 함께 이들을 한국 국경에서 멀리 떨어진 곳으로 보내 이 지역에 돌아와 다시 정주할 수 있는 가능성을 제공하지 말아야 할 것으로 보임.

---

33   Окружной контрольные комиссии

전연방공산당(볼셰비키) 관구위원회 [……] 관구 당조직의 고려부 검토 결과

조직 명칭	조직 내 한인들 중 전연방공산당원 및 후보위 수	분파 합계	국민의회파	신운동파	상해파	이르쿠츠크파	정치적·도덕적 입장이 확고하지 않음	'19	'20	'21	'22	'23	'24	'25	'26	'27	후보	사회적 지위			
수찬지구 조직 및 니구스시	137	20	7	1	-	1	11		3	3	1	1	3	2	0	2	50	0	13	6	1
그로데코보	42	5	2				3		1	1				2			1	0	4	1	
슈이꼽스크	6	1	1															0	1		
한카이스크	73	1	1														1	0	1		
미하일롭스크	2																				
이바놉스크	23	4	2	2				1	1	1					1			0	3	1	
시코토프	49	1					1		0	1				1				0	1		
체르니곱스크	14	2	2				2		0	1			1	2		1		0	2		
수찬	61	4	2		2		2				1	1			1			0	1	3	
블라디보스토크 시조직(2개 지구)	269	12	9	2	2	1	8	1	4	1				2		1	1	0	9	0	3
포시예트지구 조직	126	15	5	2	2				1	1	1	1	1	1	7	2	9	0	6	9	
올가	14	0																			
스파스크	35	0																			
관구별 합계	851	64	28	5	2	2	27	2	10	9	1	4	4	10	8	6	10	0	39	20	5

1928년 5월 24일

위원회: [서명]
[서명]

블라디보스토크

ГАХК, Ф.П-2, Оп.1, Д.104, ЛЛ.36~36об.

1928년 8월 14일

블라디보스토크 관구위원회 서기가
극동변강위원회에 보내는 보고서(제189호)

하바롭스크시

여러 가지 사유로 인해 최근 반년 간 우리 조직에서의 관련 자료에 대한 면밀한 조사를 비롯한 한인 부문의 당내 분파주의 그룹 활동에 대한 대응은 다소 미약한 것이 사실이다.

이러한 정황으로 전연방공산당(볼셰비키)의 한인 당원들 간 분파주의 "싸움"은 약화되지 않았고, 여전히 옥신각신 싸우고 있으며, 오히려 각 분파는 자력으로 자신들의 해외 동조자와 연계하여 꾸준한 활동력을 보여왔다.

1927년 하바롭스크에서 소집된 한인당 회의 이후 각 분파의 외형은 다소 변화되었으나, 그 본질은 여전히 유지되고 있다. 물론 정기적인 회의체 등을 통해 분파주의 청산을 위한 문제 제기는 적극적으로 지속되어 왔다(아래 참고).

이에 우리는 각 분파주의 활동에 대해서 구체적으로 아래와 같이 정리하고자 한다:

국민의회파는 […]를 위한 물적 토대로 몇몇 어업조합을 가지고 있었는데 거기서 비밀리에 자본금의 일부를 빼내서 해외 사업을 위해 사용했다. 그 분파원 중 한 명이 수령한 자금 500루블은 (분파 업무에 따른) 혁명사업을 위해 […] 한인 일개인으로부터 특별한 우려 상황에서 최근 지급된 것이다.

더욱이 이 그룹은 조직적으로 자신의 사업을 위해 알단 관구[34]에서 자금을 빼내서 합법은 물론 불법 활동(마약 거래, 밀수 등)에 사용했을 가능성이 다분하다.

국민의회파는 다른 그룹들과 비교해서 훨씬 더 적극적으로 자신의 분파 사업을

---

34 Алданский округ. 1925년에 만들어진 야쿠티야 자치공화국 내 행정구역.

수행하고 있고, 더 많은 활동가들을 보유하고 있다.

상해파는 상대적으로 소극적인 성향을 보여왔으며 당연히 국민의회 분파 그룹에 비해 등록된 활동이 훨씬 적다.

이 그룹 내부에는 해외에서 그들이 어떤 그룹을, 그리고 개인적으로는 누구를 지지해야 하는지에 대한 것과 그 외 다른 이유 때문에 알력다툼이 이미 오래전부터 있어왔다. 상해파 원로(고려공산당 이동휘, 윤자영 등)들은 구서울파(김철수, 김규열)와 함께 일하면서 그룹 내에[35] 다른 분파인 김정하, 김원과는 완강하게 반목하고 있다.

상해파의 모든 활동은 해외에서 자신들과 뜻을 같이하는 동지들을 도와서 이동휘와 김규열이 있었던 코민테른집행위원회(ИККИ)에서 상해파의 노선을 실행케 하는 것으로 귀결된다.

이외에도 해외 조직원들이 상해파 그룹 개개인을 찾아 온 경우가 최근 반년만 해도 2~3회에 이른다.

이르쿠츠크파는 관망하는 자세를 견지하면서 어떤 특이 활동도 벌이지 않았다.

신운동파(Новодвиженцы)(또는 박윤세파)는 주로 조선과 간도에 기반을 두고 있으나 연해주에서도 활발히 활동했고, 특히 청년세대에 주목했다. 이곳에 그들은 한인 주민들이 모이는 [……] 아지트를 가지고 있다.

신운동파의 형성 계기는 원로 한인 혁명가들에 대한 반발(파벌주의자들에 대해 반대하듯이) 과정에서 비롯되었고, 이로 인해 한인 분파들 사이에서 신운동파에 반대하는 경향이 조성되기도 했다.

이상 그룹들의 해외 활동은 주로 연해주를 찾는 한인 혁명가들과 정치적 망명가들을 통해 이루어져 왔다.

최근의 "운동"은 조선 및 만주에서 연해주로 그리고 또한 그 반대 방향으로 매우 정기적으로 이루어지고 있다. 해외 한인 혁명조직의 상당수는 자기 분파의 상

35　상해파를 뜻함.

설 대표를 연해주에 두고 있으며, 그들은 또한 모스크바에도 그와 똑같이 자기 그룹의 대표를 두고 있으면서 만주에 있는 동조자와 함께 앞서 지적한 바와 같이 조선과 만주의 분파 그룹들과 함께 전연방공산당(볼셰비키) 한인 당원과의 상설 연결고리 역할을 하고 있다.

이러한 분파주의 그룹들은 열성적인 일꾼 외에도 자기 동료 중에 자신들에 동감하는 공산주의자들 또한 보유하고 있기 때문에 필요한 때나 또는 그렇지 않을 때도 그들의 반(反)당적 사업을 위해 사용될 수 있다.

물론 당연히 한인 공산주의 운동 내 분파투쟁의 하중은 연해주가 아닌 조선과 만주에 쏠리고 있다. 이러한 현존 상태의 특성을 보여주는 몇 개의 문서를 여기에 첨부하는데 이들 문서들은 다양한 경향을 나타내는 표본으로서 수합된 것이다. 이들 문서를 통해 혁명가들 즉, 정치망명가들 중에 누구를 진짜 그런 사람으로 간주해야 하고 또 그들 중 누가 미심쩍은 스파이 활동을 하는 자인가를 구분하는 것은 사실상 불가능하다(변강주에는 약 70명 정도의 정치망명가들이 있음).

이러한 정황을 감안하여 연해주 내 한인 분파주의 그룹에 대한 조사와 관련한 다음 방안들을 제안한다.

1. 국가보안부(ГПУ)에 전체 분파주의 그룹에 대한 체계적인 조사를 맡기는 것.

2. 계획된 원칙에 따라 전연방공산당(볼셰비키) 내 한인 당원 중 소극적인 당원에게 교육 사업을 수행할 것.

3. 전연방공산당(볼셰비키)과 콤소몰의 한인 당원 및 회원 중 분파주의 업무(해외와 관련하여 자산을 모금하고 수송하며, 분파 모임을 조직하는 것)를 수행하는 자들을 당의 책임하에 당과 콤소몰에서 축출하도록 할 것. 다만 이 작업을 수행하는 데 있어 철저히 개인적 차원에서 수행할 일이며, 그룹 전체에 대한 탄압 방식으로는 하지 말 것.

4. 관구 내 모든 한인 공산주의 및 혁명 망명가들을 관구 내에서 분산시키고, 국경으로부터 소개시킴으로써 다시 국경 지역에 와서 살지 못하도록 할 것. 동시에 코민테른집행위원회(ИККИ)에 그러한 성향의 한인들을 수용하지 않도록 문제를 제기해야 함.

첨부: 박윤세(ПАК-ЮН-СЕ), 김광은(КИМ-ГВАН-ЫН), 한 М.(ХАН М.), 김원(КИМ-ВОН)에 대한 보고서, 모스크바 박진순(Пак-Тин-Шун)에게 보내는 서한 2통, 전연

방공산당(볼셰비키) 관구위원회 자료(블라디보스토크 당기구 내 한인 부문에 대한 조사 보고서).

전연방공산당(볼셰비키) 블라디보스토크 관구위원회 서기

ГАХК, ф.П-2, оп.1, д.458, лл.256-257

이만 전투에서 전사한 한인 적위대 빨치산의
묘지 이전 관련 청원

전연방공산당(볼셰비키) 극동변강위원회 서기 라브렌티예프(ЛАВРЕНТЬЕВ) 동지 및
전연방공산당(볼셰비키) 극동변강위원회 조직책임지도원 브라빈(БРАВИН) 동지 앞.

보고록

1921년 이만에서 벌어진 메르쿨로프(Меркулов)[36] 도당과의 전투에서 무참히
살해된 적위대 빨치산의 집단 묘지를 복구하는 사안에 관한 한인 빨치산 그룹의
청원에 대해 극동 내전 역사의 한 장에 포함해 두었습니다.

이만 지역 단체들이 이들 묘역에 대한 적절한 복원 조치를 취하지 않아 묘역이
거의 소실되었고, 그 결과 한인 빨치산 사이에서 한인 빨치산들을 위한 묘역에는
신경을 쓰지 않는다는 둥의 불만이 제기된 사례도 있었습니다. 이러한 사실은 소
비에트 극동을 위해 대(對)백위대 투쟁에 참가했던 한인 빨치산 부대들을 향한 이
만 조직 측의 정치적 과소평가입니다.

극동지역에 나타나는 민족적 특성들을 고려할 때 대중이 경제정치적 과제를 완
수하고 우리 지역 방어를 위한 투쟁에 나서는 본보기가 될 수 있도록 옛 한인 적위
대 빨치산에 대한 각별한 지원이 필요합니다(이 부대의 사령관인 임표(Импхо)[37] 동

---

36 Меркулов, Спиридон Дионисьевич(1870~1957). 1921년 5월~1922년 9월 사이에 연해
주와 하바롭스크 일대를 관할하는 프리아무르 임시정부의 수반을 지낸 백위파 지도자.

37 林彪(1884~1938). 이만 전투 당시 고려의용군사의회 참모장이자 그 산하 대한의용군 참
모이자 전투 당시 제1중대장. 1921년 12월 하바롭스크로 진격하는 일본군과 러시아 백
위군에 맞서 극동공화국 인민혁명군과 함께 전투에 참여했으며, 치열한 전투 끝에 일시
점령됐던 이만시를 재탈환하고 전투에서 전멸한 2중대장 한운용과 부대원 50여 명의 전
사자들을 수습한 바 있음.

지는 현재 스파스키지구에서 집단농장원으로 일하면서 곡물조달 계획을 완수하여 그 지역의 모범이 되고 있습니다).

부대원들은 이만시 중앙광장이나 53명이 전사했던 자리로 집단 묘지를 옮기고 기념비를 세워줄 것을 거듭거듭 요청했고, 또한 거리 하나의 이름에 그 부대 중대장 한운용(Ханунен)[38] 동지의 이름을 붙여 거리명을 지어달라고 요청하였지만 이 문제는 아직 해결되지 않고 있습니다. 그 결과 이 부대의 옛 적위대 빨치산들은 이 무덤을 복원하고, 극동 소비에트를 위해 일본 간섭주의자들과 백위대 도당들과 맞선 한인 빨치산의 투쟁을 보여주는 기념비를 세울 것을 결정하였습니다.

제국주의 일본과 국경을 맞대고 있는 극동공화국의 조건에 비추어 오늘날 한인과 중국인들 사이에서 레닌주의적 민족정책을 명확히 추구하는 문제는 정치적으로 매우 큰 중요성을 갖는 문제이므로 한인 빨치산들의 집단 묘지 복원 요청에 대한 지원 문제는 경제 계획과 국방을 수행하는 역할을 합니다. 이는 일본, 중국, 조선의 노동자들을 혁명적으로 변화시키는 요인이 되는 '형식은 민족적, 내용은 프롤레타리아트'라는 레닌주의적 민족 정책의 실천적인 제안이 될 것입니다.

다음의 사안에서 도움을 주시기를 요청합니다.

1. 공동묘지 복원을 위한 자금 할당 및 기념비의 건립.
2. 집단 묘지를 전투장소(이만 역)로 이장.
3. 도로명 하나나 역의 명칭을 한운용 동지(이만 역을 백위군으로부터 최초로 점거하는 데 성공한 중대장)의 이름으로 변경.

이 분견대의 영웅적 위업은 정치지도원 이규선(Ликюсен) 동지와 현재 기계트랙터배급소(MTC)[39] 부문에서 일하고 있으며 지역[검찰]의 보좌관으로 활동하는

---

38 韓雲用(1895~1921). 이만 전투 당시 대한의용군 참모부원이자 의용군 2중대장으로 1921년 12월 5일 50여 명의 부대원을 이끌고 전투 지원 중 백위군과 결사 항전했다. 중대장을 포함해 부대원 50여 명이 최후의 1인까지 격전하다가 사망하는 치열함에 대한의용군 1, 3중대는 퇴각할 수 있었으며 적은 600여 명의 사상자가 발생한 것으로 알려져 있음.

박 일리야(Пак Илья) 동지가 자세히 묘사할 수 있습니다.

한인 문제 조직부 지도원 /이두용(ЛИДУЕН) [서명]

---

39 Машинно-тракторная станция. 1928년에 설립된 기관으로 집단농장에서 사용되는 농
    기계를 보관 및 관리하는 역할을 하였으며, 기계트랙터배급소 한 곳당 약 40여 개의 집단
    농장을 관리하였음.

이만 전투에서 전사한 한인 적위대 빨치산의
공동묘지 조성 관련 회의록

회의록 № 2.

사미르 콜호스 산하 옛 적위대 빨치산 총회
/하바(롭스크) 전연방공산당(볼셰비키) 도시위원회 /

<u>참석자</u>: 김덕인(Ким-Догин), 김정을(Ким-Денул), 윤채현(Юн-тхя-хен),
강우천(Кан-у-чен), 오동하(О-дон-ха), 정채(Ден-тхя), 윤지언(Юн-Джион),
이하[…](Ли-ха-[…]).

<u>안건 청취</u>: 이만 전투에서 전사한 옛 한인 적위대 빨치산의 집단 묘지 정비

<u>결의</u>: /윤덕포(Юн-декпо) 동지의 제안/

1921년 12월 6일 백위파-카펠레프 도당(белобандиты-каппелевцы)[40]에 대항
한 전투에서 53명의 빨치산 적위대원이 사망했습니다. 소비에트 극동을 위해 싸
운 우리 전사들의 집단 무덤은 추악한 상태에 놓여 있습니다. 1930년부터 같은 분
견대 출신인 빨치산 적위대원이었던 우리는 상부 조직에 공동묘지를 정비해 달라
고 청원하였으나 결과가 나오지 않고 있습니다. 따라서 우리 적위대 빨치산은 스
스로의 힘과 재원으로 묘지를 정비해야 할 것이며, 또한 다음의 조치들에서 지원
을 해 주도록 전연방공산당(볼셰비키) 극동변강위원회(ДКК)에 청원해야 할 것입
니다.

---

40   내전 기간 동부전선에서 싸운 백군 부대를 일컫는 명칭으로, 부대 지휘관인 블라디미르
     카펠(В.О. Каппел)을 추종하는 자들이라는 의미.

1. 공동 묘지를 조성하기 위해 7천 루블의 지출을 결정하며, 빨치산 적위대의 힘으로 2헥타르의 면적의 땅을 고르기 작업을 진행하되 콜호스가 이 사업을 위해 2헥타르의 땅을 할당해 주도록 청원한다.

2. 우선 철책을 만들고 [······] 중앙에 시멘트 비석을 만든다.

3. 우리의 결의를 이행하기 위해서 9명으로 조직되는 위원을 임명하고 이 결의안 사본을 가지고 상급 기관에 신청하여 이 조치를 수행할 수 있도록 허가를 받아야 한다.

/만장일치로 가결됨/ 가능한 빠른 시일 안에 집단 묘지의 정비에 착수하기로 한다.

2. <u>안건 청취</u>: 집단 묘지 설치 준비위원회 선거

<u>결의</u>: 다음의 동지들을 위원으로 추대하기로 한다.

1) 이미해(ЛИМИХЕ) /지도부. 현재 콜호스 곡물조달 수행, 당원/
2) 방지오(ПАН-ДЖИО) /현재 당원, 이만지구[···] 회원/
3) 이만 빨치산 위원회에서 한 명의 동지를 포함시키도록 함.
4) 박 일리야 하린(ПАК ИЛЬЯ Харин)/ 지도부, 지(방)검(사)보, 공산당원 1920년/
5) 이규선(ЛИ-КЮ-СЕН)/ 분견대 정치국원. 현재 MTS의 정치 부문에서 노력 중, 공산당원 1921년/
6) 이두용(ЛИДУЕНГ) – 빨치산 분견대원
7) 한승제(ХАН-СЫНДЕ) – 빨치산 분견대원
8) 김세빈(КИМ-СЕБИН) – 빨치산 분견대원
9) 김지오(КИМ-ДЖИО) – 빨치산 분견대원
10) 윤지오(ЮН-ДЖИО) – 빨치산 분견대원
11) 김치율(КИМ-ЧИЮЛ) – 빨치산 분견대원
12) 빨치산 지역 위원회 의장을 위원장으로 한다.

13) '페르보마이스크' 집단농장 출신자를 위원회 회원으로 한다.

본 결의안 이행의 책임은 김지오, 김세빈, 윤지오 동지에게 위임하기로 한다.

3. <u>안건 청취</u>: 집단농장 산하에 빨치산 분과 결성에 관하여

<u>결의</u>: 이 분과의 지도를 오동하, 강우천, 정채 동지에게 맡겨 당과 정부의 결정을 적시에 수행하도록 하며, 빨치산의 이동이 집단농장의 사업에서 항상 모범과 돌격대가 되도록 하며, 또한 사회조직들 속에서의 사업에서 [⋯] 모범이 되도록 한다.

분과 모임은 매달 6일에 갖도록 한다.

의장: 윤찬영(ЮН ТХЯН ЕН)

서기: 오동하(О ДОН ХА)

ГАХК, Ф.П-2, Оп.1, Д.756, ЛЛ.66-67

이동휘 서거에 대해 블라디보스토크 신문 ≪선봉≫에 보내는 조전

사본

전보

발신지: 블라디미로 31 28 3/1
수신처: 블라디보스토크 선봉 신문사

혁명가 이동휘의 갑작스런 서거에 (당신과 함께) 조의를 표하며, 우리는 그가 투쟁해 왔던 사업을 끝까지 수행할 것입니다.

장동제(ТЯН ДОН ДЕ)

확 인 [서명]

사본

전보

발신지: 노보키옙스카야 31 39 1/2
수신처: 몰니야 블라디보스토크 시메노프스카야 9번지
선봉 신문사 이문현(Ли Мун Хен)[41]

---

41 1901년 함경남도 출생. 블라디보스토크에 거주하면서 ≪선봉≫ 신문 편집부장으로 일함.
1935년 내무인민위원부 연해주국에 의해 체포되어 3년 징역형을 선고받음.

조선 공산주의운동의 깃발[42] 아래 최초로 모였던 자들 중 한 명인 이동휘 한인 혁명가 무덤에 김 아파나시(КИМ АФАНАСИЙ), 김진(КИМ ДИН), 김 알렉세이 (КИМ АЛЕКСЕЙ), 말리체프(МАЛЬЦЕВ), 문학주(МУНХАКТЮ), 주채열(ДЮТХЯЕР), 장 범주해(ТЯН БОМТЮХАЙ)는 머리 숙여 조의를 표함을 고함.

확 인 [서명]

---

42 원문에는 ЗНАЯМ으로 되어있으나 ЗНАМЯ의 오기로 추정됨.

이동휘 서거에 대해 동아일보 사장 송진우가
블라디보스토크 고려도서관에 보내는 조전

전 보

발신지: 경성(Кейджо)/서울(Сеул) 15/2 10 27 12

수신처: 00302 블라디보스토크시 고려도서관

이동휘 선생의 서거에 심심한 조의를 표함,

동아일보 (신문사 명칭)

송진우(СОН-ДИН-У) (편집인)

확 인 [서명]

ГАХК, ф.П-2, оп.1, д.756, лл.55-65

이동휘의 사망에 관하여[43]

제262/C호   [⋯⋯]   1935년 3월 19일

전연방공산당(볼셰비키) 극동변강위원회 공산당

베르니(ВЕРНЫЙ) 동지에게

이동휘 사망과 관련된 12장의 문서를 송달함.

첨부: 상기.

전연방공산당(볼셰비키) 연해주위원회 특별부서 책임자 (벨리치코) (ВЕЛИЧКО)

---

43 본 문서의 좌측에 필사체로 아래 문구가 적혀 있음
    "라브렌티예프 동지, 해당 문서를 검토하시기 바람."

전연방공산당(볼셰비키) 연해주위원회 서기

탄니긴(ТАНЫГИН) 동지에게

1935년 1월 31일, 조선의 유명한 민족 혁명가이자 전 상해 대한민국 임시(부르주아) 정부 국무총리가 블라디보스토크에서 사망했다.

그의 죽음과 관련하여, 일부 한인 공산주의자(상해파)들은 고인에 대해 과장되고 과분한 권위를 조장하고, 세계 프롤레타리아 혁명의 노익장으로 평가하여, 조선 공산주의 운동의 조직자이자 순교자로서의 후광에 힘입어 큰 소란을 일으켰다.

2월 2일, 김 미하일("쑨원"(Сун-ят-сен) 국영농장 정치부장)이 장례식을 치르기 위해 니콜스크에서 블라디보스토크에 도착했다. 그는 노동자, 농민, 학생들의 행진과 열병식으로 이뤄진 키로프 동지와 쿠이비셰프 동지의 장례식과 같은 스타일과 정신으로 이동휘의 장례식을 조직하는 문제를 지구당에 제기했다.

김 아파나시(포시예트 기계트랙터배급소(MTC) 정치부장)는 다음과 같은 내용의 조문을 보냈다. "우리는 한국 공산주의 운동의 기치 아래 최초의 위대한 혁명가인 이동휘의 무덤 앞에 머리 숙여 경의를 표한다."

장도정은 전보를 보냈다. "혁명가 이동휘의 갑작스러운 죽음에 여러분과 함께 슬퍼하며 그가 투쟁한 과업을 이어받아 끝까지 이뤄낼 것입니다."

박우(정치부 주필)는 이동휘를 일관된 프롤레타리아 혁명가로서 찬양하는 송가로 대표되는 장례식 작별 연설을 작성했다. 그는 무엇보다도 "세계 프롤레타리아 혁명이 아직 끝나지 않았고 무엇을 위해 목숨을 걸고 투쟁했는지 잘 아는데 어떻게 당신은 그렇게 눈을 감으실 수 있는지 상상할 수 없다"라고 썼다.

'선봉' 신문은 진정한 프롤레타리아 혁명가 이동휘에 대한 약력을 게재했다.

일부 공산주의자들은 장례식 당일에 애도를 표했다.

이러한 상황을 이해하려면 이동휘가 누군지 알아야 한다. 프롤레타리아 혁명가인지, 마르크스주의 공산주의자인지를 말이다. 이는 첫째, 역사적 사실 자체로써 필요하며, 둘째, 이동휘와 그의 정치 활동에 대한 공산주의자들의 올바른 관계를 결정하는 데 필요하다.

2.

이동휘는 누구인가?

이동휘는 마르크스주의-공산주의, 프롤레타리아 혁명과는 공통점이 없는 민족 혁명가였다. 어떤 의미에서 그를 혁명의 동행자라고 부를 수는 있겠으나 일정 단계에서만 그렇게 부를 수 있을 것이다. 이동휘는 결코 마르크스주의 공산주의자도 프롤레타리아 혁명가도 아니었다.

이동휘는 민족혁명가로서 조선에 널리 알려져 있다.

이동휘의 민족사적, 애국적 시각은 1900년 말에 형성되기 시작하였다. 이 시기는 한국사에서 조선이 독립국가로서의 마지막 시대를 지나고 있을 때로서 내부적 모순에 의해 분해되고 분열된 양반 관료 국가 기구의 최종적인 쇠퇴와 붕괴의 시기였다.

한편, 이 기간 동안 일본 제국주의는 조선을 침탈하기 위해 팽창 정책을 펼쳤는데도 양반 관료 체제는 그에 저항할 힘조차 없었다.

그리하여 (조선을 침탈함으로 인해) 이 기간에 1894~95년의 중일전쟁, 1904~05년의 러일전쟁이 발생한다. 두 번의 전쟁에서 일본은 승리자로 등장한다. 전승 열병식, 행진과 축가가 조선 전역에 울려 퍼졌다. 일본은 조선 땅에서 승리를 축하하고 있었다.

조선 정부에게 이는 장례식과 장례 행렬을 의미했다. 일본은 1910년 8월 29일 일본에 의한 한일 병합 조약 체결을 공식적으로 완료함으로써 실제적인 조선 침탈을 준비했다.

그러므로 바로 이동휘의 눈앞에서 조선은 무너졌고 [⋯⋯] 독립적 지위를 상실했다. 그 당시 이동휘는 국왕 시위대 대령과 강화도 수비대장으로[44] 근무했었다.

이러한 상황이 이동휘의 민족사적, 애국적 시각을 형성하는 계기가 되었다. 이동휘는 조국의 독립을 위한 애국자이자 독립투사였다.

그리고 1906년 일본군이 이동휘가 지휘하고 있던 강화진위대를 해산했는데, 그때 그는 자신의 집을 불태우고, 이후 민족혁명가가 되었다.

---

44 이동휘는 한양의 육군 사관양성소에 입학하면서 시위대로 배치되었고, 1903년 5월에 참령(參領)으로 승진하며 강화진위대(江華鎭衛隊)를 이끌었음.

이동휘가 활동하던 시기의 양반과 관료들은 조선의 독립을 위해 투쟁하고 싸울 능력이 없었다. 이동휘는 당시 일본의 침략과 부패한 양반 통치 기구에 맞서 싸울 수 있는 유일한 세력을 소부르주아로 보았다. 그는 혁명적 소부르주아의 대표자이자 이론가 역할을 했다.

1918년 2월 러시아 혁명 이후 이동휘는 소비에트 연해주로 이주했다. 1918년 이동휘는 니콜스크-우수리스크에서 조직된 대한국민의회에 가입하여 상임위원이 되었다.

1919년 3.1 운동 이후 이른바 (부르주아) 임시정부가 결성되었으나, 국내에서 그 역할을 수행할 수 없어서 임시정부가 상해로 옮겨졌는데, 소련 연해주에 있던 이동휘를 임시정부의 국무총리로 추대하여 상해로 와서 총리직을 수락하게 하였다.

대한국민의회(니콜스크-우수리스크)는 이동휘를 상해로 파견해 그곳에서 임시정부에 가입하지 않고 총리직을 수락하지 않고 임정을 해산하고 고려혁명위원회를 조직하라는 임무를 부여하였다. 이동휘는 이런 임무를 갖고 1919년 8월 상해로 출발했다.

상해에 도착한 이동휘는 대한국민의회의 지시에 반하여 임시정부에 합류하여 1921년까지 총리직을 역임했다.

1920년 코민테른 동방부 집행위원회 대표 슈먀츠키(Шумяцкий)의 지도 아래 이르쿠츠크에서 고려공산당이 조직되었다. 1921년에 이르쿠츠크에서 소집된 고려공산당 제1차 대회에 상해 대표자들이 초대되었다. 이동휘는 상해사회당을 대표하여 홍도(포시예트 정치부 신문 주필)를 그곳으로 파견했다. 그때 물적 지원을 요청하기 위해 모스크바로 파견했던 상해 임정의 대표 한형권(나중에 일본의 선동자가 되고, 현재 관동군 본부에서 근무 중)이 금화 400,000루블을 지원받아 박진순과 함께 모스크바에서 상해로 돌아왔다. 그러나 이동휘와 그의 지지자들은 그 돈을 임정에 전달하지 않았는데, 그것은 당시 임시정부 내에 이승만, 안창호, 이동녕을 중심으로 반(反)이동휘 정서 때문이었다.

이동휘 내각은 위기를 겪고 있었다. 이런 상황에서 이동휘에게 큰 영향을 끼친 이동휘의 비서 김립이 반대파의 손에 죽임을 당하였다. 이는 모스크바로부터 400,000루블을 받은 것과 그를 반대한 반대파들과 관련이 있다. 이동휘는 사임한 후 박진순과 함께 급히 고려공산당을 조직하였는데, 이는 어제의 국무총리가 오늘 공산당 조직자가 된 역사상 유일한 경우였다. 그들과 대항하기 위해 조직된 코민테른의 동방부의 슈먀츠키는 이르쿠츠크 대회로 가던 일행을 상해 대회로 소환했다. 당의 승인을 받기 위해 박진순과 함께 유럽을 통하여 모스크바에 도착했지만, 코민테른은 이를 승인하지 않았다. 이미 이르쿠츠크에 정당이 창설되었으며, 한 나라에 두 공산당의 창설은 불가능하다는 것이다. 게다가 그 정당은 공산당이 아니었다. 코민테른은 이동휘에게 한명세(현재 레닌그라드)와 김하석(현재 연해주에 있음)이 주도하는 이르쿠츠크 당과 연합할 것을 제안했다. 이 협상의 결과는 이른바 (상해파와 이르쿠츠크파) 공동 중앙위원회의 창설, 즉 1922년 베르흐네우딘스크에서 열린 고려공산당 통합대회의 소집이었다. 대회에서는 통합이 이뤄지지 않고, 분열이 일어나 해산한 후 두 당은 각각 이르쿠츠크파는 치타에서, 상해파는 베르흐네우딘스크에서 당대회를 개최했다. 그러자 코민테른은 각 계파의 대표자들을 소환했는데, 상해파 대표로 이동휘와 윤자영(현재 선동 혐의로 모스크바에서 체포됨)과 김 아파나시를 소환했고 이르쿠츠크파의 대표로 한명세, 김만겸, 천우(현재 국내 일본 감옥에 수감 중임)를 소환했다. 코민테른은 어느 당도 공산당으로 인정하지 않았으며, 소위 코민테른의 동방부 산하 "고려총국"(약칭 "코르뷰로")에 조선에서의 혁명 운동과 공산당 조직을 준비하고 주도할 임무를 부여했다. 그 조직 구성원으로 가타야마 센, 보이틴스키, 이동휘, 한명세, 천우가 포함되었다. 이때가 1923년 초였다. 이동휘는 고려총국 내에서 파벌(상해파) 및 분열 노선을 추구했는데, 이는 고려총국의 분열로 이어졌고, 1924년 초 코민테른은 고려총국을 해산시켰다.

1924년 중반 코민테른은 고려총국을 해산하고 이동휘, 윤자영, 남만춘, 차동순 등으로 구성된 소위 "조직총국"(약칭 "오르그뷰로")을 조직하였다. 그리고 여기에서 이동휘는 그의 파벌(상해) 노선을 주도하며 조직총국을 분열시켰다. 이런 파벌 투쟁에서 살아 있는 혁명적 과업은 익사했다. 그래서 1926년 코민테른은 조직총국을 해산하고 "화요회"에 기초한 조선공산당을 승인했다. 이동휘는 이 정당을 거부하고, 이 정당에 대한 파벌 투쟁을 주도하며 코민테른의 결정을 따르지 않았다. 이 정당과 투쟁하기 위해 이동휘는 천도교(문자 그대로 러시아어로 번역하면 "하늘로의 길에 대한 교리"를 의미하며, 천도교는 종교 단체임)와 동맹을 맺기 위해 1927년 자신의 대리인인 박진순과 김철산을 조선으로 파견했다. 당시 이 조직은 1919년 삼일 운동 때에 널리 알려진 혁명적 역할을 수행하지 못하고 이미 반동 조직이 되어 일본 제국주의에 항복하고 민족 개혁주의 진영으로 변하였다.

소부르주아 종교 단체인 "천도교"와 연합한 이동휘는 코민테른이 승인한 공산당 조직인 "화요회"에 대항하여 "천도교" 대표 서린과 함께 별도로 제2의 공산당을 조직하여 1927년 당에 대한 승인을 받기 위해 코민테른에 왔으나 이번에도 코민테른은 이를 승인하지 않았다. 그러자 서린은 모스크바에 남아 동방노력자공산대학에서 수학했으며 1933년에 지하 활동을 위해 조선으로 파견되었지만 도착하자마자 그는 즉시 밀고자가 되어 모든 지하 공산주의자를 배신하고 일본의 첩자가 되었다. 이동휘와 상해파는 이에 대한 책임을 져야 하지 않겠는가?

이동휘는 "화요회"와 코민테른에 대한 파벌 투쟁을 계속 주도했다. 이에 "화요회"는 붕괴되었고 코민테른은 화요회를 해산시켰다.

그리고 1928년 코민테른은 "엠엘당"("엠엘당"(Эм-Эль-Дон)이라는 명칭은 마르크스와 엥겔스의 첫 자, 엠과 엘, 즉 마르크스-엥겔스당(Марксо-Энгельская партия)에서 유래했다)[45]을 근간으로 하여 조선공산당을 승인했고 1928년 8월 제6차 코민테른 대회에서 코민테른의 한 분과로 채택되었다.

이동휘는 조선공산당에 대항해 코민테른의 결정을 따르지 않고 이 당을 거부하고, 그들과 투쟁하기 위해 서울청년연합과 연합하여 또 다른 분파적인 "공산당"을 조직하고 서울청년연합 대표인 김규열(그는 현재 모스크바에서 일본을 위한 스파이 혐의로 체포되었다고 한다)은 코민테른의 승인을 받기 위해 다시 (네 번째 정당안을 들고 네 번째) 코민테른에 갔지만, 코민테른은 이번에도 승인하지 않았다.

이동휘는 이 당과 파벌 투쟁을 벌이고 있다. 이 파벌 투쟁에서 이 당도 붕괴되었다. 1928년 12월, 코민테른은 이 당을 해산시켰고, 누구라도 코민테른의 수장을 통하여 혁명투쟁을 이끌고 해외와 관계를 맺는 것을 금지시켰고, 이동휘는 코민테른에 의해 조선에서의 혁명운동으로부터 배제되었다. 그리고 1928년부터 이동휘는 정치 생활의 무대를 떠났다.

1921년 말, 코민테른은 제국주의자들의 워싱턴 회의에 대항하여 모스크바에서 동방노동인민대회를 소집했다. 이동휘는 이 대회를 보이콧하고 자신의 대표를 보내지 않았지만 그는 워싱턴 회의에 자신의 대표로 상해파 중앙위원회 위원인 장정수를 파견했는데, 그는 지금 조선의 대부르주아가 되었다.

---

45 엠엘(ML)당은 '마르크스레닌주의'당의 약칭이지만 러시아어 '엘(Л)'을 음차할 때 Эль로 적으면서 '엥겔스'로 잘못 이해한 것으로 추정됨.

나중에 이동휘는 자신의 대리인 (후에 일본 첩자가 된) 언성무를 통하여 파벌 투쟁에 근거하여 만주에서 살인을 저지르고, 1922년 모스크바 동양노동인민대회 대표단 안병찬(Ан-Бен-Чан)[46]과 그의 아들 안은천(Ан-ын-чен), 독고종식(Доко-Тен-Сик)과 […]은률([…]-ын-нюр) 등 4명의 파견단은 조선으로 귀국하였다.

이것이 바로 반혁명이 아닌가?

따라서 이동휘는 코민테른의 승인을 받은 공산당에 대한 파벌 투쟁을 주도하면서 7년 동안 코민테른의 레닌에 대한 완고한 투쟁을 벌였다. 코민테른은 공산당을 창설하였고, 이동휘는 파벌 투쟁으로 그들을 분열시켰다. 이것은 7년 동안의 그의 정치 활동에서 두드러진 업적이 되었다.

의심할 여지없이 이동휘가 바로 파벌 투쟁으로 당을 분열시켰고, 그리하여 초기 조선혁명운동에서 자기의 당이 존재하지 않게 된 것은 그의 잘못이다. 바로 여기에 그가 다른 누구보다 책임이 있다.

위에 언급한 것에서 이동휘의 정체성과 그의 혁명적 "공헌"이 분명하게 드러난다.

그럼 김 아파나시 당원은 누구를 한국 공산주의 운동의 기치에 따라 가장 먼저 "위대한 혁명가"가 되었다고 평가했는가? (그런데 이동휘는 소련공산당 소속이 아니었다)

김 아파나시 당원과 그 외의 사람들은 누구에게 "경의를 표했는가?"

장도정 당원은 "누구의 과업과 어떤 과업을 끝까지 이어갈 것"이라고 약속했는가.

위에서 언급했듯이 이동휘는 1928년부터 정치 생활의 무대를 떠났는데, 바로 조선 혁명운동의 전환점, 즉 최고 단계로의 전환기를 맞이한 시점이었다. 초기 조선 프롤레타리아의 주도하에 빈농 계급이 일으킨 최초의 파업으로 알려진 1927년 원산 파업(3개월 동안 지속되었고 파업자들의 행복한 승리로 끝난 1927년 원산 운송 노동자의 파업)을 계기로 민족해방운동에서 프롤레타리아의 헤게모니 문제가 우선

---

46 安秉瓚(1881~1922?). 1920년 9월 상해 임시정부 법무차장을 역임했고 이듬해 이르쿠츠크에서 개최된 고려공산당 1차 대회에 참석했으며 상해로 돌아와 고려공산당 상해 지부를 결성한 인물.

순위가 되었을 때, 민족해방운동에서의 원동력과 헤게모니로서 정치 투쟁의 무대로 나왔다.

다른 한편으로, 이웃 나라 중국에서 혁명과 공산주의 노농 운동의 영향으로 민족해방운동의 지도부는 프롤레타리아의 수중에 넘어가기 시작했고, 장제스(Чанкайши)가 이끄는 중국 민족혁명가들은 혁명에서 후퇴하고, 혁명을 배반하고, 제국주의에 항복했다(장제스 쿠데타, 1927년 4월).

이 두 가지 요인은 이동휘를 포함한 한국민족혁명가들이 장제스 쿠데타를 공개적으로 환영하면서 실제적인 민족해방운동에서 민족개혁주의 진영으로의 이탈을 규정하게 되었다.

이동휘는 죽는 날까지 발전하고 진보하고 있는 노농운동에 주의를 기울이지 않고 관심이 없었다.

모든 상해파와 마찬가지로 이동휘도 코민테른이 주도하여 창당한 조선공산당과 그 강령에 부정적이었다.

결국 이동휘는 15년간 계속 소련에서 살았음에도 불구하고 소련공산당 당원도 아니었고 무적자로 사망하였다.

위에 언급한 것에서 진정으로 이동휘의 민족적 파벌적 본질을 볼 수 있는가? 정말 이동휘가 어떤 사람인지, 공산주의자인지 프롤레타리아 혁명가였는지 분명하지 않은가?

이제 누구에게 "경의를 표했는지", 김 아파나시, 장도정, 김 미하일 등이 표명한 "누구의 과업과 어떤 과업을 끝까지 이어갈 것인지"가 분명하지 않은가.

이것이 볼셰비키의 당성과 얼마만큼 양립할 수 있는 것인가?

이동휘의 사망에 대해 우리 당원들과 함께 조선의 민족개혁주의 부르주아가 경의를 표했다.

2월 4일 "동아일보" 주필이 이동휘의 사망에 대해 블라디보스토크의 한국 도서관으로 보낸 조문을 받았는데, 조선 민족개혁주의 부르주아 조직인 천도교와 송진우 상해파는 "이동휘의 사망에 대해 심심한 조의를 표한다"는 내용을 담고 있다.

그리하여 김 아파나시, 장도정 등 다른 공산주의자들은 민족개혁주의자 부르주아들과 함께 한목소리로 "하느님의 종" 이동휘의 명복을 빌었다. 게다가 우리 공산주의자들은 자기 동료들의 소리가 들리지 않을 정도로 목소리를 높이려 했다.

이동휘에게 경의를 표하는 데에 있어서 우리 공산주의자들은 민족개혁주의 부르주아들과 어떤 차이가 있는가! 이동휘의 묘지 앞에서 머리 숙여 참배하며 이동휘의 과업을 끝까지 이뤄나갈 것을 약속하면서 정말 그들이 민족개혁주의 부르주아들보다 더 전진하는가!

정확하게 말하자면 동아일보 주필 송진우의 조문에서는 그가 공산주의자였는지 아니었는지 불분명한 증거와 그가 공정한 재판관이었음을 천명하고 있는가? 이동휘에 대한 우리 공산주의자들의 관계와 속성에 관해 그들은 그가 위대한 프롤레타리아 혁명가로 여기고 그에게 머리 숙여 경의를 표한다.

사실 이동휘가 프롤레타리아 혁명가였다면 어떻게 조선에서 혁명가들에 대한 테러 활동을 벌일 수 있었는지 모르겠다. 당시 조선에서는 일본인들이 공산주의 활동과 공산주의 대중연설 뿐만 아니라 "위험한 사상"에 대해 그들을 수감하고 처벌하는 상황이었다. 민족개혁주의 부르주아 신문 주필은 공산주의자와 프롤레타리아 혁명가에게 조문을 보냈는가?

일본인들은 그를 가만두지 않고 경찰이 곧바로 연행해 갔을 것이며 이 조문도 검열을 통과하지 못했을 것이다.

정말 이것으로 이동휘가 어떤 사람이었는지 말하고 있지 않은가?

이동휘는 공산주의자도 프롤레타리아 혁명가도 아니었음이 분명하고 또 분명하다.

그러면 김 미하일, 김 아파나시, 장도정과 다른 사람들은 왜 민족개혁주의 부르주아인 그를 민족혁명가로 치켜세우며, 한국에서 최초의 공산주의 운동에 승리를 이끈 "위대한 혁명가"라며 머리 숙여 경의를 표했는가!

이 모든 소동의 의미는 이동휘를 세계 프롤레타리아 혁명의 노익장으로 여기고(박우), 그의 주변을 조선 공산주의 운동의 후광으로 조장(김 아파나시, 장도정)하며, 고인의 이름을 왜곡하고 합리화해 상해파를 회복하고 그 위신을 높이려는 것이다. 이는 상해파가 […]과 이동휘의 이름과 깊이 연관되어 있으며 이동휘는 상해파와 반혁명주의자 및 반공산당의 화신(이르쿠츠크파와 고려총국)이었던 것이다.

이동휘는 상해파의 창시자이자 수장이며, 사상적 기초를 다진 영도자였다. 당시 김 아파나시는 이동휘의 개인 비서이자 통역이었다.

결론

1. 이동휘는 프롤레타리아에 속한 적도 없고 더욱이 마르크스주의나 공산주의 프롤레타리아 혁명에 경도된 적도 없는 부르주아 민족 혁명가이다.
이동휘는 반공산당과 반혁명의 화신인 상해파의 조직자이자 수령이며 사상적 영도자이다.

2. 상해파 당원인 김 아파나시, 김 미하일, 장도정 등은 (혁명가, 국무총리, 상해파 수장인) 이동휘에게 머리 숙여 경의를 표하면서 "이동휘가 투쟁한 과업(즉, 한국 부르주아 공화국과 상해파 및 반혁명파의 승리)"을 끝까지 이뤄갈 것을 맹세하고 민족개혁주의 부르주아 신문 주필인 송진우와 함께 프롤레타리아 국제민족주의를 희생하며 부르주아 민족개혁주의의 늪에 빠졌다.
이것은 프롤레타리아 국제민족주의에서 부르주아 민족주의로의 탈출이었다.

3. 상해파 당원인 김 아파나시, 김 미하일, 장도정 등은 위대한 프롤레타리아 혁명가로서 이동휘에 대해 끊임없이 찬양함으로써 상해파의 파벌주의를 구원하려고 한다. 이것은 상해파를 회복하려는 시도이며, 조직자이자 수장인 이동휘를 중심으로 상해파의 위신과 권위를 높여 여론을 결집시키려는 시도이다.
이 모든 소동의 의미와 본질은 파벌주의이다.

4. 모든 파벌(상해파, 이르쿠츠크파, 고려총국)의 사상적 정치적 근간, 특히 상해파는 민족주의가 본질이었고 한인 공산주의자 사이에서 민족해방 진영으로 이탈한 것은 조선에서의 당조직 부분에 영향을 받은 민족주의적 잔재이다. 이동휘의 주변에 일어난 소동(여심의 여지없는 민족개혁주의와 상해파의 권위)은 김 아파나시와 장도정과 김 미하일 등의 당원들은 상해파에 대해 유명한 한국 공산주의자(특히 상해파) 중에서도 아직까지 민족주의의 잔재에서 벗어나지 못하고 그들 사이에 민족주의가 잔존하고 있다고 피력하였다.

5. 김 아파나시와 장도정과 김 미하일 등 상해파 당원들이 야기한 이 모든 소동(김 아파나시와 장도정 등의 전보와 이동휘에 대한 찬양)과 부르주아 민족개혁주의 신문

인 동아일보 주필 송진우의 조문은 상해파와 민족개혁주의 부르주아의 요청이며 결코 우연이 아니다. 수많은 민족개혁주의자들은 송진우 주필과 천도교 조직을 중심으로 상해파를 지지했으며 그 조직은 동아일보였다. 이는 그들 사이에 사상적 동질성과 파벌주의적 관계가 존재했음을 추측할 수 있게 한다.

6. 우크라이나 사건으로 얻은 교훈(스크립니크를 중심으로 일어난 우크라이나 민족주의에 대한 불행)과 상해파의 역사(많은 선동자들, 즉 당원이자 지도자인 박애 사건은 선동자로 발각되어 솔롭카로 10년 유형에 처해진 후 1935년 사망하여 형기 만료됨. 체르니고프 기계트랙터배급소 정치부 부부장 박 파블로(Пак Павло) 사건, 한형권, 엄성무, 서린, 김규열, 및 독토르 박(доктор Пак)[47]으로 알려진 윤자영은 공개적인 선동자들이었다)에서 이 사건들은 심각한 정치적 위험이었으며, 민족개혁주의자들과 함께 상해파의 지도자들(김 아파나시, 김 미하일, 장도정, 이규선)을 굴복시키려는 공개적인 시도였으며, 특히 이들의 조선 국경지대로의 이주였다.
다른 한편 이 파벌주의는 당원과 비당원 간의 경계를 제거하였고, 프롤레타리아 의용군은 민족혁명주의자들과 동일시되었다.

7. 소동을 일으킨 이런 민족주의적 파벌주의 본질은 프롤레타리아 국제민족주의로부터 이탈과 이들과 투쟁하기 위해 전 당원들에게 공개적으로 고발할 필요가 있었다.
이 교훈에서 당원들을 교육하고 가르치고 한인 공산주의자에게 세계민족주의 교육을 고양시켜야 한다.

8. 잘 알려진 김 아파나시, 장도정, 김 미하일 등 당원들을 비판하고, 파벌주의로부터 이탈하도록 그들을 가르치고, 그들과 상해파의 정치적 오류와 반정당적 민족주의 본질을 공개적인 방법과 언론을 통해 인정하고 적발하여 모든 파벌의 동지들에게 파벌주의 무기를 내려놓게 한다.

---

47 доктор는 학위명으로 박사를 뜻하며, 구어체로는 의사(醫師)를 뜻함.

9. 주위원회에서 이 문제와 정치적인 실수로 이동휘의 약력을 게재한 "선봉" 신문의 오류를 논의해야 하며, 이에 주위원회는 한국 공산주의자들의 비공개 정당회의에서 논의하도록 결정했다.

주위원회 지도자 /O. 양[48]/

1935년 2월.

첨부:

1. 1935년 2월 4일 자 '선봉'지에 게재된 이동휘의 약력
2. 김 아파나시와 장도정 동지의 전보 사본
3. 민족개혁주의 부르주아 조직인 한국 신문 "동아일보" 주필 송진우의 이동휘 사망과 관련하여 보낸 전보 사본과 번역문

48 문화선전분과 연해주위원회 감독관

이동휘의 생애

한국 민족주의 운동에서 혁명가로서의 이동휘 동지의 삶은 지난 30년간의 조선 혁명 운동의 역사와 긴밀하게 연결되어 있다.

이동휘 동지는 1873년 조선의 함경남도 단천군에서 아주 가난한 평민의 가정에서 태어났다.

필요한 교육을 받을 가능성이 없어 유년기에 군수의 하급관리를 지냈다. 심지어 그의 삶에서 이때 양반제도와 관료제도에 대한 반발과 투쟁심이 자주 드러났다.

1895년 이동휘 동지는 부친 이승교의 부단한 노력으로 한양사관양성소에 입학하여 그곳에서 천성적으로 활발하고 에너지가 넘치는 성격의 소유자로 양반에 대한 깊은 반발심을 품고 학업에도 좋은 성적을 거두었다. 사관양성소를 졸업한 후 대장 직까지 올랐다. 삼남지방 검사관의 직을 수행할 때 그는 자신의 투철한 청렴 결백한 성품을 발휘하여 세상의 강하고 힘이 있는 권력에 굴복하지 않았다.

1902년 고리대금업, 뇌물 수수, 부농과 끊임없이 투쟁하였던 강화 진위대장으로 임명되었다.

1904~5년 러일전쟁의 결과로 5개 조항으로 이뤄진 이른바 한일협약이 체결되었는데 이동휘 동지는 한국의 미래에 대한 새로운 결정을 내리게 된다. 청년 노동자를 가르치고 조직하는 것, 이 관점은 한국의 실제적인 독립을 이루기 위한 것이며, 조선 사립학교의 역사에서 중요한 위치를 차지한 "보창학교"라는 학교를 강화도에 설립했다.

1906년 공직을 완전히 사임하고 조선 민족교육의 조직자이자 선전가가 되었다. "대한자강회"라는 정치 정당 기관을 조직하여 지속적으로 삼남지방을 돌며 선전가이자 조직자로 활동했다. 이때부터 일본 제국주의와 대한제국 정부로부터 추적당하는 신세가 되었지만 억압받던 민중으로부터는 신임과 인지도가 더욱 높아졌다.

7개 조항으로 이뤄진 한일신협약이 체결된 1907년 7월, 유명한 헤이그 밀사 사건 이후 이동휘 동지는 항일운동의 지도자이자 해외 비밀 조직 책임자라는 죄명으로 개성에서 일본 경찰의 손에 체포되었다. 일본 군대가 강화도 경비대를 해산했을 때 이동휘 동지는 자신의 집과 자기가 설립한 학교를 불태워 버렸다.

이동휘 동지는 체포된 후 5~6개월간 수감되었다.

1907년 11월 출감 후 그는 당시 매우 적극적이고 선봉에 나선 불법 애국단체인 "신민회"("신민당"이 아님)를 조직하여 전국적으로 동지들을 규합했다. 당시에 이미 존재했던 "대한자강회"와 "대한협회"와 같은 합법 단체들이 존재했기 때문에 이 조직이 탄생될 수 있었다. 한국에서의 혁명운동을 제대로 발전시킬 수 없었고 또한 이런 조직 배후에는 일본 제국주의 대리인들과 첩자들이 있었기 때문이다. 합법 단체 없이 과업을 수행하는 것이 불가능했기 때문에 1908년 서북학회를 설립하여 단체의 조직자이자 선전자로서 오랫동안 함경도(북한)를 돌아다녔다. 그는 이 활동 방향에서 성공적으로 조직을 발전시키자 "그의 말 한마디에서 학교 하나가 생기고", "그가 연설할 때마다 조직 하나가 탄생하게 되었다"는 말이 나올 정도였다.

1910년 한일 병합 시점이 가까워지자 일본 경찰의 강화된 추적과 감시 때문에 이동휘 동지는 해외로 이주할 수 없어 고국에 남아 과업을 계속하기로 결정했다. 그해 7월 공식적인 합방 선언 직전에 이동휘 동지는 이른바 "요시찰 위험인물조회"로 원산에서 체포되어 약 3개월간 수감되었다.

1911년 자신의 활동을 원활하게 수행하기 위해 그는 합법적 직업을 선택하여 기독교 선교사가 되었다. 이 직업으로 자신을 은폐하여 간도(만주)로 들어갔지만 그곳에서 일본 경찰에 체포되었다. 그 결과 3년간 수감된 황해의 외딴섬 문도로 추방되었다. 간도에 머물면서 조직한 "철혈광복단"은 한국 독립운동에서 영향력 있는 불법 단체 중의 하나가 되어 적극적으로 활동을 이어갔다.

1913년 유형에서 풀려난 후 그는 기적과도 같이 연해주(러시아의 극동)로 이주했지만 1914년 제국주의 전쟁이 시작되자 제정 러시아는 자국 영토 내에 한인들의 정치적 이민을 허가하지 않았다. 그래서 이동휘 동지는 동지들과 함께 "철혈광복단"의 활동과 영향력을 확대하기 위해 중국 지역으로 이주하여 군대를 준비하려는 목적으로 나자구에 군사학교를 설립하여 운영하였다.

1917년 2월 혁명 후 다시 연해주에 도착했다. 그러나 이곳에서 어떤 활동도 시작하기 전에 마치 그가 "독일 첩자"라는 이른바 이상설(제정 러시아 헌병대 첩자)과의 고발로 러시아 군에 체포되어 처음에는 블라디보스토크, 나중에는 알렉산드롭스카야 요새(현재 자유시)에 몇 개월간 수감되었다. 1918년 초 몇몇 동지들과 함께 하바롭스크에서 한인사회당을 조직하여 적위대 근위병으로 근무했다.

1919년 한국에서 3·1운동이 일어나자 니콜스크-우수리스크에서 대한국민의회의 선전부장으로 추대되었지만 취임을 거부하고, 그해 8월 대한민국 상해 임시정부 국무총리로 임명되어 상해로 출발했다.

그 후 임시정부의 다른 위원들 간에 갈등이 생기자 1919년 임시정부를 사임하고 간도에 있는 중국혁명의 수장인 쑨원을 만난 후 유럽을 통하여 1920년 초에 모스크바에 도착했다. 여기서 그는 10월혁명의 지도자들과 세계 프롤레타리아와 억압받는 민중의 영도자인 레닌과 만났다.

1933년 초부터 이동휘 동지는 코민테른 지도부의 지도에 따라 고려총국의 일원으로, 후에는 조직총국에서 일했다. 그 후에 1928년 조선공산당 문제에 관한 코민테른 제6차 대회의 결정이 나온 후 그는 국제혁명투사후원회의 극동 지부에서 일하게 되었고, 4년간 국제혁명투사후원회에서 일하면서 큰 활약을 펼쳤다.

직접적인 그의 사망 원인은 국제혁명투사후원회의 업무였는데 이때도 출장 중에 독감에 걸렸다.

이동휘 동지는 조선 독립운동의 무대에 들어선 첫날부터 마지막 숨을 거둘 때까지 생각과 행동으로 오직 조선의 독립에 대한 꿈을 지니고 살았다. 그리고 마지막 5~6년 동안에는 실제적인 조선의 독립과 세계 사회주의 혁명의 유일한 보루인 소련의 사회주의 건설을 위해 헌신하였다. 우리는 그가 다른 어떤 전연방공산당원(볼셰비키)들보다 훌륭하게 과업을 수행했다는 점을 언급하는 바이다.

이동휘 동지는 사망했다. 그러나 그가 걸어간 여정은 직업 혁명가의 길이었으며 조선 혁명사의 한 장을 장식할 것이다,

이동휘 동지! 사회주의 조국에서, 전 세계 노동자들의 조국에서, 소련 땅에서 영면하소서. 우리는 조선의 땅에 소비에트 권력을 수립할 때까지 투쟁할 것이오.

"선봉", 1933년 2월 4일

ГАХК, Ф.П-2, Оп.1, Д.756, ЛЛ.69-69об.

주위원회책임감독관 무루고프가 이동휘 사망에 대해
극동변강위원회 비서에서 보낸 편지(1935년 3월 5일)

전연방공산당(볼셰비키) 극동변강위원회 비서 라브렌티예프 동지 앞

본인은 최근 있었던 블라디보스토크 공무출장 중 문화선전분과 주위원회 감독관인 양(Лян) 동무로부터 어떤 한인 혁명가(이름이 기억 안 남)의 죽음과 관련한 조전들에 '애도'라는 표현이 있었음을 들었습니다. 특히 주목되는 전보문은 두 건인 바, 그중 하나는 전연방공산당(볼셰비키) 당원인 김 아파나시 동무(포시예트지구 기계트랙터배급소의 분과 책임자)의 것으로 그는 전보에서 "망자에게 머리 숙여 조의를 표한다"고 하였고 양 동무의 말에 의하면 돌아가신 이의 일을 계속할 것이라고 맹세하였다고 합니다. 다른 하나는 서울에 소재한 부르주아 개량주의 신문사의 사장[49]이 보낸 것으로서 "뛰어난 사회운동가를 잃은 데" 대해 조의를 표하고 있는 것입니다. 본인은 이 이것을 양 동무가 보관한 전보문을 통해 직접 확인할 수 있었습니다.

양 동무 말에 의하면 김 아파나시가 "머리 숙여 조의를 표하고" 또한 부르주아 개량주의 신문사의 대표도 조의를 표한 대상자는 코민테른으로부터 받아들여지지 못하였으며 코민테른에 의해 반공산주의 분파로 지정된, 소위 상해파의 전 지도자입니다. 나중에 이 분파는 명백한 일본 제국주의의 반혁명 기구임이 드러났습니다. 양 동무가 본인에게 언급한 바에 따르면 이 그룹의 일행이 일본 제국주의의 스파이와 정보원이라는 증거와 함께 체포되었다고 합니다. (2월 초 사망한) 그 한인 인사는 한때 모스크바 코민테른집행위원회에 개인 자격으로 참석했으나 상해파 그룹의 코민테른 가입을 이루지 못하고 돌아오는 길에 블라디보스토크에 들러 오도가도 못 하고 있었습니다.

한국 공산주의운동의 산증인으로서 본인은 김 아파나시의 행동을 반당적 행위

---

49 동아일보 사장 송진우

로 판단하는 연해주 주위원회 지도자 양 동무의 이 모든 일에 대한 평가에 대해 전적으로 동의할 수 있습니다.

본인의 요청에 따라 양 동무는 변강위원회로 관련 메모를 작성하기 시작했고 몇몇 문건들을 준비하고 있습니다. 본인은 블라디보스토크에서 2월 26일 떠났는데 당시 양 동무는 상기한 자신의 작업을 미처 마치지 못했습니다.

연해주위원회가 변강위원회에 아직 전연방공산당(볼셰비키) 극동변강위원회(ДКК)에 보고되지 않은 이번 사안과 관련한 자료들을 제출하도록 촉구하고자 동지에게 이 메모를 전달할 필요가 있다고 생각합니다.

1935년 3월 5일

회신 – 전연방공산당(볼셰비키) 변강위원회 책임감독관
무루고프(МУРУГОВ)

확 인

ГАХК, Ф.П-2, Оп.1, Д.757, Л.42

김 아파나시의 편지(1936년 1월 7일)

동지 제위께!

본인의 지식과 감정을 표현한 메모에 대한 평가와 관련하여 제가 당이 처한 현상황에서 예외적인 행동을 보이는 사람이 결코 아님을 인정해 주시기 바랍니다.

본인은 공산주의자로서 신뢰할 수 없는 사람이라는 이전과는 다른 평판으로 인해 매우 큰 상실감을 느끼고 있습니다. 이와 관련한 큰 교훈을 분파투쟁의 후유증을 통해 충분히 인지하고 있는 바, 다시 한 번 당 업무로의 복귀를 간청합니다.

당을 떠나면 갈 곳이 없습니다. 과거에도 지금도 본인은 극동소비에트 사람이며 앞으로도 그렇게 남을 것입니다.

새로운 상황이 본인을 각성시켰으며 더 이상 악성 일꾼이나 당원은 되지 않을 것입니다.

　　　　1936년 1월 7일　　김 아파나시

ГАХК, Ф.П-2, Оп.1, Д.757, ЛЛ.43-59

김 아파나시가 극동변강위원회에 보낸 탄원서
(1936년 1월 7일)

전연방공산당(볼셰비키) 극동변강위원회 귀하

1. 해외공작과 본인의 유관 역할

니콜라옙스크-나-아무레 지역 파견근무를 시작한 1925년 전까지 본인은 상해파가 조선과 간도(중국)에서 지대한 대중적 영향력을 가진 것으로 생각했습니다. 당시 한인들 사이에서 저명인사였던 이동휘, 홍도(말리체프), 현재 조선 내 일본 형무소에 수감 중인 김철수, 장도정 등은 상해파가 해외 한인 공산주의자들 사이에서 절대적인 권위를 가진다고 조언하기도 했습니다.

본인은 1927년 9월 니콜라옙스크-나-아무레에서 블라디보스토크로 돌아왔습니다. 전연방공산당(볼셰비키) 극동변강위원회 민족분과 책임비서인 박애가 하바롭스크로부터 와서 본인 아파트에 머물게 되어 대화를 가졌는데 당시 그는 상해파원로들(이동휘, 박진순, 홍도, 김철수)은 모험주의자들로서 조선 밖으로는 나가본적이 없는 자기 분파 소속원들을 기만하고 있다고 비난하고 이들과의 투쟁이 필요하다고 말했습니다.

박애는 그러면서 상해파는 여타 그룹과 마찬가지로 조선과 간도에서 아무런 영향력도 없다고 상세히 설명하고 '젊은 상해파원'으로 만들어진 새로운 그룹을 소개했습니다. 그는 '젊은 상해파' 구성원으로 박애 자신과 김동우, 김원, 김동하, 박윤칠, 홍파, 박 일리야 등을 들었습니다.

즉 블라디보스토크에서는 기존 분파들 간의 투쟁뿐만 아니라 원로 분파원들과 신상해파 간의 투쟁도 못지않게 은밀히 그러나 격렬하게 전개되었던 것으로 보입니다.

이들은 서로의 불성실과 모험주의를 비난하였으며 이에 본인은 상해파 전체가 해외 한인 공산주의 조직에 아무런 영향력도 주지 못하며 대중에 대한 권위도 허울뿐임을 알게 되었습니다.

이에 본인은 박애에게 잘 알지 못하는 해외공작 업무에는 별 흥미가 없다고 전제하고 블라디보스토크 지역당위원회가 본인에게 당 차원의 과업을 제안하면서 블라디보스토크시 제2위원회 선전선동부 책임자로 임명했음을 밝혔습니다.

5개월 후 극동변강 당위원회의 결정으로 본인은 하바롭스크 지역당 선전선동부 책임자로 임명되었으며 이는 전연방공산당(볼셰비키) 하바롭스크 지역위원회 비서인 막시모프 동지의 천거에 의한 것이었습니다. 그와는 니콜라옙스크-나-아무레에서 1년 이상 함께 일하면서 가까워졌으며 하바롭스크에서 선전선동 분야를 책임질 보좌역이 필요했던 그는 가마르니크 동지에게 본인을 블라디보스토크에서 데려오자고 여러 차례 제안했으며 또한 현재 스바보드넴스크 지역당위원회 비서인 지킨(Зыкин) 동지에게도 블라디보스토크 당위원회로부터 본인의 전출이 필요하다고 건의했습니다.

당시 박애는 하바롭스크 당위원회에서 여전히 일하고 있었으며 비록 최근에 그가 스스로 자신을 상해파의 지도적 인물 중 하나라고 생각했지만 본인과 그와의 관계는 지극히 형식적이었습니다.

박애는 1928년 여름 코민테른의 한인 문제에 대한 결정 사항을 본인과 박애에게 통보하기 위해 모스크바에서 블라디보스토크로 돌아가는 길에 하바롭스크에 들러서 머물고 있는 이동휘와 김[…][50] 및 김규열(최근에는 양인 모두 서울파의 지도적 인물로 활동) 등과의 논쟁에서 자신을 지지하지 않은 본인의 태도에 충격을 받았던 것으로 보입니다.

그들 모두 한인 문제에 대한 코민테른의 결정을 수용하고 있었습니다. 그 정확한 내용은 모르나 대략적인 방향은 상해-서울파 중앙위원회가 코민테른의 지침인 '조선 내 공산주의 조직의 통합 원칙'에 따를 것을 권고하고 있다는 점입니다. 이동휘는 스스로가 자신의 해외노선을 설명하기 위해 블라디보스토크의 코민테른 관계자를 만났던 것으로 보입니다.

박애는 이동휘와 서울파를 냉랭하게 대했습니다. "그는 이동휘가 극동지구당 소속인 만큼 중앙당의 승인 없이 해외 관련 업무에 참여할 수 없다"고 주장했습니다.

---

50 김영만으로 추정됨.

박애는 이동휘와 최고 권력자인 가마르니크 동지 간의 만남이 성사되지 않도록 조치했습니다. 당시 본인은 1918년부터 관계가 돈독했던 이동휘와 박애의 관계가 왜 나빠졌는지 알 수가 없었습니다.

이동휘와 박애는 정말로 상해파였습니다. 1921년 말 상해파와 연관을 갖게 된 우리, 즉 이규선과 나와는 (이규선은 이보다도 늦게 관계를 맺었음) 달랐습니다.

여하튼 이동휘와 그 추종자들에 대한 박애의 적대적 태도는 '단일한 상해파' 붕괴에 큰 역할을 했습니다.

상해파의 분열은 1928년부터 시작되었습니다. 사실 해외에서 상해파의 영향력은 매우 제한적이었으며 대중운동 측면에서도 미미했기 때문에 서울파는 이러한 상황을 적절히 이용할 수 있었던 것 같습니다. 서울파는 상해파, 특히 코민테른에서 '조선에서의 유일한 역할자'로서 자신을 보여주고자 했던 이동휘를 자기편으로 끌어들였습니다.

이동휘가 블라디보스토크로 향한 후 박애는 본인에게 자신이 서울파와 상해파 원로들이 조선 내에서 벌인 모험주의적 행태에 대한 메모를 코민테른에 보고했음을 밝혔습니다.

박애는 매우 노골적으로 모스크바에 가려고 애썼는데 이는 겉으로는 공부를 위한 것이라 했지만 사실 그는 코민테른의 조선 문제에 대한 관심 때문이었습니다.

1929년 초 박애는 코민테른 집행위원회의 요청에 따라 학업을 목적으로 업무에서 벗어났습니다. 본인은 전연방공산당(볼셰비키) 하바롭스크 지역위원회로부터 전연방공산당(볼셰비키) 극동변강위원회 민족부 책임비서 겸 선전선동부 부책임자로 이동되었습니다. 당시 이러한 결정은 전연방공산당(볼셰비키) 연해주위원회 선전선동부 책임자였던 카스라제(Касрадзе) 동지의 추천에 따른 것이었습니다.

모스크바에 온 박애는 코민테른 총회에서 조선 문제 담당관으로 일하기 시작했으며 최성우도 그와 함께 일했습니다.

1929년 여름 박애는 해외공작 업무에 대한 안건 논의를 위해 극동으로 왔습니다. 당시 그는 신상해파 인사들과 접촉하면서 두 달간 블라디보스토크에 머물렀으며 그 기간 동안 그가 무엇을 했는지 본인은 정확히 알지 못하지만 '한인 사안'을 다루었던 것만은 분명합니다.

김 미하일, 장도정 그리고 본인이 합류했습니다. 당시 이규선은 모스크바에서 수학 중이었습니다. 박애가 우리를 신뢰했는지 아닌지는 알 수 없습니다. 아마도 제한적으로만 신뢰했을 수 있습니다. 당시 박애는 장진우와 여타 한인들을 조선으로 보냈습니다. 결국 박애는 본인에게서 운동자금 약 200루블을 가져갔으며 모스크바로 간 후 더 이상 돌아오지 않았습니다.

당시 상황에 대해 박애는 명확히 인지해야 합니다: 장진우, 김정하, 김원, 박 일리야 등 대부분 인사들은 우리와 가까운 극동에서 활동하고 있었습니다.

구상해파와 서울파 인사들은 당시 절정기를 맞이하고 있었으며 박애는 이들이 조선 내에서 새로운 모험주의를 획책하고 있다고 비난했습니다.

이동휘는 일시적인 상황 진정을 위해 어찌해야 할지 적절한 방법을 찾지 못했던 것 같습니다. 그는 하바롭스크의 내게 찾아와서 과업 재개를 할 수 있도록 도움을 요청했으며 매우 사정이 안 좋아 보였습니다.

우리에게는 국제혁명투사후원회 관계자와의 연결고리가 필요했으며 특히 책임적 위치에 있는 한인[51] 간부가 필요했습니다. 이러한 가운데 이동휘가 사망했습니다. 사실 이 분야에서, 무엇보다 리스톱스키 등과의 관계에서 이동휘의 과업 성과는 나쁘지 않았습니다. 무엇보다 일에 만족해했으며 그 배경에는 가족과 함께 지낼 수 있었던 점도 그에게는 매우 드문 혜택으로 작용했던 것 같습니다.

상해파의 분열, 모험의 실패 등은 본인이 해외 업무를 수행할 수 없도록 그 업무에서 분리되어야 한다는 확신을 갖게 했습니다.

조선의 독립운동에 대해서 본인은 단지 듣기만 했을 뿐이며 중국과 조선에 있어 본 적도, 관련 서적을 읽어본 바도 없으며 심지어 한글을 읽지도 못합니다. 본인은 상해파 등 해외파들을 믿었지만 그들이 여러 번 우리를 속였던 것입니다.

나는 박애 또한 신뢰하지 않습니다. 왜냐하면 그가 이동휘와 절연한 것을 이해할 수 없기 때문입니다. 또한 박애는 모험주의적인 서울파의 신진 인사들과도 일정한 연관이 있는 듯합니다.

구상해파 인사들 중 박애 쪽으로 합류한 사람은 홍도(말리체프) 등 서울 감옥에서의 수감 생활을 마치고 조선에서 넘어온 인사들입니다. 박애는 홍도를 바로 모스크바로 다시 불러서 전연방공산당(볼셰비키)에 입당시키고 동방노력자대학에서의 수학도 주선해 주었습니다.

---

51   원문에는 копейский로 되어있는데 корейский의 오타로 보임.

1929년 본인은 신문 '태평양의 별'에 반종파투쟁에 대한 글을 게재했습니다. 본인은 한인 공산주의자들에게 과거 어떤 종파에 속했든 종파와 결별하고 극동소비에트에서 당의 과업에만 성실히 임하라고 호소했습니다.

당시 많은 동지들이 종파주의 문제를 제기한 본인의 글에 감명하여 진심으로 지지와 환영의 뜻을 표명했습니다. 연해주 당위원회에서도 본인의 기고를 지지하면서 한인 공산주의자들의 단결을 요청하였습니다.

1929년에 시작된 이러한 경향은 최대 5~6개월 동안 지속되었으며 청년전선(мф)도 본인을 우호적인 분위기로 대해주었습니다. 3개 종파의 지도자들은 하바롭스크에 근거하면서 한인 운동가들의 대표들로서 여러 소비에트 조직과 노동조합 등에서 활동했습니다.

또한 한인 노동자 간부 양성을 위한 다양한 시도가 진행되었습니다. 극동지역 내 공장과 농기계공장에 한인 공산주의자들과 공산주의청년동맹원들을 대거 보내서 그들 중에서 한인노동자 간부가 양성될 수 있도록 하였습니다. 아울러 한인 소작농과 빈농들에 대한 조직작업도 병행했습니다. 이들은 일을 했고 일하기를 원했습니다. 그러나 당원에 대한 숙청이 시작되었고 서로에 대한 고발이 이어졌습니다. 상해파는 이르쿠츠크파를, 이르쿠츠파는 국민의회파를, 국민의회파는 상해파를 비난했습니다.

이러한 광란은 블라디보스토크와 니콜스크-우수리스크에서 먼저 시작되었습니다. 하바롭스크에서도 그러한 조짐은 있었습니다, 상해파는 나에게 국민의회파에게 압박을 가하도록 요구했고, 국민의회파는 나에게 이르쿠츠크파에게 압박을 가하도록 요구했습니다. 축출된 각 파의 지도자들은 항소문을 가지고 변강 당위원회를 찾아갔고 옛 관행이 시작되었습니다. 한인 공산주의자들은 신중하게 당사업을 수행하기에는 아직 충분히 성장하지 않았다는 것이 드러났습니다.

1930년 초에는 당내 조직개편이 있었습니다. 소수민족 지부는 폐지되었고 본인은 당 극동변강위원회 선전선동부 부책임자 자리로 이동했습니다.

이후 다시 본인은 파페르니 동지가 모스크바로 옮겨 간 후 신문 '태평양의 별'의 대리 편집인이 되었습니다.

조린(Зорин) 동지의 합류 직후 붉은교수대학(ИКП)에서의 수학 기회가 주어졌으며 5월 8일과 9일 저녁 김 미하일(Ким М. М.)의 자택에서 공부를 위해 떠나는 본인을 위해 송별회가 열렸습니다. 여기에는 황하일,[52] 박 일리야, 이규선, 장도정,

김 미하일 동지와 본인이 참석했습니다.

본인은 신문사 일로 많이 늦은 밤 12시경에 저녁을 먹으러 도착했습니다. 저는 편집국에서 근무했는데 모스크바로 떠나는 날까지 일을 했습니다. 이에 대해서는 당시 신문 비서로 일하고 있던 샤바노프 동지가 확인해 줄 수 있습니다. 저는 5월 8일과 9일 밤에 조린 동지를 도와주기도 했습니다.

송별회에서 무엇을 논의했는가? 우리는 모두 무엇을 배워야 하는가에 대해 명확한 인식을 갖고 있었습니다. 본인과 김 미하일, 이규선 등은 학업의 필요성에 대해 긍정적이었으나 황하일과 박 일리야는 학업 필요성에 대해 부정적이었습니다. 아무튼 그들은 학업에 대해 말하지 않았습니다.

우리 모두는 해외공작 업무에서 멀어지고 있음이 명확했습니다. 상해파와의 관례적인 연관성도 희미해지고 있었으며 한때 모든 분파의 논쟁에 참여했던 우리들이 해외 업무를 피하고 있는 것을 깨닫게 되었습니다. 더욱이 본인 스스로도 해외공작 업무 수행을 원하지 않았습니다(물론 코민테른 […]. 왜냐하면 저는 개인적으로 해외 업무에 전혀 준비가 되어 있지 않았습니다. 상해파는 저를 골수-친러시아주의자로 간주했고 제가 한인 신문을 못 읽는 것을 비웃었습니다).

김 미하일과 이규선은 본인에게 자신들도 공부를 할 것이라고 말했습니다. 최근 간도에서 하바롭스크로 와서 국립도서잡지협회(ОГИЗ)에서 일하고 있었던 장도정은 수학에 대해서는 전혀 언급이 없었습니다.

결론적으로 본인이 모스크바로 향하던 시기 상해파는 더 이상 통일적이지 못했으며 서로 비난을 일삼으면서 분열되어 있었습니다. 해외에서도 흔들리며 무너지고 있었습니다. 특히, 조선과 간도에서 상해파의 모험주의는 성공하지 못했습니다. 상해파들 중 이른바 우수한 사람들은 해외의 모험주의와 결별하기 시작했습니다. 이동휘에 대한 신뢰도 사라졌습니다. 이동휘 스스로가 제반 정파의 대표로서 모스크바로 향할 명분이 없음을 잘 알고 있었습니다. 박애 또한 무너지고 있었습니다. 그의 모험주의적 성향은 곧 반혁명적 기질로 이어졌습니다.

해외공작 업무에 대한 본인의 생각은 이를 잘 아는 사람들이 수행하게 하고 본인은 극동소비에트의 과업에만 집중하겠다는 것이었습니다.

---

52 원문에는 Хван Хваир(황화일)로 되어있으나 Хван Хаир(황하일)의 오기로 보임.

이를 위해 보다 충실한 학습이 필요하다고 인지했는데 왜냐하면 최근 본인의 과업이 주로 이론학습에 치중되어 있었기 때문입니다.

2. 모스크바에서 있었던 일들

본인이 모스크바로 온 지 두 달 반이 지난 후 크림에 있던 김 미하일이 왔습니다. 그는 학업에 치중하고자 했습니다. 당시 당 중앙위 선전선동부 부책임자로 있던 프셰니친 동지를 면담했습니다. 김 미하일과는 블라디보스토크에서 함께 일했던 경험이 있어 잘 아는 사이였습니다.

하바롭스크로부터도 전보가 발송되었습니다. 김 미하일에게 학습을 위한 휴식기가 필요하다는 내용이었습니다. 이규선도 당 극동변강위원회 업무로부터 벗어나서 모스크바로 왔습니다. 그는 1928년에 수학한 바 있는 붉은교수대학에 즉시 입학했습니다.

가을에 장도정도 모스크바로 왔습니다. 그는 우수한 과업 수행에 대한 보상으로 크림에서의 휴양 기회를 얻었고 모스크바에 머무는 동안 연방공산당(볼셰비키)에 입당하려고 노력했습니다. 그는 코민테른에서 미프 동지와 같이 일했고 미프 동지는 장도정의 간도에서의 업무에 대한 평가서를 제공해 주었고 장도정은 아마도 최성우로부터도 그러한 평가서를 받았을 것입니다.

어떻게 해서든 코민테른은 장도정을 전연방공산당 당원으로 가입시켰는데 입당 시기에 대한 문제를 해결해야 했습니다. 당중앙위원회는 장도정에게 1920년 그의 전연방공산당(볼셰비키) 입당 사실을 증명해 줄 한인 공산주의자들로부터 관련 확인서를 받아달라고 주문했습니다.

본인은 아무르에서 그와 함께 입당한 사실이 있었기에 확인서를 써주었습니다. 그렇기에 본인과 장도정은 매우 가까운 사이였습니다. 1921년 치타에서 본인이 발진티프스로 사경을 헤맬 때 모두가 본인이 곧 죽을 것으로 알고 가까이 하기를 꺼려했으나 장도정은 전염 가능성을 무릅쓰고 낮과 밤을 가리지 않고 병상 옆에서 본인을 구완해 주었습니다. 그러한 동지의 부탁을 외면할 수가 없었습니다. 본인은 장도정이 상해파의 핵심 일원임을 잘 압니다. 그가 상해파 복원에 적극적이며 사생활도 깔끔하지 못해서 술과 여자 그리고 돈 문제의 야기 등 성실하지 않음을 알고 있습니다.

그러나 그가 일본 스파이 활동을 했다고는 단 한 번도 생각하지 않았습니다. 오히려 1919년 블라디보스토크에서 일련의 동지들과 함께 일본 첩자를 처단한 적이 있습니다.

어쩌면 이 또한 믿지 않을 수도 있지만 이러한 사실은 당시 그가 본인에게 직접 들려주었습니다.

장도정은 1920년에 당원이 되어서 마르크스주의를 학습한 바 있습니다.

이로써 모스크바에는 본인과 김 미하일, 이규선, 장도정 등이 합류했으며 이 중 장도정을 제외하고는 서울파나 백조파(우리는 러시아 국경선 내외에서 활동하는 동지들을 백조파라고 부릅니다) 등과는 어떠한 연관성도 가지지 않습니다. 장도정만은 그들과 밀접해서 김영만, 김규열, 윤자영 등과 자주 만났던 것으로 알고 있습니다.

당연히 그들은 해외파들의 요구 사항을 장도정에게 전했을 것이며 서울파들의 새로운 모험주의적 시도도 있었을 개연성이 높습니다.

하루는 김영만이 본인을 찾아와서 입당을 위해서 어떻게 해야 하는지 조언을 구했습니다. 이는 매우 놀라운 일이었습니다. 왜냐하면 본인은 김영만과 같은 당이나 정파에서 일한 적이 전혀 없기 때문입니다. 당연히 본인은 그의 조언 부탁을 거절했습니다. 이후 장도정은 본인에게 김영만과 서울파들이 우리 즉, 저와 김 미하일, 이규선이 자기네들을 "우리 편으로" 인정하지 않으며, 우리가 "박애를 따르고 있다"라며 유감스러워했음을 전해왔습니다.

하루는 이규선이 자신을 찾아온 윤자영을 건성으로 대하면서 당시 임박했던 세미나 발표자료 준비에만 몰두하자 결국 윤자영은 아무런 소득도 없이 동방노력자공산대학으로 돌아가야 했습니다. 직후 이규선은 본인에게 자신은 더 이상 상해파와 엮이지 않았으면 한다고 밝혔습니다. 이처럼 이규선은 한 번도 상해파에 적극적으로 관여한 적이 없습니다.

1924년까지 오히려 그는 이르쿠츠크파를 지지했습니다. 만약 최근 들어 이규선이 상해파 핵심 중의 한 명으로 평가받고 있다면 이는 전적으로 본인과 김 미하일과의 친분으로 인한 오해이며 그는 결코 장도정이나 박애를 존중한 적이 없으며 이동휘와의 관계에서는 지극히 형식적이었습니다.

모스크바에는 상해파 대표 자격으로 코민테른 2차대회에 파견된 전 코민테른 집행위원 박진순이 살고 있습니다. 그는 코민테른이 1920년 제공한 해외공작금

40만 루블을 낭비한 것과도 밀접하게 연관되어 있습니다. 사실상 그는 귀족 같았습니다. 한때 강성 상해파였던 박진순은 해외공작 업무에 관심이 많았습니다. 한글 해독에도 능숙해서 서울에서 발간되는 신문을 구독해서 조선 내 사건에 대한 보도기사를 읽기도 했습니다. 최성우와는 대립했으며 두 사람 모두 모스크바에서 지속적으로 다투었습니다. 본인은 박진순을 존중하지 않았고 지금도 존중하지 않습니다. 그는 "혁명에서 탄생한 귀족"이라고 생각합니다. 진실되지 못하고 오만한 인물이라고 생각했기에 모스크바에 몇 년을 살면서도 김 미하일, 이규선, 장도정 등과는 달리 박진순과는 공식적인 만남 외에는 거의 만난 적이 없습니다

그러나 김 미하일과 그의 관계는 매우 돈독해서 본인과 이규선이 박진순을 비난하면 김 미하일은 그가 "좋은 일꾼"이라며 변호하곤 했습니다.

본인은 김 미하일을 존중했지만 박진순을 존중할 수는 없었습니다. 상해파로 인한 한인 전반에 대한 부정적인 시각의 근원이 박진순, 박애, 김립 등에 있다고 생각했습니다. 정치적 결합 측면에서 미숙하고 순진했던 원로 이동휘는 이용당하고 버려진 측면이 큽니다. 같은 이유로 당적 차원에서도 이동휘는 혁명의 이익을 위한 과업에서 이용할 여지가 있습니다. 한인 운동에서 이동휘는 작은 인물이 아니며 이러한 이유로 레닌 동지도 1921년 그를 크레믈린에서 만났던 것이라고 생각합니다.

모스크바에서 우리는 무엇에 대해 논의했을까요? 모스크바에서 있었던 2년 동안 본인과 김 미하일, 이규선은 단 한 번 모스크바 한인노동자클럽에 나간 적이 있습니다. 그렇다면 1933년 3월 1일에는 왜 굳이 이 클럽에 가지 않았을까요? 모스크바 일에 관여하게 될 것을 우려했기 때문이었습니다. 당시 모스크바에는 모든 한인 분파들이 몰려 있었고 서로 다투고 있었습니다. 그들은 우리를 상해파 핵심의 일원들로 간주하고 있었습니다. 본인은 이에 개인적으로 학업에 집중하고 학업을 마치면 극동소비에트에서 일하고자 마음먹고 있었습니다.

한인클럽과 나리마노프 연구소[53]에서 본인에게 조선 문제에 대한 강연을 수차례 제안했지만 해외공작 업무에 대해서 아는 체 하지 않음이 좋다는 판단 아래 본

---

53 Институт Нариманова. 1921년에 '모스크바 동방학연구소'라는 명칭으로 설립됨. 1925년 부터 소연방 중앙집행위원회(ЦИК) 의장으로 아제르바이잔인이었던 Н.Н. Нариманов 의 이름을 따서 '나리마노프 연구소'로 불림

인은 항상 거절했습니다. 물론 다른 동지들의 발표회에도 응하지 않았습니다. 다만 한편으로는 프롤레타리아구역과 제르진스키구역 소재 공장들과는 무척 가까운 관계를 유지하고 있었습니다.

본인은 모스크바 공장에서 열성적으로 일했습니다. 특히 스탈린공장에서 당활동가를 위한 세미나 때문에 여름에 선전선동 프로그램에서 일했고 두 지역 공장들의 노동자 집회에서 자주 강연을 하곤 했습니다. 본인의 적극적인 교육활동에 대한 치하로 코리트니(Корытный) 동지로부터 5월 2일 볼쇼이극장 관람권을 선물로 받기도 했습니다.

우리는 만나면 서로 무슨 얘기를 했을까요? 우리는 극동에서 […] 왔다고 […] 농담하곤 했는데, 지금 우리들은 블라디보스토크와 하바롭스크에서 무슨 일이 벌어지고 있는지 전혀 알지 못합니다. 우리는 극동의 일에 대해 관심을 가지고 있고 늘 극동의 한 부분이라고 스스로 생각했습니다. 하지만 현지로부터 아무도 우리에게 소식을 전하지 않았으며 우리도 거의 연락을 취하지 않았습니다.

1932년 초 본인이 변강위원회 프첼킨 동지에게 보낸 편지도 그가 이미 사망했다는 사유로 반송되었습니다. 1931년 말 박군팔로부터 편지를 받았는데 국경수비대였던 그가 반당행위를 한 것으로 오인되어 일시적으로 직위 해제된 후 다시 복직되었다는 내용이었습니다. 그는 유감을 표명했지만 본인은 매우 신중한 답장을 보냈습니다. 그에게 조직에 일체의 유감을 가지지 말고 스스로 복무한 결과와 소양에 만족한다면 그것으로 위안을 삼으라고 충고했습니다. 아마도 박군팔은 아직 살아 있을 듯하며 본인의 답장을 확인했을 듯합니다. 본인은 한때 상해파 편에서 국민의회파에 대항해서 싸웠던 박군팔의 회의적인 어조의 서한에 분개했습니다.

이외 본인이 서신을 교환한 사람은 전혀 없습니다.

또한 모스크바에서 그 누구와도 해외공작 업무에 대해 의견을 나눈 적이 없습니다. 장도정은 신상해파인 김정하가 동방노력자공산대학에서 수학중인 윤자영, 마경(Магени), 그리고 이름이 생각나지 않는 또 한 명 등 구상해파들을 비난함을 못마땅하게 생각했습니다. 장도정은 그 한 명을 기억할 것입니다.

김정하는 또한 최성우와 무분별한 말다툼을 벌이기도 했습니다. 김정하는 사업으로부터 제외되었는데 (이 일로 영향은 받지 않았는데) 왜냐하면 동방노력자공산대학 한인학생회 지도부 내의 말다툼은 학생들에게 부정적 영향을 미쳤기 때문입니다.

동방노력자공산대학 한인 담당 지도교수인 코텔니코프(Котельников) 동지의 요청으로 이규선은 레닌이즘을 그리고 본인과 김 미하일은 당의 역사를 정치경제 과목 교사 자격으로 강의하게 되었습니다, 당시 최성우는 이미 교사로 재직 중이었습니다. A학부에는 외국 학생들이 모여 있습니다. 그들 대부분은 과거에 국민의회파와 이르쿠츠크파의 일원이었던 사람들이었습니다.

강사로서 우리의 역할은 양호했습니다. 조선으로 돌아가서 불법 활동을 수행할 동지들에게 필요한 모든 것들을 가능한 한 최대한 전수했습니다. 그러나 우리는 동방노력자대학 한인 분과의 싸움에는 가담하지 않았습니다. 동방노력자대학 지도부는 이를 잘 알고 있었고 그래서 우리는 극동으로 돌아가는 순간까지 교사의 역할을 수행하였습니다.

모스크바에서 본인과 이규선은 해외 상해파 인사들 중 특히 홍도(말리체프)와 자주 접촉했습니다. 그 이유는 아래와 같습니다.

당시 대학 내 붉은교수 양성학부에는 두 명의 몽골 동지들이 수학하고 있었습니다. 그들은 교무과에 일본어 학습을 위한 방안을 자주 문의하곤 했는데 교사 찾기가 쉽지 않았습니다. 교무과에서는 나에게도 요청을 해왔는데 모스크바의 한인 공산주의자 중에서 일본어를 가르칠 선생을 찾는 것이 쉽지 않았습니다. 본인은 홍도에게 연락을 취했는데 왜냐하면 그가 일본 대학을 졸업한 것을 알았기 때문입니다. 홍도는 바로 일본어 수업 진행에 동의했으며 적지 않은 강사비도 받을 수 있었습니다.

그리고 본인과 이규선도 몽골인들과 함께 일본어를 배우기 시작했습니다. 특히 한글도 읽지 못했던 본인은 일본어 등 어떠한 언어든 배우고자 하는 욕구가 강했습니다. 한국어, 중국어, 일본어 간에 유사점이 많다고 생각했기 때문입니다.

그러나 본인의 일본어 교습 참여는 20일 남짓 만에 끝났습니다. 1932년 상해파 사건이 발생하자 본인을 붉은교수단의 일원(икапист)[54]으로 제22공장으로 파송했기 때문입니다.

몽골인들은 일본어 수학을 계속했지만 본인과 이규선은 더 이상 강의를 들을 수가 없었습니다.

---

54 икапист. 학위논문 집필 없이 '붉은교수대학(Институт красной профессуры)'을 졸업하고 교수 직함을 득한 자.

홍도는 본인과 김 미하일에게 다시 해외공작 업무를 계속하고 싶다고 했지만 코민테른은 그에게 외국어 출판사의 번역 업무를 부여했습니다. 코민테른은 그를 원로 상해파의 일원으로 간주하고 여전히 신뢰하지 않고 있음이 명확해 졌습니다. 더구나 그는 한때 분파주의 활동에도 적극 가담한 것으로 의심받았으며 코민테른은 해외공작 업무에 그런 사람들을 더 이상 필요로 하지 않았습니다.

본인과 김 미하일은 홍도에게 해외공작 업무에 대한 미련을 그만 버리고 소비에트연방의 실무과업 수행과 경험 쌓기에 관심을 기울이라고 충고했습니다. 무엇보다 그러한 실무경험은 향후 다시 해외공작 업무를 수행할 기회가 주어진다면 큰 도움이 될 수 있기 때문입니다. 홍도는 우리와 한 번도 같이 일한 적이 없었지만 우리의 충고를 받아들였고 가족도 소련에서 건사하고자 했습니다.

당 중앙위에서 본인을 정치국 실무업무에 배치했을 때 본인은 홍도에게 관련 기관지의 편집자 일을 맡겼습니다, 그리고 1933년 우리는 연해주 포시예트로 함께 떠났습니다.

베르니 동지는 이른바 '20인 목록'에 대해 언급했습니다만 본인은 그러한 목록은 물론 개념조차도 몰랐습니다. 만약 알았다면 아무것도 숨기지 않았을 것입니다. 일은 이런 식으로 진행되었습니다: 김동우는 목록을 제출한 장본인이며 [……]

김동우는 비록 전에 상해파에 속해 있었지만 본인은 그와 친분을 가지고 있지 않았습니다. 그는 신상해파를 조직한 사람입니다.

극동지역 활동가들은 베르가비노프(Бергавинов) 동지가 지도부에 있는 한 본인이 극동지역으로의 합류를 거절해 왔음을 잘 알고 있습니다. 본인과 그와는 모스크바에서부터 그다지 좋은 관계는 아니었습니다. 특별한 이견은 없었지만 그는 본인을 비우호적으로 대했습니다.

본인의 극동지역 내 활동을 위한 전제조건 중 하나는 업무에 있어서 김동우와 엮이지 않는 것이었습니다. 당시 중앙위원회 동지들 중 상당수가 본인에 대해 잘 알고 있었고 본인은 '20인 목록'에 누가 포함되어 있는지 전혀 몰랐습니다. 저는 이 목록을 만든 것은 어리석은 짓이고 '20인 목록'으로 무엇인가를 도모하려고 했던 김동우 편의 모험주의라고 생각합니다.

김동우는 생존해 있으며 어쩌면 이 불순한 목록을 만들 것을 종용했는지를 밝힐 수 있을 것입니다. 다시 한 번 단언하지만 본인은 이와 전혀 무관합니다. 더구나 본인은 모스크바에서 많이 배우기를 원했기에 모스크바를 떠날 마음이 없었습니다. 학업을 중단하면 다시 배울 기회가 없을 것이라는 것을 알고 있었습니다. 모스크바에서 극동으로 다시 향할 때까지 정치부 업무는 전혀 관여하지 않았습니다.

모스크바를 떠나기 전날 밤 김 미하일의 자택에서 환송연을 겸한 저녁식사 모임이 있었습니다. 김 미하일, 이규선, 장도정과 본인 등이 함께한 이날 모임에서 본인 외에도 김 미하일도 정치과업을 담당하기 위해 극동으로 발령받았음을 알게 되었습니다. 중앙위원회는 오히려 본인보다 먼저 그에게 인사발령에 대한 통보를 했던 것입니다.

이규선과 장도정은 자신들은 모스크바에 남을 것으로 믿고 있었습니다. 특히 장도정은 마르크스사상 강의를 이수한 후에는 붉은교수대학(ИКП)에 들어가기를 희망했습니다. 이규선도 건강 문제 등으로 극동으로의 이동은 전혀 생각하지 않았습니다. 본인은 그들에게 극동에서의 업무에 대해 서신을 통해 알려주겠다고 약속했습니다. 정치국으로 가는 것은 새롭고 흥미로웠습니다. 학업을 중단함은 유감이었으나 중앙위원회 정치부에서의 임무 기회는 기쁜 일이었고 성장할 수 있는 기회였습니다.

본인은 이규선과 김 미하일에게 만약에 모스크바에 계속 머무르게 된다면 본인의 독학에 필요한 학습자료와 교재들을 보내달라고 부탁했습니다. 당시 본인은 정치국 일을 하면서 대학의 통신과정 이수를 생각하고 있었습니다.

다음 날 기차역에는 제2시계공장에서 일하고 있던 문학주(Мун Хактю), 김 미하일, 이규선, 장도정, 정 알렉산드르, 본인의 사촌 동생, 그리고 태계환(정확한 이름은 기억하지 못합니다. 모스크바에서 존치했던 '화해'라는 분파의 지도자로서 홍도가 심문 과정에서 일본 스파이 도성(ДОСЕН)을 돕기 위해 한국으로부터 온 자라고 진술한 바 있습니다) 등이 본인과 홍도를 전송하기 위해 나왔습니다. 문학주는 기계트랙터 배급소의 기계공이 필요한지 물어왔고 필요하다면 기꺼이 극동으로 일하러 오겠다고 하면서 그는 "2차 5개년 계획 기간 동안 한인 지구를 건설하고 싶다"고 말했습니다. 본인은 기계공이 필요할 경우 모스크바 당위원회에 건의하겠다고 답했으며 실제로 본인이 포시예트지구에서 근무를 시작한 지 수개월 후 그렇게 하였습니다.

문학주는 본인이 모르는 선반공 남병인이라는 사람과 함께 왔는데, 두 사람 모두 기술이 매우 부족한 기계공이고 선반공이었습니다. 따라서 본격적으로 일을 맡기기에는 숙련의 시간이 필요해서 몇 달간 단순 노동을 맡겼으며 그 후 남병인은 콜호스로 보냈습니다 [……]. 하지만 농사 연도가 끝나면 둘을 모두 모스크바로 돌려보냄이 좋을 듯하다는 다수 의견이 있었습니다. 남병인은 자주 앓아누웠고 문학주는 모스크바의 가족을 그리워했습니다.

결론적으로 말씀드리면 본인과 김 미하일, 이규선은 서울파와 전혀 관계하지 않았습니다. 장도정이 서울파 사람들과 접촉했었기 때문에 본인은 단지 그와 함께 있을 때 우연히 서울파들과 조우한 적이 있을 뿐입니다. 최근 김영민[55]이 본인에게 전하기로는 코민테른이 서울파들에 대한 일정한 조치를 취할 수 있다고 합니다.

그러나 본인은 이러한 전언에 크게 의미를 두지 않았는데 그것은 김영만과 서울파가 또 다른 새로운 잔꾀를 부리기 시작했다고 생각했기 때문입니다.

본인과 김 미하일, 이규선, 장도정 등 네 사람은 자주 어울렸지만 현재와 미래에 특별한 계획은 없었습니다. 해외업무는 물론 우리가 몸담았던 극동지역 업무와도 상당 기간 멀어져 있었습니다.

우리 중 그 누구도 코민테른의 방침을 의심한 바 없습니다. 최성우로부터 본인이 한인공산당 창건에 매진한다는 말을 듣고 기뻐했는데 그것은 우리가 상해파나 다른 분파들이 공산당을 조직할 수 없을 것으로 생각하고 있었고, 또한 그들은 해외공작 업무는 불가능하다고 인식하고 있었기 때문입니다. 사실 이들 중 어떤 분파도 코민테른으로부터 신뢰를 받지 못하고 있었습니다. 이 점은 명백했고 확실했습니다.

3. 포시예트지구에서 본인의 과업

연해주 포시예트지구 정치부에서 본인은 본인의 차석격인 둠노프, 사상담당 부서장 김축, 여성담당 부서장으로서 본인과는 처음 인사한 차영묵, 편집장인 상해파 홍도(말리체프), 역시 처음 인사했으며 중앙위에서 파견된 이찬식 등과 함께 근무했습니다.

---

55 김영만의 오기로 추정됨.

처음 업무실적은 양호했습니다. 1933년 기계트랙터배급소 집단농장들은 중앙에서 부여한 국가표준들(수확량, 종자재생율, 농법 등)을 농장 역사상 최초로 달성했습니다. 노동생산성도 높았습니다. 1934년은 포시예트 집단농장원들이 자체 수확물로 내부 수요를 충당할 수 있었던 첫해로 기록되었습니다. 그 이전까지는 중앙정부로부터 필요한 식량을 지원받았습니다.

당시 본인은 포시예트 지역을 벗어나서 연해주소비에트 지도자협의 등에 일체 참석하지 않았으며 심지어 블라디보스토크에도 가지 않았습니다.

9월 아니면 8월 말경 장도정으로부터 자신이 수찬지역 기계트랙터배급소에서 일하게 되었다는 서한을 받았습니다. 본인은 그가 그 일에 적합한 인물이 아니라고 생각했기에 다소 놀랐습니다. 또한 이규선이 수찬지역 정치국으로 발령받았다는 소식도 들었습니다.

곧 극동지역 언론은 장도정과 김 미하일을 훌륭한 정치부원으로 보도하기 시작했습니다. 김 미하일에 대해서는 의심이 없었습니다. 그러나 본인 생각에 장도정은 정치부 업무를 수행하는 능력 있는 대리인을 지니고 있는 것 같았습니다.

김 미하일, 장도정, 이규선 등과는 주 정치부원 회의에서 재회했습니다.

그 이전까지 본인은 그들에게 서한도 보내지 않았습니다. 우리는 박 일리야의 아파트에서 모였습니다. 그날 회의에서 장도정은 영웅이었습니다. 그에 대해 기획된 듯한 찬사가 있었으며 그는 자신이 가장 뛰어난 정치부 책임자라고 생각하는 것 같았습니다. 그러나 이규선은 그에게 날카로운 비판을 가했습니다. 저는 박 일리야가 상해파들이 정치국에서 지도적 위치를 차지하면서 자기 조직원들을 정치부 요직에 최대한 보내기 위해 가능한 수단을 강구하고 있는 것에 대해 하바롭스크 국민의회파 오성묵과 최하림[56]이 자신들의 입지가 좁아지는 것을 우려하고 있다고 말한 것을 기억합니다.

회의에서 본인은 이러한 논쟁에 대해 어떠한 발언도 하지 않았는데 왜냐하면 정치국 업무가 최우선이었기 때문입니다.

말은 많이들 했지만 진지하고 건설적인 논의는 없었습니다. 모두가 하바롭스크에서의 자신들의 문제만 언급했습니다.

---

56 최호림의 오기로 추정됨.

1934년 초 대중 문제 담당 책임자로 김진이 정치부에 합류했습니다. 본인은 그를 처음 보았습니다. 저는 그가 수다쟁이었을 뿐이지 정치국 일의 수행 능력은 없었음을 알았기에 특별한 업무를 부여하지 않았습니다. 그리고 그는 병에 걸려서 왔는데 정치국에서 그것이 성병임이 밝혀졌습니다. 따라서 그는 하바롭스크에서 두 달간 치료한 후 노보키옙스크의 자택에서 요양하면서 집단농장에는 나가지 않았습니다.

본인은 그에게 건강도 안 좋은데 무리하게 정치부에서 일할 이유가 있냐며 여러 차례 조언했습니다. 당연히 김진은 정치부 업무에 적응하지 못했습니다. 그는 어떤 일을 하고자 할 때 늘 농담, 지껄임, 심지어 변덕을 부렸습니다. 그가 집단농장 업무를 조금이라도 진행하고 나면 본인은 즉시 잘못된 것들을 바로잡아야 했습니다.

본인은 이러한 김진의 정치부 내 부적응 상황에 대해 타나옙체바 동지와 탄니긴 동지에게 누차 보고했습니다.

1933년 말 본인은 먀키네프 동지로부터 기계트랙터배급소 소장 이찬식이 정당치 않은 방법으로 당원증을 받았다는 사실을 통보받았습니다. 본인은 감사위원회를 통해 즉시 그의 직위를 해제하고 전연방공산당(볼셰비키) 주 당위원회 지침에 따라 그를 주 당위원회에 회부했습니다.

기계트랙터배급소장 자리가 공석이 되었지만 사실 이찬식은 이 분야에서 전혀 경험이 없고 역량이 부족했습니다. 후임자는 경험이 풍부한 사람이 필요했습니다. 그러던 중 하바롭스크에서 김 알렉세이를 만났습니다. 본인은 그를 이미 오래전인, 아직 중등학생이었던 1913년부터 알고 지냈습니다. 그가 1920년 연해주 니콜스크-우수리스크의 공산주의청년동맹 산하 위원회에 참여했던 경험이 있음도 알고 있었습니다.

한때 그가 기계트랙터배급소 집행위원회 책임자로 양호하게 임무를 수행한 바 있었습니다. 그는 신상해파였고, 상해파에는 1925년에 가담했습니다.

본인은 각각의 기계트랙터배급소에서 그러했던 것처럼 우리가 같이 잘 일할 수 있고 배급소 소장과 정치국책임자 간에 언쟁이 없을 것이라고 거짓말을 했습니다.

이에 김 알렉세이의 신임 기계트랙터배급소장 발령에 대한 승인을 얻기 위해 인사 건의안을 정치국에 보고했습니다.

본인은 숙청에 대한 변강위원회의 조사 기간 동안 아넨코프 동지에게 김 알렉세이는 품행이 나쁜 자가 아니고, 그렇기에 가능하다면 그의 당원 자격을 회복시켜 달라고 요청했습니다. 다만 서면 추천서는 전달하지 않았습니다. 당시 위원회에는 연해주에서 김 알렉세이와 함께 일했었던 폴레탄 동지도 참석했으며 그의 의견은 김 알렉세이의 당원자격 회복에 결정적인 역할을 해주었습니다.

다시 당원이 된 김 알렉세이는 포시예트지구 책임자로서 1년을 복무했으며 일을 잘했습니다. 사람들은 이제 드디어 기계트랙트배급소가 업무를 잘 파악하는 소장을 맞이하게 되었다고 생각했습니다. 그러나 이후, 특히 정치국 개편 이후에 나태해졌습니다.

모스크바 당대회 참석 후 귀임한 본인은 요양을 준비하고 있던 김진을 하바롭스크에서 만났습니다.

그때는 공식적인 협의회나 변강위원회 간부회의 등은 일체 열리지 않았는데, 정치국의 타나옙체바 동지가 김진이 종종 저에 대한 비난을 한다고 전하면서 그는 자기 혼자 포시예트 "정치국 일을 짊어지면서 있다"고 말했으며 한때 제가 그의 개인 비서였기 때문에 정치국 책임자로서의 자격이 없다고 말했음을 알려왔습니다. 김진은 박 일리야에게도 나에 대해 마구 욕을 해대서 박 일리야가 심지어 그에게 정신이 나간 것 아니냐고 물어보기까지 했습니다.

김정[57]의 행동은 저를 분노케 했습니다. 하루는 김진을 협의회나 총회원들이 자주 이용했던 식당으로 점심식사 초대를 했습니다. 그 자리에는 김 미하일, 이규선, 장도정 등도 함께했습니다.

본인은 직접적으로 김진에게 무엇을 근거로 정치국에서 그리고 정치분과 일과는 아무 상관도 없는 박 일리야의 아파트에서 본인에 대한 험담을 늘어놓았는지에 대해 물었습니다.

처음에 그는 그런 적이 없다고 변명했으나 사실관계를 명확히 하여 다시 추궁하니 그는 자신의 지위와 업무에 대한 합당한 예우가 없는 듯해서 서운했음을 토로했습니다. 이에 본인은 김진에게 험한 표현을 동원하여 꾸짖었고 김 미하일이 다른 자리에서 다투라며 본인을 만류해서 그만두고 식사를 했습니다.

---

57 '김진'의 오타로 보임.

김 미하일은 그러면서도 김진에게 저보다 연장자임에도 어린아이처럼 행동한다고 나무랐으며 김진은 이에 사과하면서 더 이상 반복하지 않겠다고 말했습니다.

그러나 이후에도 김진과의 충돌은 빈번하게 이어졌으며 올해 한번은 본인이 그의 집에서 사탕그릇으로 그를 치려했다는 모함도 뒤에서 하곤 했습니다. 그는 전문적 험담가에다가 더할 나위 없이 쩨쩨한 모함꾼이고 모험주의자입니다. 무엇보다 본인의 잘못은 진작 그를 업무에서 배제했어야 했다는 점이라고 생각합니다.

장범태(Тчн Бомтай)와는 1934년 6월 본인이 포시예트지구 기계트렉터배급소의 성과를 보고했던 모스크바의 한인클럽에서 처음 만났습니다. 그는 포시예트에서 일하고 싶다는 희망을 표명했는데 마침 당시 진축(Цинчук) 동무가 아무르주로 전출하게 되어 있었기 때문에 후임 콤소몰 일꾼이 필요했습니다.

장범태에 대해서는 장도정으로부터 처음 들었는데 그를 실무경험이 많고 성품 면에서나 업무능력 면에서 좋은 사람이라고 최근에 추천했습니다. 그 전에는 장범태를 잘 몰랐습니다.

정치부에서 근무하면서 실제로 그는 자신이 활동적인 사람임을 보여주었습니다. 평소 충분히 겪지 않는 한 사람에 대한 평가를 섣불리 하지 않겠다고 말해온 본인은 장범태에 대해서도 동일한 입장을 견지했습니다. 그러나 그는 집단농장 업무에서 두드러진 실적을 냈으며 어느덧 본인은 정치부 직원들에게 장범태 동무처럼만 일하면 정치부가 못할 일이 없을 거라고 말하게 되었습니다, 그처럼 본인은 적어도 업무에 있어서는 장범태를 동생처럼 아꼈으며 전적으로 신뢰했습니다. 1905년생인 그는 노동자 계급으로서 콤소몰을 거친 전연방공산당(볼셰비키) 당원이었고 노동자였습니다. 그는 조선을 떠나온 지 오래되었다고 했습니다. 누군들 그가 지방 관리의 아들이고 첩자라는 생각을 할 수 있었겠습니까? 그에 대해서는 계급 경각심은 거의 지니지 않고 지냈습니다.

본인이 포시예트지구에서 종파적 공작에 관여했을까요? 모든 사람들이 아니라고 말할 것입니다. 물론 본인 주변에는 상해파들이 있었습니다. 그러나 이르쿠츠크파와 국민의회파도 많았습니다.

지구위원회 담당국에서 저는 상해파의 한 명으로 불리었고 두 명(한창걸, 양 바실리)은 국민의회파였으며 다른 동지들은 전부 러시아인이었습니다.

또한 상임위의 경우 상해파 출신으로 본인, 김 알렉세이, 김진이 참여했습니다.

본인은 홍도(말리체프)와 장범태는 상임위에 못 들어오게 했습니다.

당시 포시예트지구의 상해파라면 본인, 김 알렉세이, 김진, 홍도, 장범태, 장현진, 고일범이었습니다.

국민의회파는 내무인민위원부 책임자 한창걸, 판사인 이 파라스케바(Ли Параскева), 국립은행원 김 파벨, 지구(район)집행위 행정관 차 티모페이, 지구집행위원장 양 바실리, 지구노동조합장 정명일, 신디민스크 기계트랙터보급소 소장 한명석, 지역당 감찰관인 이병과 이신옥, 당 문화선전담당 한영현이 있었습니다.

이르쿠츠크파로는 신문 편집장 이괄(Ликвар), 지구위원회 감찰관 김찬무, 문화선전부장 대리 이순선(Ли-Сунсен), 사범대학 사회과학자 박찬애가 있었습니다.

본인이 신상해파들을 끌어들였을까요? 아닙니다. 저는 포시예트지구에서 누구에게도 상해파에 대해 말한 적이 없습니다. 심지어 지도부의 러시아인 동지들에게도 한인 파벌들 간 파쟁에 대해 언급하지 않았습니다.

다행히도 변강위원회로부터의 지지 덕분에 본인은 포시예트지구에서 대중의 신뢰를 활용할 수 있었습니다. 더구나 저는 포시예트 태생이었습니다.

하지만 본인은 집단농장에서나 노보키옙스크에서 그 어느 누구에게도 상해파 영입을 위해 단 한 번도 말을 건넨 적이 없었습니다. 본인이 생각하기에 그러한 언행은 사실상 범죄행위에 다름 아니기 때문입니다.

사실 본인이 고려공산당 강령에 따라 예누키제(Енукидзе)[58]에 관한 당중앙위 총회의 검토와 관련해 처음으로 개최된 상임위 회의에 참여하기 전까지만 해도 하급직원들은 본인이 과거에 상해파였음을 몰랐습니다.

당시 상임위에서 본인은 한인들의 종파투쟁이 종식되지 않는다면 예누키제 자유주의라고 불리는 더 큰 위험한 결과에 이를 것이라고 경고했습니다.

그 이후 본인은 다시 상임위에 참석해서 한인 공산주의 운동의 역사와 삶을 기록한 고려공산당 강령에 대한 연구 필요성을 강조했습니다. 이는 당 변강위원회에서 검토를 위해 소집된 이괄과 이순선, 이 파라스케바, 한창걸 등으로부터 확인받을 수 있습니다. 한창걸은 이 회의에서 자신의 국민의회파 활동을 부인하였기에 그의 분파활동에 대한 단호한 비난은 어느 정도 억제되었습니다. 본인은 분파

---

58 А.С. Енукидзе(1877~1937). 조지아 태생의 볼셰비키. 1935년 소련공산당 중앙위원으로 선출되었으나 1937년 숙청당한 후 처형됨.

싸움에 가담한 모든 이들과 저의 이전 활동과의 관계에 대해 밝히기 위해 최대한 설명하고자 노력했습니다.

다수는 자신의 죄를 고백하지 않고 침묵했습니다.

그때 지역당 감찰부장인 플레겐스키 동지가 모두가 침묵하는데 왜 본인만 과거의 잘못을 고백하는지 물었습니다. 본인은 그렇게 해야 할 때가 왔다고 생각해서이며 다른 사람들도 따를 것이라고 답했습니다.

이윽고 많은 사람들이 당기록 검토에 대해 말하기 시작했고 과거 자신들의 종파활동에 대해 고백하기 시작했습니다.

포시예트에서 본인의 위상은 어려웠습니다. 저는 한창걸이 국민의회파를 모아 술판을 벌이는 것(이것은 조사로 다 밝혀졌습니다)을 보았고 본인의 지도적 위상에 반기를 들기 시작했음을 알 수 있었습니다. 당에 바로 제기해야 할 사안이었으나 그리하지는 않았습니다. 분파 간 갈등이 더욱 첨예화될 수 있음을 우려했기 때문입니다. 하지만 본인의 이러한 태도는 이후 지구당위원회에서 주로 러시아인 동무들로부터 강한 비판을 받았습니다.

본인은 업무 수행 과정에서 상해파에 의지하기도 했지만 공산주의자들 사이에서 어떤 작업을 통해 포시예트 당조직 내에 분파를 만드는 것에 대해서는 한 번도 생각해 본 적이 없습니다.

지구위원회 서기로서 본인은 그러한 반당행위를 할 수 없었습니다.

포시예트지구가 궤멸되는 것을 막고자 노력했습니다. 올 봄에 이러한 노력이 어느 정도 효과가 있었지만 그 이후 다시 원래의 상황으로 돌아갔습니다.

상해파들은 노보키옙스크 기계트랙터배급소에만 있었습니다. 다른 곳에는 아무데도 없었습니다. 2년 반 동안 우리는 신상해파와 어떠한 관계도 맺지 않았습니다. 즉, 대중노선에서 일체의 분파적 활동은 철저히 배제되었다고 할 수 있습니다. 이러한 사실은 당 문서 검토를 통해서도 알 수 있습니다. 집단농장에서 단 한 명의 상해파도 찾아낼 수 없었고 실제로 없었습니다.

연해주 당위원회에 본인과 장지운(Тчн Диуни)[59]의 관계에 대해서도 설명드리겠습니다. 올해 초 본인은 기선 '눈보라'호를 타고 블라디보스토크로 향했습니다.

---

59 이후에는 동일인물을 Тян Диуни으로 표기함.

선상에서 외국인 복장을 한 장지운이 경비대의 호위를 받고 있는 것을 보았습니다. 본인은 그에게 인사를 건네지 않았는데 왜냐하면 그가 국경을 넘는 과정에서 체포당하고 있다고 생각했기 때문입니다.

그런데 블라디보스토크의 일을 마치고 기선 '젤랴보프'호를 타고 돌아가는 길에 선실에서 장지운을 만났습니다. 저는 그에게 웬일이냐고 물었습니다. 그는 본인에게 군사정보부에서 일하고 있으며 전 고려공산당 중앙위원으로서 상해파와 가까운 김동한을 만나기 위해 국경을 넘는 길이라고 했습니다. 본인이 그에게 김동한은 첩자가 아닌지 묻자 그는 김동한은 우리를 위해서 일한다고 미소 지으며 답했습니다. 이는 본인을 기쁘게 했는데 김동한이 소련을 위해 일하고 있기 때문이었습니다. 장지운은 자신이 국경수비대원과 함께 해외 출장 가는 중이라고 했습니다(실제로 그는 그들과 같은 선실에 들었습니다).

본인은 장지운에게 다음과 같이 말했습니다: "김동한이 혁명가가 맞다면 안부를 전해주시오. 그에게 당변강위원회가 […] 지구를 모범적인 지구로 변환을 위해 더 많은 주의를 기울여야 한다고 말해주시오. 대중들이 […] 만일 김동한이 첩자라면 그에게 어떠한 말도 하지 마시오."

국경수비대와 매우 자유롭게 행동하며 국경으로 가던 장지운은 본인에게 김동한은 소비에트 기관을 위한 임무를 수행하고 있다고 단호하게 답했습니다.

본인은 장지운에게 포시예트지구의 상황에 대해 소개하고 극동소비에트 내의 모범 지구로 격상할 수 있음과 특히 연해주 당위원회 라브렌티예프 동지가 우리 지구에 주목하고 있다고 말했습니다.

그는 옛 동료 중에 누가 포시예트에서 일하고 있는지 얘기했는데 홍도, 김진을 잘 알고 있었습니다.

이후 본인은 노보키옙스크에서 그와 조우하지 않았습니다, 홍도는 심문 과정에서 장지운을 만났다고 진술했습니다. 본인은 이 순간까지 김동한과의 만남으로부터 어떤 결과를 얻었는지 모르겠는데, 저는 하바롭스크에서 장지운과 한 번도 조우하지 않았고 이리로 돌아왔을 때 그는 블라고베셴스크 출장 중이었기 때문입니다. 다만 장지운이 극동변강위원회에서 일하고 있다는 말을 들었습니다.

홍도는 심문에서 장지운이 조선에서 비록 일본 형무소에 수감되었지만 스파이로 의심되는 도성 및 박응칠과 관계를 맺었다고 밝혔습니다.

왜 장지운이 한때 만주국 정부에서 일했다고 알려진 김동한을 옹호했는지는 알

수 없지만 장지운은 우리의 주목을 받았던 인물입니다. 그는 많은 정보를 가지고 있었으며 박애와 같은 신상해파 핵심인물들에 대해서도 잘 알고 있었습니다.

김원에 대해서도 관심을 가질 필요가 있는데 니콜라옙스크-나-아무레에서 일하고 있는 것으로 보입니다. 그곳에 김동우도 있는 것으로 알고 있습니다. 그들 모두 박애와 가까이 지냈고 신상해파를 그대로 내버려 두었습니다.

김원은 조선에 있었는데 어떤 이유에선지 안전하게 돌아왔습니다. 그리고 얼마 전 본인은 김정하를 블라디보스토크 시립극장 앞에서 만났습니다. 언제 모스크바에 왔냐고 묻는 질문에 수일 전에 블라디보스토크로 왔다고 말했습니다. 그는 당으로부터 제명당한 것으로 밝혀졌으며 블라디보스토크의 이동휘의 아파트에 머무르고 있습니다.

그는 본인과 무언가 얘기하고 싶은 눈치였으나 본인은 그와의 긴 대화를 피했습니다. 어디 살고 있느냐는 그의 질문에 본인은 주위원회 기숙사에 있다고 둘러댔습니다. 그러나 사실은 페트로프 동지의 아파트에 머무르고 있었습니다.

본인은 김정하가 블라디보스토크에 온 점이 못마땅했습니다. 그는 단 하루도 공산주의자로서 복무했던 적이 없는 인물처럼 보였습니다. 최근까지 그는 종파주의자였습니다. 그가 블라디보스토크에 온 것은 우연이 아닙니다. 그는 분명히 뭔가 새로운 연합을 꾸미는 것을 생각하고 있습니다. 그는 박애와는 매우 가깝게 지냈는데 모스크바에서 최성우와는 다투었습니다.

4. 상해파의 중앙조직은 존재했었는가?

상해파 중앙조직은 없었습니다. 우리 네 사람과 주변 인물들이 상해파의 조직이라면 조직이었습니다. 포시예트지구에서는 본인이 중심이었으며, 코르사콥카(Корсаковка)에서는 이규선이, 수찬에서는 장도정이 그 역할을 했습니다.

다른 지역과 비교했을 때 극동지역에는 상해파들이 많지는 않았습니다. 본인이 알기로는 30여 명 남짓입니다. 유(НЮ)에 반대하는 분파투쟁을 벌이고 있던 이규선은 상해파 조직에 열심이었습니다. 원로 상해파인 최태열과 상해파들과 가까운 박두희 등을 불러들였습니다. 이는 이르쿠츠크파의 중심이었던 […]일범과의 분파싸움을 야기했습니다.

김 미하일의 콜호스에는 상해파가 없었습니다. 그러나 김 미하일은 다른 분파 사람들에 대해 무관심하지 않았습니다. 최호림과 박동희를 비판하기 위한 연해주 한인들의 회의에서의 그의 가시 돋친 연설은 과거의 분파투쟁에서 나온 것입니다. 하루는 이규선이 식사 자리에서 그에게 그러한 행동은 명백한 분파행위라고 말했던 것으로 기억합니다. 김 미하일은 이규선의 이러한 비난을 피하려고 했으나 사실 그는 국민의회파를 용인하지 않았고 지금도 용인하지 않고 있습니다.

한영현은 당의 서면 조사 과정에서 마치 김 미하일과 연해주에서 함께 근무했던 것으로 진술했습니다. 이에 대해서는 밝혀야 합니다. 한영현은 블라디보스토크에서 혁명 서적 발간을 위해 중국에서 김 미하일에게 2000엔을 전달했다고 말했습니다.

이러한 증언에 대해서는 사실 여부를 확인할 필요가 있습니다. 왜냐하면 김 미하일은 외국간섭군 시기에 니콜스크-우수리스크에 있었고 김 야콥(Яков Андреевич Ким) 등과 같은 친일 성향의 한인들과 관계했을 개연성이 있습니다.

한영현의 증언을 통해서 자연스럽게 이러한 의문이 드는 것은 한영현은 항상 조사 과정에서 김 미하일의 니콜스크 시절에 대해 잘 안다고 강조했기 때문입니다.

본인은 오랫동안 김 미하일이 외국군간섭기 당시 친일분자들의 조직에 가담했을 수 있다고 생각해 왔습니다. 조사가 필요합니다. 사실은 사라지지 않습니다.

본인은 김 미하일이 끝까지 분파싸움을 지속했다고 생각합니다. 그가 상해파의 상징적 인물인 박진순과의 좋은 관계를 유지하고 있는 점은 분파주의와 연을 끊었다는 김 미하일의 단호한 주장은 분명 진실성이 없는 것임을 보여줍니다.

이규선은 상대적으로 최근 상해파에 합류한 사람입니다. 저와 김 미하일의 친분은 그를 망쳐놓았습니다. 이규선은 종종 상해파와 다른 분파들 모두를 욕했습니다. 그는 항상 자신은 골수 상해파가 아니고, "모든 분파주의적 모험주의자들에게 침을 뱉는다"고 말했습니다. 이규선은 최성우와는 사이가 나쁘지 않았습니다. 무엇보다는 그들은 인척관계입니다.

만약 이규선이 코르사콥카에서 상해파의 중심일원으로서 행동하려 했다면 이규선을 노골적으로 반대하기 시작했던 유정에게 많은 잘못이 있다고 생각합니다.

장도정은 지금까지도 해외공작 업무에서 주요한 역할을 희망하고 있습니다. 그는 특히 해외 상해파 및 서울파와 연결되어 있습니다.

본인과 이규선이 해외공작 업무에 대해 문외한이라면 장도정은 그 일을 알고 있고 그 일을 수행할 준비가 되어 있습니다.

본인 생각에 그는 해외 인사들과의 관계를 지속 유지했으며 그러한 관계를 복구하고 유지하는 일은 그에게 어려운 작업이 아니었을 듯합니다.

과거 조선에서 그의 행적은 알려진 바가 없습니다. 조선에 친인척으로 누가 있는지도 알 수 없습니다. 정확한 연도는 기억을 못하지만 1928년 또는 그 전에 모친이 그를 찾아왔으나 바로 조선 또는 중국으로 돌려보낸 적이 있었습니다.

장도정과 김진은 1920~1921년 기간 이르쿠츠크파와의 투쟁에 본인을 합류시키려 했었습니다. 당시 그들은 치타에서 박애와 최성우 등과 함께 이르쿠츠크파 동지들에 대한 가택수색을 시행했으며 그렇게 이르쿠츠크파 대표에 반대하는 행동을 했습니다.

극동지역의 한인 공산주의자들 간의 분파싸움을 일으키는 것은 장도정, 김진, 박애의 양심에 큰 부담이었습니다.

본인은 블라고베셴스크 업무 담당자 중 한 명이었습니다.

당시 장도정, 김진, 박애는 극동지역 고려부 소속이었으며 그러한 지위에서 본인에게 블라고베셴스크의 이르쿠츠크파 대표들에 응하지 말라는 엄격한 지시를 내렸습니다.

본인은 그들의 명령을 정확히 수행했으며 그 결과 본인의 당적 유지 여부에 대한 한인들 간의 싸움에 말려들었습니다.

즉, 당 변강위원회에까지 이 문제는 보고되었으며 본인 생각에도 당적 박탈을 위한 사유는 충분했습니다.

당 변강위원회는 본인을 전례 없는 높이까지 오르게 해주었습니다. 본인은 최근 몇 년간 결코 생각지도 못한 중책까지 맡게 되었습니다.

당은 본인을 신뢰했으나 저는 그러한 신뢰를 입증해 보이지 못했습니다.

그러나 본인은 한순간도 의도적으로[60] 당에 반대한 적은 없습니다. 살면서 단 한 번도 당과 위대한 수령의 정책에 의심을 품은 적이 없습니다.

본인은 조국 소비에트연방을 사랑합니다. 본인은 15년 동안 인연을 맺어온 당을 사랑합니다.

---

60 원문에 대문자로 강조되어 있음.

당원이 되기 전까지는 본인은 어떠한 공적 복무도 한 적이 없으며 당을 통해서 공인의 삶을 알게 되었습니다. 첫 봉급도 당으로부터 받았으며 소비에트 구성원으로서의 복무도 시작했습니다. 계속 복무하고자 하는 욕망이 큽니다. 본인의 과오를 당 앞에서 속죄하기를 바랍니다.

본인은 현재 어떠한 것과도 관계하지 않고 있습니다. 이제 본인에게 상해파는 악몽입니다. 최근 수개월 동안 죄인의 심정으로 자숙해 오고 있습니다.

당 변강위원회에 제가 당원으로서 다시 한 번 새롭고 뭔가 마음에 드는 임무로 복귀할 수 있도록 요청드리는 바입니다.

당의 신임에 보답하겠습니다.

전연방공산당(볼셰비키) 당원 김 아파나시
1936년 1월 7일

ГАХК, ф.П-2, оп.1, д.390, лл.34-36

한인 정파들

한인 사이의 프라치 그룹들에 대한 메모

조선은 1910년 일본 제국주의에 의해 점령되어 그 식민지로 변화했다. 합병 이후 조선에서는 빨치산 운동이 펼쳐졌다. 1919년 3월 봉기 이전까지 일본은 언론, 출판, 집회, 결사 등등의 자유에 대한 유례없는 탄압을 자행하였다.

1919년 3월에 전면적인 반일 운동이 발생하여 조선 전역을 휩쓸었다. 이 운동이 있은 후 일본 제국주의자들은 자유주의적 신문의 발행과 집회, 결사의 소집을 승인하는 소위 '문화 (통치) 정책'을 도입했다.

그리하여 조선에는 수백 개의 조직들, 정기간행물 등이 생겨났다. 3월 운동은 반제국주의적 운동이었으며, 그것은 조선만이 아니라 국경 밖까지 번져나가, 가령 상해에서는 임시정부가 설립되었고 극동에서는 한인회 등이 설립되었다. 1921년에 모스크바 코민테른 동방부는 조선과 직업적인 연결을 가지며 [⋯] 혁명주의자 회의를 소집했다. 1921년 회의 이후 코민테른집행위원회(ИККИ) 동방부 대표자들이 상해파와 이르쿠츠크파 공산당 그룹을 결성하게 된다.

이르쿠츠크파의 조직자는 코민테른집행위원회 대표위원인 슈먀츠키(Шумяцкий)와 보이틴스키(Бойтинский) 동지의 지도를 받는 김철훈(현재 극동공산 [⋯]의 학생)과 남마춘[61](현재 니콜스크-우수리스크 미(곡) 기술전문학교장)이다.

상해파는 1921년에 상해에서 결성되었으며 [⋯] 이동휘 ([⋯⋯] 수감) 코민테른 집행위원회의 대표위원인 크르[⋯]셰프(Кр[⋯]щев)(트로츠키파에 소속되었다고 하여 현재 당에 의해 제명됨)의 지도 아래였다.

두 파는 상해 임시정부를 활용하고자 했다. 그를 통해 조선 [⋯]를 조직하고자 생각하였으나 이는 양 그룹 사이에 이견이 발생함으로 인해 달성되지 못했다. 그

---

61 Нам-Мачун으로 표기되어 있다. 남만춘(1892~1938)의 오기로 보인다.

뒤에 두 파는 조선으로 잠입하여 1925년에 조선공산당을 결성하였다. 당에서 주도적 역할을 수행한 것은 화요회(조선인 그룹)와 활동한 이르쿠츠크파였다. 그리하여 상해파는 손상을 입고 다른 반대파들에게 포위되고 말았다.

그리하여 당내 싸움이 끊이지 않게 되었고, 그러한 파쟁(派爭)은 결국 일본 경찰만 돕는 역할을 하고 말았다. 그룹의 지도자들은 모두 체포되었다. 여기서 또하나 다른 그룹, 소위 [⋯]라 불리는 그룹이 생겨났다. 이 그룹은 양 파 모두에 반대하였으며, 그리하여 투쟁은 [⋯]

코민테른과 당지역위원회의 조선 문제에 대한 검토 이후에 투쟁의 방식이 변경되어 보다 공개적인 형식이 되었다. 극동지역에서의 파쟁에 대해 말하자면, 그 파쟁은 주로 조선 문제와 연결되어 있었지만, 최근 들어서는 파쟁이 아무런 [⋯]적인 근거도 없는 단지 개인적 이해를 위한 싸움으로 흐르고 있고, 특히 보다 책임 있는 자리를 둘러싼 [⋯] 지도권 싸움으로 점점 기울고 있다.

그 같은 파쟁은 그 파들이 있는 곳이면 항상 계속되고 있다. 그 파쟁은 조선 및 극동에서 벌이는 사업에 해악을 끼치고 있다. 가령 부르주아 헤게모니 [⋯]

[⋯] 파쟁을 위한 [⋯] 오가이 표트르(현재 극동고려사범대학장)를 통해 전 극동공산고등교육기관 조선과 책임자였던 김하석 동무는 이 자금을 블라디보스토크에서 파쟁에 나선 그룹들을 위해 이용하였다. 모든 파들마다 이런 사실이 셀 수도 없을 정도로 비일비재하다. 또한 이 파쟁은 극동에만 한정되지 않고 조선과도 밀접히 연관되어 있다. 그렇기에 코민테른은 1928년에 극동에 소재하고 있던 한인들에 대해 한인공산당의 해산 조치를 결정하였고 조선 문제와 관련된 연계를 끊도록 하였다. 결정서는 작금의 파쟁이 일본 헌병대에 유익을 주고 있으며 이 파쟁으로 일본 경찰은 파쟁이라는 모닥불 근처에서 저들의 손을 따뜻하게 덥히고 있다고 강조하고 있다.

위에서 회고하였듯 코민테른집행위원회와 볼셰비키 당지역위원회의 결정이 있은 후에 쟁투는 보다 예민하고, 드러나지 않는 형태로 변했다. 현재 그 쟁투는 특히 상해파와 국민의회파에게서 나타나며, 이르쿠츠크파에서는 훨씬 줄어들었다. 무엇보다 위험한 것이 바로 이 상해파다. 상해파는 한인 그룹들과 연결되어 있는바, 특히 한인 그룹에는 많은 비당원이 있다. 최근에 상해파의 수령인 볼셰비키 당원 윤자영(ЮН-ЗЯ-ЕН)이라는 자가 조선에 들어가 상해파 비당원인들로부터 열정적인 환영을 받고는 처음에는 물질적인 지원을, 그다음으로는 국영도서출판소연맹(ОГИЗ)[62] 내에 일자리를 제공하였다. 또한 국민의회파들은 엠엘파(М.Р. группа)[63]와도 연결되어 있는데, 이들은 1926년에 청년과 인텔리겐치야를 기반으로 조선에서 설립되었으며 현재까지 관계를 가지고 있다. 콤소몰은 오래전부터 조선에서 엠엘파 내부에서 직접 사업을 진행하고 있다.

이르쿠츠크파 역시 조선 내에 위치한 화요회와 긴밀히 연결되었다.

현재 상해파는 대부분이 옛 주도자들이 알고 있던 모스크바에서 배운 이들을 당원이든 비당원이든 자기 그룹으로 끌어들이고 있다.

파쟁자들의 또 다른 경향이 있으니 오직 조선에서만 사업을 한다는 것이다. 하지만 […] 가령 엠엘파는 문제가 제기되었다… 왜냐하면 소련에서 그들에게 아무것도 해줄 수 있는 것이 없기 때문이다. 또한 사실에 있어서나 역사적으로도 파쟁에서 원칙이란 존재하지 않았기 때문이다. 그러한 쟁투는 다만 조선공산당과 사회주의건설에 해악만을 초래한다.

그러므로 향후 다음과 같은 조처가 필요하다.

1. 조선 혁명가들 및 조선에 위치하고 있는 전체 그룹들, 특별히 상해파와의 모든 파벌적 연계를 중단한다.

2. 옛 파벌주의의 일상적 잔재를 폭로하고 밝히도록 한다.

3. 조선 문제에 관한 1928년 코민테른집행위원회 및 당지역위원회의 결정을 지지하는 가차 없는 투쟁에 나서며, 당원 대중에 대한 설명 사업을 벌이고, 볼셰비키 당원 각각은 그 결정을 학습하고 생활에서 구현토록 한다.

4. 파쟁을 벌이려는 모든 시도에 가차 없이 반격하며 볼셰비키 교육에 이와 투쟁하도록 한다. 이는 특히 불가피한 조치인 바 이들 그룹들이 나머지 당원과 그 후보들을 정치적으로 끌어들이고자 시도하고 있기 때문이다.

---

62 Объединение государственных книжно-журнальных издательство. 1930~1949 존립.
63 '마르크스레닌주의'파라는 의미의 엠엘파는 의미상 러시아어로 표기하면 МЛ группа가 되어야 하지만 러시아어 엘(Л)의 우리말 음차 과정에서 Р(에르)로 표기한 것으로 여겨짐. 앞선 문서에서 보듯이 '엘(Л)'을 Эль로 표기한 경우도 있었음(주 44) 참조.

옛 파벌의 주요 지도급 인사들의 명단

국민의회파 그룹

1. 한명세(ХАН МЕН СЕ) (그룹의 옛 지도자)

2. 최고려(ЦОЙ-КОРЕ) (이르쿠츠크파에서도 활동)

3. 김만첨(КИМ МАН ЧЕМ)[64] (블라디보스토크 동방대학에서 활동)

4. 김하섭(КИМ ХАСЕБ) (블라디보스토크에서 어업 종사)

5. 최호림(ЦОЙ ХОРИМ) ('선봉'지 편집인)

6. 최성우(ЦОЙ ШЕНУ) (동방노력자공산대학 МКП 수료인)

7. 오가이 표트르(ОГАЙ Петр) (블라디보스토크 극동고려사범대학장)

8. 최 니콜라이(ЦОЙ Николай) (ДКВ 강사)

9. 김병율(КИМ БЕНЮР) (극동변강고등교육기관(ДКВУЗ) 학생)

이르쿠츠크파

1. 남찬춘(НАМ ЧАН ЧУН)[65] 지도자 (미곡 기술전문학교 사업책임자)

2. 최동신(ЦОЙ ДОН СИН) (블라디보스토크 시당)

3. 서천민(ШЕ ЧЕНМИН) (레닌지구 기계트랙터배급소 책임자)

4. 남 알렉산드르(НАМ Александр) (트랙터본부)

5. 김철훈(КИМ ЧЕРХУН) (극동공산대학 학생 / 이르쿠츠크파 조직자)

6. 최추선(ЦОЙ ЧУСОН) (ДКВУЗ 학생)

7. 박찬근(ПАК ЧАН ГЫН) (스파스크 시당)

상해파

1. 이동휘(ЛИ ДОН ХИ) (옛 민족운동가, 국제혁명투사후원회 지역 그룹 지도자)

2. 김 아파나시(КИМ Афанасий) – 모스크바 МКП에서 수학

3. 김 미하일(КИМ Михаил) – 모스크바 ИКП에서 수학

4. 김진(КИМ ДИН) – '선봉'지 구)임시 편집인

---

64 Ким Ман-Чем. 김만겸의 오기로 판단됨.
65 남만춘의 오기로 판단됨.

5. 최태열(ЦОЙ ТХАЕР) – '선봉'지 편집부 서기

6. 김동운(КИМ ДОН УН)[66] – 지역집행위원회 민족사업 운동가

7. 한일(ХАН ИР) – '선봉'지 편집부

8. 김원(КИМ ВОН) – ДКВУЗ 박사과정생, 라디오신문 편집

9. 윤자영(ЮН ЗЯЕН) – 한인 […] 지도자 […]

---

66 김동우의 오기로 판단됨.

제2부

1920~30년대 극동러시아 한인의 삶

ГАХК, Ф.137, Оп.11, Д.1, ЛЛ.30-32об.

극동변강주의 한인들

조선의 강제병합 후 첫 10년간 매우 가혹한 일제강점기의 독재 아래 일어난 일들은 한민족의 정치-경제, 그리고 문화-일상생활의 모든 영역으로 완전히 파고들었고, 이웃한 중국과 러시아로 향한 한인들의 불가피한 대거 이주를 낳았다. 그러나 이것을 유일한 이유라고 보기는 힘들다. 크지 않은 규모지만, 조선 북부 지방의 흉년으로 인해 지난 세기 70년대 초기에 이미 한인 이주가 관찰되었다.

이런저런 이유로 난민 대부분은 만주로 향했으며, 그중 일부는 러시아로 향했다.

현재 가장 신뢰할 수 있는 자료에 따르면, 극동변강주의 한인 수는 132,997명이다. 주마다 구분해 보자면 다음과 같다:

연해주 – 124,641명

아무르주 – 6,397명

자바이칼주 – 748명

사할린주 – 854명

캄챗카주 – 357명

이렇게 많은 한인의 존재로 인해 변강주에 소비에트 정부가 수립된 순간부터 권력기관들은 한인 문제를 가장 중요한 문제이자 긴급한 문제 중 하나로 여기게 되었다.

조직적 활동 기간은 비교적 순탄하게 지나갔다. 그러나 아직 많은 일이 우리 앞에 놓여 있으며, 이에 대해 우리는 몇 가지 의견을 말하고자 한다.

한인의 절대다수(95%)가 농민이라는 상황을 참작해, 변강주 권력기관은 한인 인구의 토지개발 문제를 전방위적으로 살펴야 하며, 이는 당연히 소연방 중앙 지역에서 이주한 이들을 활용하기로 한 변강주 개발 계획과 엄격하게 조정하여 이뤄져야 한다.

토지개발과 더불어 우리는 상당한 토지세입자들을 가지고 있는데, 이들은 토지 사용 문제를 혼란스럽게 하기도 한다. 이것은 한편으로 농민들 간의 심각한 갈등을 일으키기도 하며, 다른 한편으로는 분배된 토지를 대여하여 종종 예상 수확량의 절반을 취하는 노예제와 같은 방법으로 부를 축적한 많은 착취층을 농촌 마을에 형성하게 했다.

계몽 문제 역시 못지않게 심각하다. 한인 학교 연결망 규모는 변강주의 전체적인 속도에 비해 거의 뒤처지지 않지만, 모국어로 된 교과서 공급에 있어 아쉬운 점이 많이 있다. 현재까지 많은 학교에서 진행되는 수업은 일본 애국주의에 심취한 한인 군수가 만들거나, 영·미 조직의 헛소리를 하는 종교 단체가 만든 교과서에 따라 진행되고 있다. 이 모든 개입의 유산, 이 모든 쓰레기 같은 것들은 중단해야 하며, 동시에 한글로 된 소비에트 교과서 발간 문제에 착수해야 한다.

이 지역에서 우리는 어려움을 겪고 있는 것이 사실이지만, 한인들은 자신의 문제에 대해 진지하게 말할 필요가 없다고 여길 만큼 자신을 중요시하지 않으며, 순화해서 표현하자면, 교육 인력이 전혀 양성되지 못하고 있다. 이는 곳곳에서 볼 수 있는 현상이다. 교사층의 일부는 일본 학교의 양자라고 할 수 있으며, 노동학교의 원칙뿐만 아니라 전반적인 문화교육 방법에 대해 분명한 개념을 가지고 있지 않다. 다른 일부는 러시아, 대부분 옛 러시아식 학교에서 교육받은 이들로, 보통 한국어로 두세 문장을 연결하여 말할 수도 없다(이는 수업이 모국어로 진행되는 학교에서도 일어나는 일이다). 이들 중 극히 소수만이 소비에트 학교가 요하는 규범에 어느 정도 부합한다. 체계적인 재양성, 만약 가능하다면, 이들의 재교육은 한인 학교가 정상화로 가는 데 있어 중요한 과제 중 하나이다.

마지막으로, 보건에 관한 몇 마디를 하겠다. 여기서 알아야 할 것이 있다. 한인들은 오래전부터 티베트 의원이라고 불리는 이의 진료를 받고 그를 맹목적으로 믿고 있다. 이들이 고약을 사러 약국에 가는 것 자체가 위험을 무릅쓰고 하는 행동인 데 반해, 병이 심각한 경우에는 티베트 의원에게 도움을 요청하며, 간혹 샤먼을 찾기도 한다. 어떤 마을이나 정착촌에도 티베트 의원이 있다. 이는 한인들의 생활에 있어서 필수적인 부분이다. 러시아인과 가까운 이웃으로 60년을 살면서도 이들의 생활 방식, 특히 건강 분야는 좀처럼 바뀌지 않고 있다. 장기적이고 체계적인 활동, 특히 한글로 된 인기 있는 서적을 발간하여 한인들에게 널리 보급하고, 무대 공연, 강의 등의 방법을 통한 선전 활동이 마을에 단단히 둥지를 틀고 있는 의원과 샤먼들의 끈끈한 발톱으로부터 한인들을 떼어놓는 데 도움이 될 것이다. 이와 더불어 한인 중에서 의료진을 양성하는 문제를 빼놓아서는 안 되며, 대학 의학부에 한인들을 위한 충분한 자리를 마련하고 장학금을 제공하는 것이 필요하다고 본다.

우리는 진지하게 극동변강주 내 한인들의 지위 향상에 관해 이야기하고 있으며, 이를 위해 조속한 시기에 시행이 필요한 가장 본질적인 조치들의 예시 목록이 여기 있다. 그러나 변강주 예산 안에서 이 문제들의 일부라도 해결하는 것은 불가능하다. 그래서 중앙으로부터의 재정적 지원을 요청하는 것이 불가피하다.

마지막으로, 한인 문제를 지역 차원에 밀어넣을 수 없으며, 이 문제의 해결은 소련의 민족정책 범주에서 가능하다는 것을 우리 스스로 확실히 이해해야 한다.

김기룡(КИМ-ГИРИОНГ)

ГАХК, Ф.58, Оп.1, Д.62, ЛЛ.1-8

의사록 No. 14/a

1925년 5월 12일, 하바롭스크.
극동지역혁명위원회 이사회 회의

출석: 극동지역혁명위원회 의장 가마르니크(ГАМАРНИК), 극동지역혁명위원회 부의장 첼리체프(ЦЕЛИЦЕВ), 극동지역혁명위원회 위원: 브리스킨(БРИСКИН), 알리포프(АЛЬПОВ), 스타리코(СТАРИКО), 마모노프(МАМОНОВ) 동지, 노동자-농민감독국 인민위원부 관리국 모이세옙스키(МОИСЕЕВСКИЙ) 동지, 재정인민위원부 관리국 부서장 마르티노프(МАРТЫНОВ) 동지, 고려부 전권대표 김기룡(КИМ-ГИРИОНГ) 동지, 지역검사부 부서장 랍포포르트(РАППОПОРТ) 동지, 극동지역혁명위원회 서기 코피틴(КОПИТИН) 동지

의장 가마르니크 동지
서기 코피틴 동지

청취:	결의:
한인위원회의 보고서: 1) 한인들의 소련 귀화에 대하여	a) 연해주의 경제적 사정과 이 지역이 농업적 측면에서 저개발 상태인 관계로, 소비에트 영토에서의 정착을 위해 한인들이 자발적으로 국경을 넘는 것을 저지하는 일련의 조치들을 수립할 필요가 있다. б) 기존 한인들의 소비에트 국적 취득 규정을 유지하면서, 앞으로 반 년간 3천 명까지 소비에트 국적으로 전환하는 것을 과제로 책정하며 청원검토위원회의 업무를 강화한다. 이에 연해주 귀화집행위원회에 인력을 추가하여 청원검토위원회의 기술적 기구를 강화할 것을 제안한다. в) 1순위로 2년 이상 정착한 한인 농부들, 2순위로는 2년 이상 극동지역에 거주한 한인들을 대상으로 생산직 종사를 조건으로 소비에트 국적으로 전환하는 것이 필요하다.
2) 한인 대상 소비에트 건설에 대하여	2. 현존하는 지역농촌소비에트가 한인농민층의 이해관계를 충분히 표출하지 못하며 동시에 소비에트 기구의 조직적 구조도 해치고 있다고 보는바, 연해주 귀화집행위원회에 하부 소비에

	트 기구의 전반적인 설립 및 한인 농민층 활동의 최대 보장에 따른 본 문제를 위임한다. 조속히 해당 문제를 극동지역위원회에 제의한다.
3) 연해주 내 한인의 토지개발에 대하여	3. а) 산악-타이가 지역의 광대한 면적, 그리고 특정 지형 내 인구 과밀도로 인해 연해주에는 조속하게 개발할 유용한 토지가 극히 제한적이라는 것을 고려하여, 연해주에 거주하는 토지 미소유 한인과 러시아인의 토지개발이 이뤄질 때까지 한인 농부들의 연해주 추가 이주를 중단한다.
	б) 연해주 남부 지역 내 토지 미소유 한인의 거주지에서는 토지 부족으로 인해 이들의 완전한 정착이 이뤄지지 않은 관계로, 아무르주와의 경계 지역의 주인 없는 땅을 포함해 한인의 토지개발을 위한 영역을 확장하는 것이 필요하다. 이에 최근에 정착한 한인 농부들을 포시예트 지역 및 우수리스크의 남쪽 지역에서 연해주 내륙 지역 및 아무르주로 분산시키는 것이 시기적절하며 매우 합리적이라 사료된다.
	в) 현재 거주지에 토지가 없어 정착할 수 없는 한인들에게 토지를 분배하기 위해 첫 번째로 농업에 적합한 집단농장의 무료 기금, 그리고 오래 살았던 농민층과 카자크인들의 토지개발 이후 주인 없는 여분의 땅을 활용하는 것이 필요하다. 이때 우선은 한인들의 필요한 부분을 충족하면서, 시작 단계라 할 수 있는 극동지역의 개척을 소련의 유럽 지역에서 이주해 온 사람들이 담당하도록, 그리고 국가적 필요를 위해 여유분을 남겨놓는 것을 고려해야 한다.
	г) 농업용 토지의 한계, 그리고 한인들의 특수 경제 형태를 고려하여, 상응하는 분배 규정을 정하는 문제를 연해주 지역집행위원회에 위임한다.
	д) 토지 미소유 한인들에게 실질적으로 토지를 분배하기 위해 한인이 거주하는 마을들의 선택적 토지개발, 그리고 경작지가 적은 지역에서 토지가 없는 이들의 수송을 위한 기금 준비에 착수하도록 한다. 토지개발 계획은 반드시 3년이라는 기간에 맞춰 수립되어야 한다.
	е) 토지 미소유 한인들을 위한 토지분배와 관련된 선택적 토지관리 비용예산을 정한다 – 306,000루블 (첫해 지출액 108,000루블, 그다음 해에는 매 차례 98,000루블 계산). 이와 동시에 극동토지관리국에 아무르주에 거주하는 한인들의 토지개발에 대한 문제 해결을 위임한다.
	ж) 25년 4월 4일 자 극동변강주 산하 한인위원회 회의록 No. 2의 2항에 따라 선택적 토지관리에 대해 예비기금의 비용으로 10,000루블을 지급한다.
	з) 해당 10,000루블과 이전에 지급된 5천 루블, 총 15,000루블을 중앙국가예산에서 지급되어야 할 금액으로 포함하는 것에 대해 중앙에 청원서를 제출한다.
	и) 이 계획에 따라 토지개발을 진행하는 데 있어 필요한 금액을 다음과 같이 지급한다: 국가예산에서 50%, 지역예산에서 25%, 토지개발에 참여하는 사람들에게 지급할 장기 대출 제공과 관

	련된 비용에서 25%
	к) 토지법 9조에 따라 러시아 국적을 가진 한인들에게 노동 목적의 토지를 분배한다.
	л) 러시아 국적을 갖지 않은 한인들에게는 토지기관과의 계약 방식으로 국가기금에서 임대의 형태로 토지를 제공한다. 러시아 국적을 갖고 있지 않은 한인에게 임대로 제공되는 토지는 그들의 러시아 귀화에 따라 그들의 토지로 할당된다.
	м) 토지 미소유 한인들을 위한 토지분배는 세 번째 여름 이후 시행될 것을 참작하여, 토지개발이 이뤄지기 이전에 한인들이 농민분배용 토지를 이용하는 것을 연장해야 한다. 단, 이러한 토지사용 연장이 농민 경제에 분명한 해를 입히는 경우는 제외한다.
4) 연해주 한인 대상 의료 업무 상황에 대하여	4. 1925~26년 예산년도 국가 및 지역예산 구성 시, 한인을 대상으로 한 보건업무를 향상하기 위한 하기 조치들을 고려한다.
	a) 제2의사를 배치하여 노보키옙스크 병원을 강화한다.
	б) 지신허(Тизинхе)[67]에 의무실을 개설하고, 슬라뱐카에 의무실을 다시 열도록 한다.
	в) 푸칠로프 의료센터 산하 병원을 10개 침상까지 확장하고, 니콜스크-우수리스크에 1개의 의무실을 개설한다.
	г) 타우데미에 국가 예산으로 의료센터를 개설한다. 적십자 치료소는 증원의 형태로 남겨두고 10개 침상이 있는 병원을 짓는다.
	д) 스파스크군에 1개의 의료실을 개설한다.
	e) 한인 지역 내 농촌 의료진의 경제적 상황을 향상한다.
	ж) 한국어로 된 소책자와 현수막을 제작한다.
	з) 한인들을 위해 의학부에 5개의 장학금을, 블라디보스토크 산부인과 기술학교에 10개의 장학금을 도입한다.
5) 한인 대상 학교 및 계몽 활동에 대하여	5. a) 교과서, 교육학 및 정치학 도서들을 발간하며, 이를 위해 새로운 1925~26 예산년도에 25,000루블을 배정한다.
	б) 1925년 5월 1일부터 시작하여 '선봉' 신문에 500루블의 보조금을 지급한다.
	в) 올여름 120명 한인 학생들의 재교육을 위해 필요 금액의 50%를 지급한다. 단, 지역 기금에서 하반기에 지급하는 조건으로 한다.
	г) 1925~26 예산년도부터 4명으로 구성된 통역위원회의 경비를 국가기금으로 수용한다.
	д) 연해주 니콜스크-우수리스크군의 시넬니코보 마을(한인 지역)로 농촌 청년층을 위한 페레야슬랍스카야 학교를 이전한다.
	e) 1925~26학년도 국립극동대학 노동자학부에 30명 정원의 조선과를 개설한다.
	ж) 인민교육부의 일반 기구들을 한인 일꾼들로 충족시키고, 이들을 좁게는 민족적인, 넓게는 전반적인 업무 관리를 위해 교육하는 것이 필요하다.
	з) 아무르군의 러시아 학교에서 공부하고 일하는 한인 9명을 한인 학교로 전학시킨다.

	и) 다가오는 여름방학에 한인 계몽운동가들과 감독관들의 지역 협의회를 설립한다. к) 한인 학생들을 소비에트공산당학교, 대학, 집단농장청년학교, 전문기술학교와 다른 교육기관으로 흡수한다.
6) 연해주 한인 대상 협동조합과 농촌경제에 대하여	6. 현존하는 소비협동조합, 산업협동조합, 신용협동조합 연계망은 매우 약하다. 이에 다음과 같은 조치가 반드시 필요하다: a) 올해 안에 협동조합의 수를 인구수에 따라 줄이는데, 소비협동조합은 25개까지, 농촌협동조합과 신용협동조합은 적어도 16개로 줄인다. б) 기존, 그리고 새로 조직되는 한인 협동조합 연계망을 확립하기 위한 업무를 강화한다. 이에 극동농촌동맹, 지역동맹, 지역농촌동맹의 지도 조직들은 한인 일꾼들을 충분히 공급하도록 한다. в) 현 상황에 기반하여 영토별, 산업별 조합들을 협동조합으로 통합하며, 이들을 지역농촌동맹으로 합류시킨다. 참조: 해당 문제는 협동조합들과 추가로 다룬다. г) 지역동맹과 농촌동맹들은 한인들의 일상생활에 필요한 식료품과 물품들을 공급할 협동조합 설립을 생산계획에 포함한다. д) 한인 농민들에게 농업용 가축 및 농기구가 턱없이 부족하다는 점을 고려하여, 극동농업은행은 연해주 한인에게 200,000루블어치 신용을 열어줄 것을 중앙농업은행에 조속히 청원한다. 연해주 지역집행위원회에 상응하는 신용계획을 구성하고 신속히 극동변강주에 제공할 것을 제안한다. e) 극동농업은행은 3/4분기 계획에 따라 일반 신용의 형태로 연해주 한인들이 노동용 가축, 농기구 등을 구매할 수 있도록 최소 30,000루블 대출을 위해 특별 자금을 할당한다. ж) 이와 함께 극동중앙동맹과 지역동맹들은 조달 계획 수립 시, 한인들이 가장 많이 소비하는 품목들을 고려하도록 한다.
7. 모스크바 한인연합에 대하여	7. 모스크바 한인연합의 폐지가 필요하다고 사료된다.

의장 감마르니크(Гамарник)

서기 코피틴(Копытин)

---

67 1863년 러시아에 이주한 한인들이 개척한 최초의 한인 마을

ГАХК, Ф.137, Оп.11, Д.1, ЛЛ.5-5об.

극동변강주 영토 내 외국인 노동자들의 토지 사용 권리에 대한 극동변강주 집행위원회의 결의문

외국인 노동자들의 토지 사용 권리에 대한 1925년 6월 26일 자 소연방 중앙집행위원회의 결의안(토지법 9조에 대한 참조)과 관련, 변강주집행위원회는 다음과 같이 결의한다:

1. 변강주 토지관리 계획에 따라 노동용 토지는 지정한 지역 내에서 외국인 노동자들에게 제공된다.
참조: 소연방에서 정치적 권리를 갖고 극동변강주에 거주하며 실제로 자신의 노동으로 농사에 종사하는 외국인 노동자들은 그들의 거주지에서 토지를 분배받을 수 있다. 단, 이 지역에 노동용, 국가용, 공동 활용으로 지정되지 않은 빈 땅이 있을 경우, 그리고 이 토지가 경작지가 부족한 소연방 국민들의 이주를 위해 지정되지 않은 경우에 한한다.

2. 소련 국적을 취득한 외국인 노동자들은 공통 원칙에 근거하여 토지개발 절차에 따라 변강주 내 주인 없는 토지 안에서 토지를 분배받는다.

3. 외국인을 위한 토지분배 규정은 토지기관들이 결정하며, 지역의 자연-역사적 조건, 그리고 개별 그룹마다 그들의 농업 기술 방법에 상응하여 토지 면적이 정해진다.

4. 토지개발 시 해당 지역에 거주하며 농업에 종사하는 외국인 노동자들의 토지개발 업무에 대한 임금은 공통의 원칙에 따라 그들의 이주를 위해 분할 대여된 농지에 맞춰 지급된다(토지법 176, 177, 178조).

5. 본 결의안의 시행을 위해 극동변강주토지관리국은 변강주에 거주하는 외국인 노동자들의 토지개발 계획을 마련하고, 변강주집행위원회 이사회의 승인을 받을 수 있도록 제출한다.

ГАХК, Ф.137, Оп.11, Д.1, Л.80

사본

러시아소비에트연방사회주의공화국
극동변강주 인민교육부
1926년 9월 24일
No. 244-c

극동변강주집행위원회 수신

현재 계획된 한국어 출판사업이 대폭 진행 중이다.

발간 계획에 따라 극동인민교육부는 교과서 및 정치계몽 문헌 6만 부를 포함한 총 123장(인쇄단위) 발간을 앞두고 있다. 이외 정치학 교정학교, 이동 문화학교용[68] 교과서 및 일반 교과서에 대한 수요도 있다.

그러나 국립극동대학과 국립사법대학 인쇄소 관할에 있는 설비가 충분치 않아 한국어 문헌에 대한 현재 수요를 전혀 만족시키지 못하고 있다.

"도서 사업"은 자인쇄소 산하 동방분과를 육성하는 것을 제안하지만, 충분한 자금이 없는 상황이다.

출판단체에 관여하고 있는 극동인민교육부가 인쇄설비 구매에 참여하는 것이 필요하다고 보며, 이에 극동변강주집행위원회에 극동변강주 인민교육부 신용에서 인쇄설비 구매에 대한 대금을 지급해 줄 것을 요청하는 바이다: а) 극동변강주 인민교육부 예산에 따라 신용 잔액 중 한인출판부로 78조항에 따라 3,000루블, 81조항에 따라 710루블; б) 인민계몽위원회 소비에트 소수민족부가 지정한 9,000루블을 한인출판부로 지급. 총 12,710루블을 극동변강주 인민교육부의 "도서사업" 증권 증액을 위해 지급.

서명: 극동변강주 인민교육부 부장 레보프(Лебов)
확인: 극동변강주집행위원회(ДКИК) 정보부 서기

68　1920년대 소련에서 만들어진 정치교육 학교의 한 유형

ГАХК, Ф.137, Оп.11, Д.1, Л.82

1926년 10월 05일

No. 1303-c

블라디보스토크 관구 집행위원회 고려부 전권대표 수신

올해 9월 24일 자 No. 244-c 극비 서신을 […] 극동변강주 인민교육부는 극동변 강주집행위원회에 위원회 관할 신용에서 인쇄설비 구매를 위해 지출을 허가해 달 라는 청원서를 제출했다: a) 극동변강주 인민교육부 예산에 따라 신용 잔액 중 한 인출판부로 78조항에 따라 3,000루블, 81조항에 따라 710루블; б) 인민계몽위원회 의 소비에트소수민족부가 지정한 9,000루블을 한인출판부로 지급. 총 12,710루블 을 극동변강주 인민교육부(OHO)[69]의 "도서사업" 증권 증액을 위해 지급.

극동변강주 인민교육부의 본 청원서는 다음과 같은 배경으로 작성되었다.

1. 현재 계획된 한국어 출판사업이 대폭 진행 중이며, 극동인민교육부는 교과서 및 정치계몽 문헌 6만 부를 포함한 총 123장(인쇄단위) 발간을 계획 중이다. 이외에 도 정치학 교정학교, 이동 문화학교용 교과서 및 일반 교과서에 대한 수요도 있다.

2. 국립극동대학과 국립사범대학 인쇄소의 설비가 충분치 않아 한국어 문헌에 대한 현재 수요를 전혀 만족시키지 못하고 있다.

3. "도서 사업"은 자인쇄소 산하 동방분과를 육성하는 것을 제안하지만, 충분한 자금이 없는 상황이다.

이를 귀하에 알려드리며, 해당 문제에 대한 귀하의 의견을 조속한 시기에 알려 주기를 요청한다. 귀하의 의견과 극동변강주 인민교육부의 의견과 상이할 경우 상세한 이유를 알려주길 바란다.

극동변강주 집행위원회이사회 산하 고려부 전권대표 김기룡(КИМ-ГИРИОНГ)

서기 페쟈이(ФЕДЯИ)

69　отдел народного образования

ГАХК, Ф.137, Оп.11, Д.1, ЛЛ.21-21об.

극동변강주혁명위원회의 고려부 전권대표

존경하는 메르(MEP) 동지,

1925년 2월 9일 전러시아중앙집행위원회 결의안 No. 50에 따라, 극동혁명위원회는 한인들의 토지개발에 대한 예산을 중앙농업은행 산하 극동농업은행을 통해 제출하였고, 한인경제부에 300,000루블을 대출해 줄 것을 요청드리는 바입니다. 교신으로 판단해 본다면, 이 문제들은 긍정적으로 해결될 것처럼 보입니다. 그러나 이러한 분위기에 휩싸이지 않고, 저는 이 문제들을 중앙으로 인계하기를 귀하에게 간청합니다. 만약 저희가 제출한 자료에 문제가 있다면, 저희가 제시간에 해결할 수 있도록 통보해 주십시오. 귀하가 한인 문제와 더불어 극동공화국 내 소수민족 업무를 충분히 잘 알고 계시기에 귀하께 매우 의지하고 있습니다.

만약 중앙에서 우리의 모든 요구 사항을 충족하지 못한다면, 극동 내 한인 문제 해결은 먼 훗날로 미뤄지게 될 것이며, 우리는 점점 혼란스러워지는 이 악순환 속에서 끝없이 싸워야 하리라는 것을 미리 말씀드릴 수 있습니다.

공산주의에 충성을!

ГАХК, Ф.137, Оп.11, Д.1, ЛЛ.33-38

한인들의 토지개발

올 초 수집된 일부 자료에 의하면, 해당 주의 한인 인구의 수는 20,295명까지 증가했으며, 군[70]별로 정리하자면 다음과 같다:

	블라디 보스토크	니콜스크- 우수리스크	스파스크	하바롭스크	총
자가 토지	3236	2174	435	227	6071
국가토지 소작	1000	2245	1164	100	4509
농민용 토지 이용자	5378	3851	94	392	9715
총	9613	8270	1694	719	20295

블라디보스토크군의 바라바셉스크와 포시예트읍, 니콜스크-우수리스크군과 스파스크군의 그로데콥스크 및 한카이스크읍에는 지난 2년간 토지 미소유 한인 가구들의 정착을 위해 준비한 구역이 있다. 이 한인 가구들은 상기 언급한 모든 지역에서 농민용 분할대여 농지를 보장받을 수 있으며, 국가기금으로 사는 일부는 그 지역에서 정착할 수 있다. 이에 해당 지역에는 첨예한 문제가 없는 상황이며, 블라디보스토크군의 키옙스크, 올긴스크, 테튜힌스크읍에서도 정착할 가능성이 있으므로 특별한 문제가 없다.

블라디보스토크군의 수찬 지역에는 3,600 이상의 가구, 니콜스크-우수리스크군의 수이푼스크, 포크롭스크, 미하일롭스크, 이바놉스크, 체르니콥스크군에는 3,000 이상의 가구가 토지를 갖고 있지 않아 농민용 대여 농지에서 일하고 있어, 다른 농민들에 의해 쫓겨날 수 있으므로, 가까운 시일 내에 주인 없는 토지로 이주하는 것이 필요하다.

---

70 уезд. 郡. 1923~1929년 동안 행정구역 명칭 개혁으로 '지구(район)'로 변경됨.

한인 토지개발 업무 경과

올해 한인들의 토지개발 업무 계획에 따라 다음과 같은 활동이 예정되어 있다:

블라디보스토크군의 작은 마을들에 농업용으로 적합한 국가기금의 자유 농지 14,000데샤티나[71]를 한인들이 사용하도록 할당하며, 오래전에 마련된 이주민용 구역, 일부 국가 소유 토지와 자유 토지기금의 용적과 한인 정착(50,000데샤티나) 가능성을 조사한다.

니콜스크-우수리스크군에는 한카이스크읍(플라토노-알렉산드롭스크, 노보-카찰립스크 마을)의 전 카자크인의 토지에서 토지 여유분(60,000데샤티나) 사용 중지에 따라 토지개발 사업을 진행한다.

스파스크군 내 그라프스크, 크냐젭스크, 살스크, 파블로-표도롭스크, 노보-루사놉스크읍(총 90,000데샤티나)에서도 이전 카자크 토지 중 여유분의 사용 중지에 따른 토지개발 사업을 진행한다. 이런 식으로 주마다 총 50,000데샤티나에 대한 토지개발 사업을 전개한다.

사업 시행을 위해 네 명의 검찰관, 17,000명의 측량사로 구성된 특별토지관리대를 구성하기로 정해져 있다. 사업은 1925년 6월 1일부터 12월 1일까지 6개월에 예정되어 있으며, 사업비용으로 82,120루블이 책정되어 있다.

농사철이 다가오고 전 공화국에서 모든 토지관리 인력이 업무에 지정되어 업무를 이해하고 시행 준비가 됐을 때에야 한인들의 정착에 따른 토지개발사업이 결정되었기 때문에, 극동의 다른 주에서 초청된 토지관리사들의 출장비를 지급하기 위해 막대한 비용이 예산에 투입됐음에도 불구하고, 완전한 구성원으로 계획된 관리대를 만드는 것은 불가능했다. 포시예트 지역에서 일하는 12명의 토지관리원과 3명의 고참 구(區)토지관리원을 업무에 새로 투입하고, 한인 토지분배에만 배정된 한인 정착 특별 예산으로 이전했다.

예산에 따라 이전된 네 명의 검찰관 중에서 한 명에게만 50,000데샤티나에 해당하는 자유 국가기금 조사 업무를 위임하는 데 성공했다. 토지개발 업무 지도 및

---

71 **десятина**. 제정러시아의 토지측량 단위. 1918년 미터법이 도입되면서 제한적으로 사용되었고 1927년부터는 사용이 금지됨.
1데샤티나 = 10,926m² (1.09헥타르로 대략 104.5m X 104.5m)

통제를 담당하는 세 명의 검찰관들의 의무는 전체 업무 계획 시행을 감독하는 검찰관 역할이다.

이처럼 예산에 따라 지정된 인력 중 76% 정도에 해당하는 인력만 모으는 데 성공했다.

이러한 상황으로, 계획한 업무 역시 구성원의 부족에 비례하여 줄어들게 되었다. 특히, 블라디보스토크군의 수찬 지역(20,000데샤티나)에서의 사업은 이행되지 않을 것이다. 이 지역에서는 14,000데샤티나 대신 6,000데샤티나 이내에 대한 토지개발이 이뤄질 것이다. 구체적으로 개인 인력 부족을 서술하는 것은 불가능하다. 사업은 계속되고 있으며, 상황이 좋게 흘러가고 토지개발원들의 노동생산력이 향상된다면, 인력의 부족함은 어느 정도 완화될 것이다.

올해 9월 1일까지 다음과 같은 업무가 시행되었다:

블라디보스토크군
1. '신흐동(Синхдон)' 지역, 페트롭스크 마을 내 한인에게 노동용 토지 분배 – 600데샤티나
2. '호타무브찬(Хотамувчан)' 지역, 루시킨스크(Лушкинск) 마을 내 2,000데샤티나 순찰 및 측량 작업 종료
3. 포시예트 지역, 35,000데샤티냐에 대한 자유국가기금 조사 진행

니콜스크-우수리스크군
1. 플라토노-알렉산드롭스크 마을의 경계 순찰 진행 및 20,000데샤티나에 해당하는 이전에 분배된 토지 측량 완료
2. 노보-카찰립스크 마을 내 22,000데샤티나에 대한 동일 작업 진행

스파스크군
1. 그라프스크, 크냐젭스크, 살스크 마을의 검증조사 및 토지 여유분(38,000데샤티나)을 노동용 토지로 할당했으며, 토지개발 업무 완료.
2. 파블로-표도롭스크와 노보-루사놉스크 마을의 경계 순찰, 해당 분배 토지에 대한 계획된 자료가 전혀 없어 측량 진행. 현재 20,000데샤티나에 대한 면적 측량 완료

블라디보스토크군에서는 12월 1일 농사철이 끝날 때까지 토지기금으로 이전된 우디민스크 산장(600~800데샤티나)의 51구역 순찰 및 측량 업무, 그리고 플로스쿠쉬 지역 내 3개의 한인 마을에서 2,700데샤티나 면적의 노동용 토지 배분이 이뤄질 예정이다.

니콜스크-우수리스크군에서는 플라토노-알렉산드롭스크, 노보-카찰린스크 마을의 토지개발 사업 및 토지개발 프로젝트 구성, 프로젝트 시행은 아직 이뤄지지 않은 상태다. 확실한 절차에 의해 계획된 토지 여유분 회수 프로젝트가 진행된다면 해당 사업은 이번 농사철에 시행될 것이다. 사업 계획에 의해, 코미사롭스크 카자크 마을의 토지 배분에 따른 토지개발 사업 역시 계획되었지만, 이 마을의 할당 토지에 홍후스들[72]이 있어 계획을 실행하기가 쉽지 않다. 홍후스들의 존재는 토지개발 사업의 체계와 생산성에 크게 영향을 미친다. 사업 진행에 위험 부담이 클 수밖에 없다. 일찍 사업을 종료하고, 개척 여부를 조사하기로 했던 일부 지역을 조사 없이 그냥 두어야 한다. 토지측량사들이 매우 어려운 조건에서 삶의 위험을 느끼며 일을 하고 있다는 것을 언급할 필요가 있다: 토지측량사 란킨은 우연히 홍후스들에게 포로로 잡혔다가, 포로로 잡혀 있던 노동자들에게서 조금 떨어져 있는 덕에 몸값을 조금 주고 풀려났다. 또 다른 측량사인 이바놉스키는 일을 하던 도중 홍후스들에 심하게 맞아 현재 치료를 위해 병원에 입원한 상태이다.

스파스크군에서는 이 지역에서 계획되었던 토지개발 사업이 완전히 달성됐다. 계획되었던 살스크, 그라프스크, 크냐젭스크 마을의 분배 토지에 따라 구성된 프로젝트는 주민들에게 제시될 것이며, 프로젝트 승인을 위한 모든 단계를 조속히 통과한다면 시행될 예정이다.

또한, 파블로-표도롭스크, 노보-루사놉스크, 타르티셉스크(노보-루사놉스크의 분배 토지에서 형성된 새로운 마을) 마을들의 분배 토지의 경우, 해당 토지의 넓은 면적으로 측량 작업과 사업 시행이 늦어지고 있으며, 프로젝트 구상은 겨울로 연기되어 1925년 봄에 시행될 것으로 보인다.

---

72 Хунхуз. 홍호자(紅鬍子). '붉은수염을 지닌자'라는 뜻으로 19세기 후반~20세기 초까지 만주와 극동지역의 국경 부근에서 활동했던 중국인 마적단 또는 무장집단으로 만주군벌이었던 장쭤린(張作霖)이 대표적 인물임.

토지개발 사업 시행에 있어 가장 큰 장애물은 주민들이 꼼꼼하지 않고 제때 노동력을 제공하지 않는다는 점이다. 토지법에 따르면, 주민들은 토지개발 시 현물로 노동력을 제공할 의무가 있다. 그런데 토착 주민은 토지개발 사업에 별 흥미가 없다. 그들은 이 사업이 국가에 필요한 것이며, 그들에게 분배된 토지가 회수될 것이기 때문에 해당 사업은 국가 비용으로 시행되는 것이 바르다고 지적한다. 이러한 이유로, 그들은 늦게 일터로 나오는 등 마지못해 노동력을 제공하며, 일할 수 없는 상태의 사람들이 온다. 그렇지만 예산 승인 시 이러한 상황은 거의 전혀 고려되지 않았으며, 예산에 포함된 노동력에 대한 비용은 예산위원회에 의해 냉혹하게 삭제되었다.

마지막으로, 성공적인 사업 계획 시행 문제는 예산에 의해 할당된 금액이 제시간에 지급되느냐와 직결되어 있다. 이러한 측면에서 볼 때 상황은 비참하다. 사업을 시작한 지 이미 3개월 반이 지났고, 사업 종료까지 2개월 반밖에 남지 않았다. 그런데 현재까지 이 모든 사업을 시행하는 데 있어 15,000루블만 지급됐을 뿐이다. 주토지관리국과 주집행위원회에 여러 차례 호소했지만 실제적으로 아무것도 이뤄지지 않았다. 한인들의 토지개발을 위해 예정된 금액에서 10,000루블을 차용으로 입금해 달라는 요청 정도만 이뤄졌을 뿐이다. 주집행위원회는 지역예산에 사업 시행을 위해 지급된 금액 중 10,000루블의 차용과 그것을 한인 정착을 위해 사용할 것을 허가했다. 그러나 주집행위원회가 지급한 비용은 계획된 사업에 사용되기 때문에, 그리고 이렇게 양도를 한다면 주토지관리국은 지역 예산에 배정된 사업에 대해 어떻게, 무엇으로 지불할지에 대한 문제에 당면하게 될 것이기 때문에, 허가한다고 해도 문제를 전혀 진척시키지 못하고 있다. 주집행위원회는 한인을 포함한 지역 주민의 토지개발을 위해 이미 올해에만 44,000루블이 지급했으며, 그 이상 지급하는 것은 불가능하며, 또한, 한인 토지개발 사업비용은 올해 5월 12일 회의록 No. 14/a 결의안에서 결정했듯이 극동변강주에서 지급해야 한다고 지적한다.

현재 한인 정착을 위한 토지개발 사업이 폐지되지 않고 여전히 진행 중인 이유는 단지 예산에 의해 책정된 금액을 받을 수 있다는 희망을 아직 놓지 않았기 때문이다. 한인 정착 사업은 가능한 다른 출처에서 자금을 조달받고 있다. 현재 계획 시행과 시작한 사업의 지속 여부는 필요한 현금의 조속한 지급이며, 이 없이는 사업 계획이 가능한 한도 내에서 시행되지 않을 뿐만 아니라, 현재 진행되는 사업도 중단해야 하며, 준비된 기금이 다른 용도로 사용될 수 있다.

한인 토지개발과 한인들을 위한 개척자금 준비는 특별비용뿐만 아니라 지역 및 국가 예산의 비용으로 이뤄진다.

이 비용으로 토지 여유분을 몰수하고, 러시아 국적을 소유 한인들을 위해 토지를 분배할 시, 당연히 그들은 노동 목적의 토지 사용자로서 일순위로 토지를 받는다. 이 노동인구가 특별 한인 비용으로 그들을 위해 준비된 다른 구역으로 이동한다면 이것은 당연히 합리적일 것이다.

주토지관리국은 수찬 지역의 토지 미소유 한인들을 준비된 토지로 이주할 수 있도록 필요한 사전 조치들을 취했다. 걸어서 이주한 첫 번째 한인 그룹은 이미 해당 지역에 도착한 상태이다.

연해주집행위원회 한인 전권대표 김만겸(КИМАНГЕМ)
주토지관리국 한인 전권대표 황(Хван)

ГАХК, Ф.137, Оп.11, Д.1, ЛЛ.47-48

긴급

1926년 1월 8일
블라디보스토크

인민위원부 극동연해주 운영부 수신

토지개발부

19[…]년 10월 1일에 이미 통보된 자료에 덧붙여 다음과 같은 내용을 통보한다:

1. 1925년 12월 1일 기준 토지 분배받은 한인 가구 수
블라디보스토크군

포시예트읍 –	러시아 국적 –	1720가구
바라바솁스크읍 –	러시아 국적 –	1435
시코톱스크(Шкотовск)읍 –	러시아 국적 –	21
블라디미로-알렉산드롭스크 –	러시아 국적 –	107
	총	3273

니콜스크-우수리스크군

이바놉스크읍 –	139가구
수이푼스크읍 –	940
포크롭스크읍 –	409
한카이스크읍 –	849
미하일롭스크읍 –	36
그로데콥스크읍 –	11
총	2384

스파스크군

우트킨스크읍 –	231
티호놉스크읍 –	56

야코블렙스크읍 –	144
	총 431
하바롭스크군	
레닌스크읍 –	81
네크라솝스크읍 –	96
킨스크읍 –	73
	총 250

총 6,338가구

2. 다른 읍과 군 등지로 분산 이주하지 않고, 블라디보스토크군의 포시예트, 바라바셉스크, 키옙스크, 올긴스크, 테튜힌스크읍, 니콜스크-우수리스크군의 하이카이스크와 그로데콥스크읍에 거주하는, 모든 토지 미소유 한인들이 이 지역 내에서 정착하는 것은 가능하다. 그들은 대부분 남의 분배 토지를 경작하고 있으므로, 자신의 거주지 내 주인 없는 이주민용 구역, 국가토지, […]처럼 목적을 상실한 […] 구역 일부, 그리고 농업용 […] 로 이주시키는 방식으로 가능하다. / […] 군의 블라디미로-알렉산드롭스크, 수찬스크읍의 토지 없는 4174 한인 가구, 니콜스크-우수리스크군의 포크롭스크, 수이푼스크, 이바놉스크, 체르니곱스크읍 / 최근 거주하는 지역에 토지 기금으로 조달 예정된 1,000가구를 제외한 4,699가구는 다른 […]로 이동시킬 필요가 있다.

즉, 주에는 이주 및 정착할 한인 가구가 8,773가구가 있으며, 이 중에서 […]가구는 소비에트 국적으로 전환된 가구이며, 6,023가구는 러시아공화국 국적으로 전환되었다.

3. 만약 극동토지부에서 주토지부(Губзем) 집행위원회에 러시아 이주민들을 위해 예약된 토지기금 이용을 허락한다면, 이주해야 할 […] 또는 주의 8,778 한인 가구들의 […] 은 해당 지역에서 많은 수(약 3,000)가 정착이 가능하다. 이렇게 된다면 […] 첨예한 문제의 일부를 더 빨리 해결할 수 있으며, 다른 군이나 주로 이주해야 하는 가구의 수를 크게 줄일 수 있다. 그러므로 토지 미소유 한인 가구들의 정착을 위해 해당 기금의 예약을 해제해야 한다고 판단된다. 그러지 않을 경우, [……]

4. 최근 진행되고 있는 토지개발 사업에서 러시아인과 한인 사이의 경계, 즉, 러시아인용, 그리고 한인용 구역이 구분되어 있다. […]에서 그들에게 가장 좋지 않은 구역을 제공했다는 비난은 나오지 않았다. 향후 사업은 양측 경계 없이 진행하는 것이 필요하다.

5. 한인들을 다른 군이나 주로 이주하는 문제는 그들의 경제적 상황과 밀접하게 연관되어 있다. 1, 2년 전에 다른 군에서 받은 러시아 농민용 분배 토지에서 일하는 많은 토지 미소유 한인들은 러시아 농민들에 의해 […] 했음에도 대단히 어려운 상황에 놓여 떠나게 되어 그들에게 제공된 토지를 차지할 수 없다.

이러한 일의 가장 큰 원인은 이주에 필요한 비용과 새로운 장소에서 경제활동을 위한 필수품이 없다는 것이다. 그러므로 우선 장기 대여의 형태로 이들을 돕는 것이 필요하다. 대출 문제를 해결하지 않고서는 다른 지역으로 한인들이 이주하여 정착하는 것은 불가능하며, 이는 표면적인 성격만 띄게 될 것이며, 한인들의 토지 미소유 문제의 첨예함은 현재 상황에 머물지 않을 것이다. 이외에도 한인들을 개척에 동원하는 계획을 구상할 시, 한인들은 긴 여름과 따뜻한 기후를 요하는 아시아 작물을 키우기 때문에 이들에 할당된 토지 구역의 토양 및 기후 조건을 고려하는 것이 필요하며, 이에 스파스크 지역과 하바롭스크 남부에 정착하는 것이 합리적일 것이다. 하바롭스크에서 북쪽이나 더 북부의 경우, 한인들이 정착을 위해 그곳으로 가는 것을 거부하기 때문에 그곳으로의 이주는 비합리적이다.

상기 내용을 알리며, 러시아 이주민들을 위해 준비, 할당된 토지 구역을 토지가 없는 한인들의 이주를 위해 사용할 수 있을지에 대해 조속히 알려주기를 요청한다.

첨부: 한인들의 노동용 토지 보장 여부 정보, 이주대상 한인에 대한 정보

연해주토지관리국 차장 루콥킨(ЛУКОВКИН)
토지개발부 차장 루시노프(РУСИНОВ)
주토지관리국[73] 한인 업무 전권대표 황석태(ХВАНШЕКТА[…])

---

73 ГЗУ(губернское земельное управление)

ГАХК, Ф.137, Оп.11, Д.1, ЛЛ.49-50

지역 내 정착 및 이주 대상 한인에 대한 정보

군	읍	가구 수				총계	
		무이주 정착 대상		이주 대상			
		러시아공화국(РСФСР) 국적	외국인	러시아공화국 국적	외국인	러시아공화국 국적	외국인
블라디보스토크	시코톱스크	-	-	780	478	780	478
	블라디미로-알렉산드롭스크	-	-	1994	922	1994	922
	포시예트	412	261	-	-	412	261
	바라바셉스크	113	702	-	-	113	702
	키옙스크	290	40	-	-	290	40
	올긴스크	163	-	-	-	163	-
	테튜힌스크	116	46	-	-	116	46
	블라디보스토크시	-	-	563	-	563	
	총계	1094	1049	3337	1400	4431	2449
니콜스크-우수리스크	이바놉스크	-	-	252	97	252	97
	수이푼스크	-	-	644	2379	644	2379
	포크롭스크	-	-	23	1284	23	1284
	체르니곱스크	-	-	57	549	57	549
	한카이스크	-	-	-	-	-	-
	미하일롭스크	-	-	-	314	-	314
	그로데콥스크	5	1092	-	-	5	1092
	총계	5	1092	976	4623	981	5715
스파스크	우트킨스크	35	77	-	-	35	77
	스파스크	191	448	-	-	191	448
	티호놉스크	-	9	-	-	-	9
	쉬마콥스크	18	128	-	-	18	128
	야코블롑스크	-	46	-	-	-	46
	칼리닌스크	35	181	-	-	35	181
	총계	279	839	-	-	279	880
하바롭스크	레닌스크	-	-	-	-	-	-
	네크라솝스크	118	351	-	-	118	351
	킨스크	-	-	-	-	-	-
	총계	118	351	-	-	118	351

참조: 니콜스크-우수리스크[…] 토지 미소유 인구에서 […]읍으로 1000가구가
이주하는 것이 [……]

한인들의 노동용 분배 토지 보장 여부 정보

군	읍	가구 수				총계	
		토지 보장		토지 미보장			
		러시아공화국 (РСФСР) 국적	외국인	러시아공화국 국적	외국인	러시아공화국 국적	외국인
블라디보스토크	포시예트	1720	-	413	261	2133	261
	바라바셉스크	1425	-	113	702	1538	702
	시코톱스크	21	-	780	478	801	478
	블라디미로-알렉산드롭스크	107	-	1994	922	2101	922
	키엡스크	-	-	290	40	290	40
	올긴스크	-	-	163	-	163	-
	테튜힌스크	-	-	116	46	116	46
	블라디보스토크시	-	-	563	-	563	-
	총계	3273	-	4431	2449	7704	2449
니콜스크-우수리스크	이바놉스크	139	-	252	97	391	97
	수이푼스크	940	-	644	2379	1584	2379
	포크롭스크	409	-	28	1284	432	1284
	체르니곱스크	-	-	57	549	57	549
	한카이스크	371	478	-	-	371	478
	미하일롭스크	7	29	-	314	7	343
	그로데콥스크	11	-	-	1092	16	1092
	총계	1877	507	981	5715	2856	6222
스파스크	우트킨스크	231	-	35	77	266	77
	스파스크	-	-	191	448	191	448
	티호놉스크	56	-	-	9	56	9
	쉬마콥스크	-	-	18	128	18	128
	야코블렙스크	144	-	-	46	144	46
	칼리닌스크	-	-	35	181	35	181
	총계	431	-	279	889	710	889
하바롭스크	레닌스크	65	16	-	-	65	-
	네크라솝스크	96	-	118	351	214	367
	킨스크	73	-	-	-	73	-
	총계	234	16	118	351	352	367

ГАХК, ф.304, оп.1, д.17, л.24

1927~28년 쿠르-다르긴(Кур-Даргин) 지역의 한인 이주에 대한 지역이민관리국(РПУ)[74]과 전연방이주위원회(Всепреком)[75]의 예산 비교표

일 람 표

조치의 명칭	ВКП[76]의 예산		지역이민관리국의 예산		비고
А. 배치	5,050	-	1,245	86	
а) 특수 업무비	2,833	-	-	-	
Б. 이민	-	-	35,811	64	
В. 식민 기금 준비	-	-	-	-	
а) 장비 및 공구	21,783	-	61,355	50	
б) 정밀 조사	101,660	-	18,355	47	
в) 측량 및 구역화	153,679	-	156,056	16	
г) 수리시설. 사업	117,468	-	81,540	-	
д) 처녀지 개간 및 경작	115,817	-	71,525	-	
е) 도로 사업	3,606	-	187,435	-	
ж) 개간 상금	40,875	-	-	-	
Г. 이민자 대상 의료-위생 지원	17,009	-	4,000	-	
Д. 문화-교육비	11,080	-	6,800	-	
Е. 하바롭스크 이민당[77] 강화	-	-	6,482	37	
Ж. 이민자 대상 대출 지원	109,200	-	69,005	-	
계	700,060		700,000		

극동지역 이민 관리국장 [서명] 플레곤토프(Флегонтов)

계획부 부장을 대리하여 [서명] [⋯]

74 극동지역 이민관리국(Дальневосточное районное переселенческое управление)은 소비에트 권력이 수립 된 후 극동의 이민과 재정착 사업을 조직하고 관리하기 위한 목적으로 설립되어 본부가 위치한 하바롭스크를 중심으로 1930년대 초까지 운영되었음. 한인들이 이 기구를 '이민부'로 칭했던 것을 고려하여 지역이민관리국으로 번역함.
75 Всесоюзный переселенческий комитет
76 ВПК(전연방이주위원회)의 오기로 추정됨.
77 원문에는 Хаб. П.П.로 표기되어 있음. Хабаровская переселенческая партия의 약어로 하바롭스크 지역의 이주민 재정착 및 배치 문제를 관할하였음. 1927~1930년까지 존립. 1917~1927년 동안 하바롭스크 지역 이주민 배치 업무 관리자는 프리모리예(Приморье) 지구 이주민담당 관리자의 지휘체계하에 있었음.

ГАХК, ф.304, оп.1, д.17, лл.8-8об.

1927/28년 한인을 위한 하바롭스크 이민당 기금 준비에 대한 사업계획 요약

번호	관구, 행정 지구의 명칭 및 식민 기금 준비년 지정	정밀 조사		수용 토지			
				측량		구역화	
		면적 헥타르	비용 루블	면적 헥타르	비용 루블	면적 헥타르	비용 루블
1	2	3	4	5	6	7	8
1	하바롭스크 관구 네크라소프지구 쿠르-다르긴스크 다차 지역	300,000	18,743루블 47코페이카	172,330	88,669-61	-	
2	신진스크 (Синдинск) 다차 지역	-		52,670	31,048-85	52,670	1,932
3	쿠르-다르긴스크 다차 지역 삼각계 망 구축						
4	측지 장비 및 야영 장비 확보						
5	행정요원 부양 및 관공서 유지비 비켄스크 (Бикенский) 고개 도로 건설						
6	이동, 등록 및 배치						
	계	300,000	18,743-47	225,000	119,718-46	52,670	1,932

1927~28년 한인 배치에 관한 하바롭스크 이민당의 사업 계획

하바롭스크 이민당

1927~28년 한인 배치에 관한 하바롭스크 이민당의 사업 계획

번호	관구, 행정 지구, 이주민 촌락의 명칭	전체 면적	구역에 거주 중인 식솔의 수	구역별 무상 공유 토지	사업추진 근거 토지법 조항 항목	신규/지속 사업 여부 및 사업 추진 개시 시기	상세 개요			
							토지-권리 조사	토지-경제 조사	개량 연구	지질학 조사
		헥타르			-	-	가구 수	헥타르	헥타르	헥타르
1	2	3	4	5	6	7	8	9	10	11
I	하바롭스크 구역 네크라소프지구 쿠르-다르긴스크 다차 지역 I- 구역 토지정비									
1/538	우르민(Урмин)	5127.50	59	321		신규사업				
2/539	울리케(Улике)	4767.80	-	354						
3/540	시만스키 (Шиманский)	7334.43	27	517						
4/541	보스토르고브카 (Восторговка)	6156.75	145	311						
5/542	크라스노쿠롭카 (Краснокуровка)	5751.55	-	486						

6/543	카체칸스키 (Кацеканский)	7588.00	-	562						
7/544	상(上) 카체칸스크(Вер. Кацеканск.)	4708.00	-	349						
8/545	쿠르스키 (Курский)	5029.6	-	314						
9/546	코마르이 (Комары)	3953.25	-	293						
10/547	마마쇼 (Мамашо)	3018.75	-	223						
11/548	이바놉치트 (Ивановцыт)	4668.93	200	146						
12/549	모로좁카 (Морозовка)	4694.43	-	348						
13/550	웃킨스키 (Уткинский)	6529.5	-	483						
14/551	시랴엡스카야 (Ширяевская)	4510.75	-	334						
15/552	볼로슈카 (Волошка)	4392.75	-	325						
16/553	도브르이냐 (Добрыня)	3563.00	-	264						
17/534	럅치크(Рябчик)	5161.49	-	362						
18/536	아르한겔스카야 (Архангельская)	6115.00	62	391						
19/537	베렌라보 (Беренраво)	2363.62		175						
	계	95435.00	493	6508 6687						
	II- 토지 구역 쿠르-다르긴스크 다차 지역									
1/108	노보-카멘카 (Ново- Каменка)	8891.0	66	592						

2/579	칼리노브카 (다르긴스크 II (Калиновка (Даргинск. II)	13133.0	126	846
3/578	골루비츠노예 (다르긴스키 I) (Голубичное (Даргинский I)	9195.0	42	639
4	다르긴스키 (Даргинский) III	7657	227	340
5	제르 산림 다차(Лес. дача Джеры)	4100	15	298
6	골루비츠노예 서부 근교 국유 기금(Госфонд с зап. возле Голубич)	6265		64
7	다르긴스크 I 서부 국유 자산(Госфонд с запада часть Дарг. I)	4887		362
8/715	쿠틸롭스키 (Кутиловский)	5791.45	234	195
9/716	반닥스키 (Вандакский) III	3115.98	-	230
10/717	반닥스키 (Вандакский) II	2334.07	-	173
11/718	반닥스키 (Вандакский) I	5477.19	-	405
12/719	상.제르멘스코예 (В.Джерменское)	5740.58	-	425
13/720	야릴롭스키 (Яриловский)	2725.15	-	202
14/721	두긴스키 (Дугинский)	3105.60	-	230

15/722	타길쳅스키 (Тагильцевский)	4590.51	-	340						
16/723	크레쳅스키 (Крецевский)	5524.39	-	409						
17/	국유 자산 (Госфонд)	300000	-		30000					
	계	392532.92	710	6150	30000					

		5941	
		7920.98	
		4500	
		7657	
		4100	
		6265	
		2107	
		5791.45	
		3116.98	
		2334.07	
		5477.19	
		5740.53	
		2725.15	
		3105.60	
		4590.51	
		5524.39	
13743루블. 47코페이카.		76895.--	36121루블. 38코페이카.

계획 지역에 대한 상세 조사 비용	측량 및 구역화 사업						사업 계획 구역 내 토지 정비 비용	1926년 10월 1일까지 수용된 토지 수량	1929/30년 캠프화 과정에서 수용될 토지 수량	사업 수행 실적
	측량 사업		구역화 사업		입주용지 분할					
루블	면적	사업비	면적	사업비	분할지의 수	사업비	루블	수량	수량	
12	13	14	15	16	17	18	19	20	21	22
	7631.0		7631							
	6957		6957							
	11084.0		11084							
	4023.0		4023							
	3150.0		3150.							
	3187.0		3187							
	3662.0		3662							
	3250.0		3250							
	5000.0		5000							
	4726.0		4726							
	52670	31048 루블 85 코페이카	52670	19328 루블 43 코페이카	818	2045 루블 00 코페이카			4500	

ГАХК, ф.304, оп.1, д.17, лл.21-21об.

극동지역 이민관리국 추정치

한인 정착 비용 목록

항	조치의 기호	조치의 명칭	1926/27 회계연도 지출분	1927/28 회계연도 지출분
최신.	А.	이민	-	35,811-64
	Б.	배치	-	1,245-86
		이민 및 배치 비용 합계		34,057-50
		식민 기금 준비		
		a) 장비 및 공구 준비		61,355-50
		б) 정밀 조사		18,743-47
		в) 측량 및 구역화		156,056-16
		г) 수리시설 사업		81,540-00
		д) 처녀지 개간 및 쟁기질		71,525-00
		e) 도로 사업		187,435
		식민 기금 준비금 합계		606,655-13
		하바롭스크 이민당의 강화		6,482-37

ГАХК, ф.304, оп.1, д.17, лл.22-23

이주비 산출 근거

산출 근거	
A. 1인당 4루블 70.8코페이카로 환산한 1천 명의 이주비용	4,708-19
해당 정착 지구의 완전한 황폐 상태와 이주 첫해임을 고려해 최우선으로 세워야만 할 2개의 역과 급식 시설의 건설비용	31,103-45
Б. 1인당 1루블 24.5코페이카로 환산한 1천 명의 배치비용	1,245-86
а) 정착지 물색과 건설 사업에 필요한 도구, 기계 및 야영 장비 구입에 대한 　식민 기금 지원	46,355-50
보트 구입	15,000-00
	61,355-50
б) 30만 헥타르의 면적에 대한 정밀 조사 수행비, 헥타르당 평균 6.24루블 소요	18,743-47
в) 22만 5천 헥타르에서 수행되어야 하는 지형조사비. 헥타르당 평균 53루블 　20코페이카 소요.	119,718-43
541,000헥타르에 대한 삼각계 망 구축. 헥타르당 2.76루블 소요.	14,964-30
51670헥타르의 면적에 대한 구역화. 헥타르당 평균비용 36.7코페이카 소요.	19,328-43
818개 입주용지에 대한 토지 분할, 부지당 2루블 50코페이카 소요.	2,045-00
г) 412000헥타르에 대한 배수 및 관개 수력공학 일반 조사.	68,800-00
개당 600루블 소요 관정 15개소 및 개당 127루블 소요 수갱 30개 설치.	12,740-00
д) 307헥타르에 대한 뿌리 파내기 작업비, 가구당 0.5헥타르 기준 614가구 지원, 헥타르당 평균 작업비 200루블 소요.	61,400-00
409헥타르의 처녀지 개간비, 가구당 0.5헥타르 기준 818가구 지원, 헥타르당 평균 25루블 소요.	10,125-00
e) 91.8킬로미터의 기존 도로 조사, 킬로미터당 10루블 소요.	910-00
ж) 91.8킬로미터의 기존 도로 정비, 1000루블, 퉁구스카(Тунгуска)강을 　통과하는 신규도로 및 나루터의 건설	188,525-00
합계	606,655-13
하바롭스크 이민당(XIII) 행정기구 확대 및 관청 확장	6,482-37
ж) 도로 – 카멘카-골루비츠나야(Каменка-Голубичная) 및 퉁구스카-그라마흐타 （Тунгузка-Грамахта)	
B. 이민자 대상 대출 지원	69,005
Г. 이민자 대상 의료-위생 지원	4,000
Д. 문화-교육비	6,800
예산 총계	700,000

ГАХК, ф.304, оп.1, д.41, л.2

1928년 1월 13일 자 하바롭스크 관구 집행위원회 간부회의 회의록
회의록 II 발췌

참석자: 관구집행위(ОИК) 간부회의 구성원 페트로프(Петров),
페트로레티코프(Петролетиков), 페투호프(Петухов), 쿨레긴(Кулегин),
오스트로우모프(Остроумов) 및 다시코(Дашко)

청취	결정
32. 하바롭스크 관구 한인의 토지 관리에 관하여78	땅을 갖지 못한 한인의 심대한 열망을 고려할 때, 그리고 관구 내의 여러 지구, 특히 칼리닌스키지구에서 한인들이 땅을 경작하지 못하는 상황이 러시아인과 한인 사이에 상당한 관계 악화를 초래하는 여러 갈등을 야기하고 있음을 주목해 보면, 내년 봄에 사법·토지 당국이 한인들이 거주하는 일부 지역에서 그들을 쫓아내고 그 땅을 러시아 시민에게 할당하기로 한 결정과 관련해 갈등은 더욱 심화될 것이므로, 본 지역에서 토지 문제의 심각성을 해결하기 위한 목적 아래 다음을 **결정한다**: 1. 한인들의 정착을 위하여 다음과 같은 식민 구역을 지정한다. 칼리닌스키지구 – 리소비(РИСОВЫЙ)에 175명, 세레브랸니(СЕРЕБРЯННЫЙ)에 730명, 칠림바옙스크(ЦИЛИМБАЕВСКИЙ)에 330명, 코오르지놉크(КООРДИНОВСКИЙ)에 250명, 레닌스키지구 – 사무르스크(САМУРСКИЙ)에 385명 및 코르타옙스크(КОРТАЕВСКИЙ)에 500명, 총 2,420명. 2. 블라디보스토크 관구 책임자의 이름으로 나온 1927년 3월 11일 자 극동변강주토지관리국(ДКЗУ)의 № 108/с 지침에 의거하여, 소련 시민권자의 농장이 포함되어 있는 와구동(ВАГУТОН), 천영동(ЧЕНЕНДОН), 시논평(СИНОНФЕН), 독산평(ДОКСАНФЕН), 찰돈카(ЧАЛДОНКА) 등 5개 마을로 구성되는 칠림바옙스크(ЦИЛИМБАЕВСКИЙ), 리소비(РИСОВЫЙ) 및, 세레브랸니(СЕРЕБРЯННЫЙ) 구역에 배치될 202가구(1,108명)의 한인 명단을 **승인한다**. 그리고 1922년 이전에 러시아 영토로 이주했지만 [지금까지 등록하지 않은[······] 한국인 (81) 가구는 ··· [······]

---

78 왼쪽 여백에 다음과 같은 수기가 비스듬히 기재되어 있음:
칼리닌스키지구의 소구역들에 사본을 발송할 것.
쿠르다르긴(Курдаргин)지구로 가는 한인 이주자들을 위한 정착자금 준비가 예산 지출이 안 되어 지연되고 있음을 지역집행위원회에 통지할 것.
(19)28년 2월 24일. [서명]

ГАХК, ф.304, оп.1, д.41, лл.50-50об.

무토지 한인 가구 재정착 지원 계획

블라디보스토크와 하바롭스크 변강주토지관리국 및 블라디보스토크와 하바롭스크 이민당 앞

사본

소련 토지인민위원부 극동변강주 토지 관리국 토지개발 및 개량과 1928년 3월 27일 № 20/3-52 하바롭스크시	블라디보스토크 및 하바롭스크 변강주토지관리국 앞. 블라디보스토크 및 하바롭스크 이민당 앞
한국 정착촌 하바롭스크 지역 쿠르다르긴 및 신딘스크에 한인 이주자 정착 기금 개설에 [관하여]	변강주, 특히 블라디보스토크 지역의 토지를 갖지 않은 한인 주민을 위한 토지 관리 계획은 하바롭스크 지역의 쿠르다르긴 및 신딘스크 재정착 기금을 기반으로 토지 없는 (혹은 거주지에서 토지관리를 할 수 없었던) 한인 가구들의 재정착을 제공한다. 　이 계획은 기금 준비와 새 장소로의 정착민 최초 배치를 위한 상응하는 융자금의 승인 및 특별 자금 지출을 위해 토지인민위원회에 제출되었다. 　땅이 없는 한인 농민의 일부가 같은 해에 이주할 수 있는 기회를 가질 수 있도록 하고자 변강주토지관리국은 한인 이주 계획의 승인과 그 계획안의 실행을 위한 상응 예산의 지출까지 기다리지 않고 올해 봄부터 순차적으로 블라디보스토크 지역의 1,000명의 무토지 소유자 한인 가구의 무료 정착 및 1928~29년도에 3,500명의 배치와 이동을 관리할 수 있기 위해 쿠르다르긴스크 신딘스크 정착 기금을 개설하기로 결정하였다. 　이들 한인-정착민은 1927년 11월 21일 자 극동변강주 정착 규정에 관한 변강주토지국 84-6-5호 회람에 명시된 합법적 혜택들, 즉 단일 농업세 면제, 정착지 이전 시의 재정착 관세 혜택, 철도나 다른 노선으로 운송하는 짐에 대한 지방세 면제, 연료용 목재, 건설 및 가계 수요품에 대한 일정 비율의 할인, 징병 유예 등등과 같은 법률에 정해진 모든 혜택을 누려야 할 것이다. 변강주에 소련의 헌법이 발효된 1922년 11월 15일 이전에 변강주 영토에 도착한 한인 이주자들은 그 시민권에 무관하게 정착지에서 농업의 정상적 발전을 보장하기에 충분한 규모의 노동용지를 제공받을 수 있을 것이며, 해당 일 이후

에 도착한 이들은 정착 정도나 경제 조직의 형태를 따라 추후 노동용지 이용을 포함하는 무상 임대 원칙에 의거하여 토지가 제공될 것이다.

후자의 범주에는 노동용지를 받는 소비에트 시민권자 한인 및 정치적 망명자를 포함하지 않는다.

이상에 대해 보고하면서 블라디보스토크 변강주토지관리국과 블라디보스토크 이민당이 지역의 무토지 한인 주민들에게 정착 조건에 대해 널리 알릴 것을 제안한다. 변강주토지관리국은 정착하고자 하는 모든 사람들과 그 이동자들에게 그들이 이주자로서 배치를 위해 하바롭스크 변강주까지 이주하는 이들이 각종 혜택을 받으며 이동할 수 있게 할 목적으로 블라디보스토크 이민 당에서 제정한 여러 혜택을 누릴 권한을 가지고 있음을 증명하는 적절한 서류를 제공해야 한다. 하바롭스크 지역으로 정착민이 들어오게 되면 정착 분구[79]의 업무 담당자는 곧바로 그들에게 자유정착지로 정해진 개방지를 알려주고 정착 이동자들이 그곳으로 이동하도록 하며 더불어 배정된 인원대로 순서를 따라 배치 이주민 전체에 대해 후속 등록을 실시한다.

극동변강주토지관리국 부국장 – 마마예프(MAMAEB)

극동지역 이민 관리국장 – 플레곤토프(ФЛЕГОНТОВ)

토지개량업무 담당. – 코브리긴(КОВРИГИН)

극동변강주토지관리국 토지 정비 감찰관 – 김정규(КИМТЕНГЮ)

원본과 동일 확인: 토지정비 감찰관 /서명/

사본 대조 확인: 책임 사무관 /포도이니친(Подойницын)/

---

79 подрайон. 分區

ГАХК, ф.304, оп.3, д.14, л.301

하바롭스크 이주 정착지 분구 담당자 베레좁스키가 네크라소프지구 집행위원회에 보낸 업무서한

네크라소프지구 집행위원회 앞

다음과 같이 1929년 1월 1일부터 4월 1일까지 기간 동안에 네크라소프지구 정착 구역에 배치되어 온 한인 이주 가구에 대한 정보를 가구별로 전송함.

첨부자료: 자료 11부.

정경엽(ТЕН Кеннев)	35 –				증명서
처: 안나(Анна)	– 26	상동	3	1929년	포시예트지구
모: 나탈리야(Наталья)	– 65			5월 21일	집행위원회 № 221
안우길(Ан Угир)	49 –				
처: 보배(Бобя)	– 41	블라디보스토크[…]			
자: 천석(Ченсек)	19 –	포시예트지구			
자: 천영(Ченнен)	16 –	상(上)시지미 (В-Сидими)촌			
자: 천보(Ченбой)	12 –				
자: 천복(Ченбок)	10 –		8	1929년 5월 28일	상동 № 221 및 동일 명단
부: 찬영(Тянен)	75 –				
모: 전씨(Тенси)	– 78				

하바롭스크 분구 이주민배치 업무부장   베레좁스키(Березовский)

사무원   [서명]   유(Б. Ню)

ГАХК, ф.304, оп.3, д.14, лл.322-323

하바롭스크 지역 한인 정착 지구 신청 관련 통지

사본

지구집행위원회 귀중

1929년 4월 […]일   사본: 분구 담당자들
                                      관구토지관리국 앞
          № 41

올해 봄에 이루어진 블라디보스토크 관구 거주 한인에 대한 조사에서 토지를 갖지 못한 한인들은 토지구획에 대한 확고한 정착을 목적으로 하는 하바롭스크 관구 이주에 대한 큰 열망을 드러냈습니다.

안타깝게도 하바롭스크 지역의 신디 및 쿠르다르긴지구에 준비된 토지기금이 부족한 관계로 올해 이주를 원하는 모든 요구를 다 충족시킬 수 없습니다. 하바롭스크 관구에 올해 마련될 수 있는 여지는 3000명 또는 500가구 이하가 될 것으로 보입니다.

따라서 _____지구에서 보낼 수 있는 허용치는 ___가구 혹은 _____명 이 될 것으로 여겨집니다.[80]

한 반은 5가구 이하로만 허용됩니다.

이동허가 문서를 받으려면 가장 가까운 정착 소지구에 신청하되, 정착 의사를 밝힌 가구의 위임을 제시하고 적법한 절차에 따라 증명된 가족의 목록을 제시해야 합니다. (가족 목록에는 가족 구성, 나이, 시민권, 등록 장소에 관한 자료가 들어 있어야 합니다).

사전 등록 없이는 하바롭스크 관구의 토지가 제공되지 않을 것임을 한인 주민들에게 경고해 주십시오.

일정 기간 동안 정착을 진행하는 것이 보다 바람직하며, 또한 노동자 분대를 파

---

80 원문에 '_____' 로 표기되어 있음.

견한 후 [그 다음에] 나머지 가족 구성원들이 정착하도록 하는 것이 좋을 것입니다.

등록을 위해 개설된 구역에 관한 정보는 하바롭스크 이주과에서 확인할 수 있습니다.

올해 _____지구에서의 이주는 한인 _____가구 _____명만 허용될 수 있습니다.

땅을 시찰하러 떠나온 이동자들은 우선 하바롭스크 지구장을 찾아가야 하며, 분구장은 그들을 해당 구역으로 보내게 될 것입니다. 지구장에게서 이주와 [관련된] 모든 문제에 대한 모든 정보를 받을 수 있습니다. 토지에 대한 등록이 없이는 재정착이 허용될 수 없으므로 하바롭스크 이주 분구들에서 이들의 참여는 필수적입니다.

연해주 이민당 담당자   페케르(ПЕККЕР),
     서기   알렉세예프(АЛЕКСЕЕВ)

원본대조필: [서명]   니키틴(Никитин)[81]

---

81 아래 여백에 다음의 메모가 수기로 적혀 있음:
    "하바롭스크 당 – 정보를 위해. 담당. 연해(주). 변강. 당. 서기"

ГАХК, ф.304, оп.5, д.5, лл.10-10об.

한인과 토착민을 위한 학교망 구축 계획

V. 한인 및 토착민을 위한 학교망 구축 계획, 1924/25~1933/34 학년도

한인 및 토착민을 위한 학교망을 건립함에 있어서는 하바롭스크 관구집행위원회 산하 한인 및 토착민 문제 담당위원들이 보유한 인구 및 학령기 아동 수 관련 통계자료에 의거하였다.

한인 문제 담당위원 자료에 따르면 현재 학령기(8~11세)의 한인 아동의 수는 1173명으로 이는 이 지역 전체 한인 인구(1만 200명)의 11.3%에 해당한다. 이후 (1927/28년~1933/34 학년도)의 학령기 아동은 전해 연도 대비 2%의 인구 자연증가율을 반영해 산정했다.

현재 토착민 학령기(8-11세) 아동은 439명으로 이 지역 전체 토착민 인구수(4396명)의 10%에 해당한다.

학령기 아동의 향후 증가는 극동 변강지구 증가계산 방식을 적용하여 이루어졌는바 이 지역 토착민 아동은 8년간 단 23명이 늘어난 것으로 나타났다.

연령 초과 유급자의 비율은 극동변강주 비율과 거의 동일하게 나타났는바, 즉 1925/26년에 20%이나 지속적으로 감소하여 한인들의 경우는 1931/32년에 5%대에 진입하고, 원주민들의 경우는 1933/34년에 그와 같은 비율이 된다.

교원 1인이 담당하는 학생은 33명에서 3[…] 명으로 점차 늘어 1932/33년 정착촌을 중심으로 생활하는 한인의 경우는 40명까지, 토착민의 경우는 교사 1인당 담당하는 평균 학생이 23.6명이 된다.

우리 지역의 토착민을 위한 학교에서의 교원 대 학생 비율 감소는 토착민 인구가 넓은 영토에 분산되어 있는 점과 대규모의 거주자를 보유한 촌락의 부재로 설명된다.

한인의 보편교육 도입 시기는 러시아인을 위한 보편교육 도입기(1932/32년)와 일치한다.

7년(1927/28년~1938/39년) 내에 토착민을 […] 16개의 새로운 학교가 개교해야 […], 그러한 급속한 확장이 있는 경우라야 토착민을 위한 보편교육의 도입이

1933/34년의 마감 기한 내에 이루어질 수 있다.

지역 내 중국인 아동에 대한 자료가 전혀 없으므로 중국인을 위한 학교망 구축 특별계획 수립은 현재로서는 불가능하다.

ГАХК, Ф.П-2. Оп.1. Д.112. ЛЛ.1~13

극동변강주의 한인 문제의 역사적 전개

극동변강주의 한인 문제

[역사적 전개]

극동변강주의 한인 문제는 60여 년 이상 제기되어 왔다. 극동지역이 러시아에 편입되던 무렵부터 다수의 한인들이 유입되기 시작했고, 1884년에는 당시 연해주 총독이 상부 기관에 한인들의 신분 보유 여부 등 한인 문제와 관련한 다양한 건의와 함께 지침 하달을 문의하기에 이른다. 최초의 한인 이주민에 대한 기록은 1863년 13가구의 한인들이 이주하여 포시예트지구의 노브고로드 해안에서 농사와 어업에 종사하면서부터였다. 다음 해인 1864년에는 66가구 308명의 한인이 들어와 역시 포시예트지구에 정착했다.

한인들의 정착은 비교적 순조로웠고, 이후 해가 갈수록 이주민 수는 점차 증가하게 되었다(1863년 13가구, 1864년 66가구, 1868년 165가구, 1869년 166가구).

한인들은 조선과의 접경지대에서 점차 정착지를 넓혀 북쪽으로는 수찬 지역 수이푼강 부근까지 진출하고 서쪽과 동쪽으로도 거주지를 확대하게 된다. 자연스럽게 한인 이민자의 수도 매년 증가했다(1870년 9,000명, 1882년 10,137명, 1890년 12,857명, 1892년 16,654명, 1897년 23,000명, 1898년 27,000명, 1901년 32,298명, 1910년 45,043명. 이 중 13,208명이 러시아 국적 취득).

1915년 […] 자료에는 48,722명의 한인들이 주로 농촌지역에 정착한 것으로 기록되어 있다. 이러한 과정에서 한인 이주민의 증가 문제는 지역 정부의 복잡한 주요 현안으로 대두되었다. 무엇보다 러시아 국적 부여 문제가 현안의 하나였는데 당시 전체 한인 인구 중 대략 30% 이상이 러시아 국적을 부여받았다. 이로써 1915년까지 연해주 내 한인 농민들은 63,000명을 상회한 것으로 보인다.

아래 도표는 역내 러시아 주민과 한인 이주민의 연도별 추이다.

연도	전체 인구수	러시아인	한인	비고
1882	92,708	8,385	10,137	
1889	147,517	57,000	16,654	농촌지역에 한함
1902	312,541	66,320	32,410	
1908	325,353	283,083	47,397	

[한인 이주의 원인]

고향인 조선에서의 어려운 생존 여건은 한인들의 대량 이민을 촉발했다. 대다수 한인들의 [……]. 자국 지배계급과 일본 침략주의자들의 이중 착취가 한인 이민의 주요 원인이었다. 한인 농민들에게 러시아 연해주와 중국 내의 접경지역은 해당 국가의 인구밀도가 낮은 지역으로 보다 나은 생활 여건을 제공했다. 특히 조선에 대한 일본의 식민지화 작업이 시작된 러일전쟁 직후 일반 한인들의 상황은 매우 열악해졌다. 일본은 혹독한 방법으로 제국주의 원칙하에 조선의 일본화를 진행했고, 자연히 한반도와 인접한 국가들과의 접경지역에는 한인 집단거주 연쇄반응이 일어나게 되었다. 일본 측 자료에 따르면 당시 묵단(Мукден)[82]지방에 15만 명, 길림지방에 50만 명, 연해주에 17~18만 명의 한인들이 거주하고 있었다.

처음에는 접경지역에 주로 집중되었던 한인 거주지는 점차 국경 너머로 확대되기 시작했고, 그 결과 소련과 조선 간의 국경은 사실상 무의미해졌고, 일본조차도 국경 너머 지역을 일본의 조선지방(조선에 대한 일본식 명칭)으로 인지하게 된다.

아래 도표는 1923년 연해주 남부 9개 읍에서의 한인 현황이다.

읍(Волости)[83]	한인 비중(%)	가구	인구수
포시예트(Посъет)	99	2550	15,156
바라바솁스크(Барабашевск)	83	2276	12,297
블라디미로-알렉산.(Владимиро-Адексан.)	58	2622	13,768
수이푼(Суйфун)	43	2242	11,823
포크로프(Покров)	42	1458	7,831
그로데코프(Кродеков)	38	1312	5,880
키예프(Киев)	37	376	2,269
수찬(Сучан)	32	446	2,447
시코토프(Шкотов)	24	1279	6,231
총계	51	14,578	77,702

---

82 '선양(瀋陽)'의 만주어 표기.

극동변강의 지구 단위 한인 분포 현황은 다음과 같다(1926년도 1월 1일 기준).

1. 프리모르스크 관구 총 18,809가구:

포시예트 4,633가구, 그로데코프 1,108가구, 시코토프 1,279가구, 한카 849가구, 수찬 3,029가구, 올가 493가구, 수이푼 3,463가구, 포크로프 1,716가구, 미하일로프 360가구, 체르니고프 606가구, 이바노프 488가구, 스파스크 465가구, 시마코프 146가구, 야코블레프 190가구.

2. 하바롭스크 관구 총 2,207가구:

네크라소프 552가구, 레닌 748가구, 칼리닌 856가구, 소비에트 110가구, 미하일로-세멘. 21가구.

[한인의 토지 이용]

이로써 당시 극동러시아 지역 내 한인들의 총수는 통계에 따르면 11만 명에 이르며, 조선 당국의 통계는 12~13만 명, 일본의 통계는 17~18만 명을 기록하고 있다.

한인들의 월경 노선은 다양해서 육로와 해로 모두 해당되며, 당시 러시아의 접경지대 감시망은 견고하지 않아 한인들의 유입을 사실상 차단하지 못했다. 자연스럽게 이들에 대한 공식적인 신분 부여도 체계적이지 못해 통상 한인주민 또는 한인농민으로 명명되었고, "농촌소비에트에 거주하고 있는 외국 국적자" 등으로 지칭되기도 했다.

이와 함께 소련 영토에서 거주하는 한인들에게는 러시아 농민들과 마찬가지로 토지법 제9조에 따른 토지 경작권이 주어졌다.

연해주에 정착한 한인들은 직접 농지를 지급받거나, 러시아 농민이나 목장주의 토지에서 소작하거나, 도시 기금의 땅이나 다차의 땅을 경작하거나 건설 근로자 등으로 일했지만 한동안 아무도 그 경위를 조사하거나 주목하지 않았다. 이후 데샤티나 넓이의 토지를 3~5루블을 지불하고 경작하기도 했다.

한편 연해주에는 계절적 이민도 관찰되는데 봄과 여름에 국경을 넘어와 경작을 하고 가을에 추수해서 조선으로 돌아가는 방식이다. 이 경우는 지세나 세금을 전

---

83 당시 작성된 여타 문서에서 아래 지역들은 '지구(райoн)'라는 행정단위로도 지칭된 것으로 보아 두 개의 행정단위가 혼용되어 사용된 것으로 보임.

혀 내지 않았다. 보다 부정적인 측면은 지주 한인들에 의한 식민기금의 출범 가능성에 대한 우려 등 토지경작과 관련한 다양한 전망이 나오는 것이었다. 물론 이민자들 다수의 다양한 제안과 견해는 제정러시아 정부의 경제정책 방향과는 전혀 달랐다.

농지의 유상 임대는 상당히 복잡했다. 보유하고 있는 토지의 전부 또는 일부를 한인 경작자에게 임대하는 현상은 연해주 한인들에게 점차 일반적인 경우로 인식되어졌다. 한인 경작자 1~2명과 관계되는 러시아 지주들은 한인 경작자들과 노동력 제공을 계약했고, 이를 근거로 근로계약 및 토지 이용에 대한 신고를 진행했다.

토지 임대는 제1차 세계대전, 혁명, 내전 등을 거치면서 더욱 확대되었다. 러시아 경작인들이 현저히 줄어들었기 때문이다. 이러한 배경 아래 한인들의 부와 토지가 점차 늘어나게 되었다. 시간이 지나면서 블라디보스토크 일대에서는 한인을 배제한 토지경작과 농업은 사실상 불가능한 상황에까지 이른다.

이러한 가운데 러시아인과 한인 사이에 토지와 소작 문제를 둘러싼 크고 작은 분쟁이 지역 정부에 신고되었고, 그중 일부는 중앙정부에까지 보고되었다. 대부분의 분쟁은 한시적으로 중재되지만 궁극적으로는 한인 소작인에 대한 토지 소유권이 부여되는 수준에서 종료되는 경우가 많았다.

이러한 한인들과 러시아인들 간의 잦은 분쟁은 결국 1923년 1월 극동관구 내 토지법령의 개정을 유도했다.

개정된 토지법에 따르면 한인들의 토지에 대한 권리는 대폭 제한되는데 여기에는 한인 토지 소유주가 자력 경작을 확대함으로써 점차 보유 토지를 늘려나가는 현상을 경계하는 러시아인들의 정서가 반영되었다.

한인들의 직접적인 경작 열기에 대한 경계심은 소작에 국한된 한인들의 토지 이용으로 연결되었고 한인들에 대한 토지 소유권 이양이 대거 줄었다.

1923년 3월 20일 연해주 정부의 토지관리에 대한 공포에 따르면 러시아 토지 소유자들은 한인들에 대한 토지 경작권 부여 시 그 기간을 제한하는 등 다양한 조치들을 의무적으로 실천해야 했다. 이러한 규정을 지키지 않을 경우 토지 소유자와 경작자 모두에게 상응하는 조치들이 부과되었다.

새로운 법령은 심지어 한인 토지 소유자들이 소유권을 포기하게 만드는 여러 제도를 단행함으로써 1924년 한인들은 보유한 토지들을 대거 처분하였다.

새로운 상황은 연해주 내 쌀 생산량 감소와 하바롭스크주 내 한인 농민과 러시아 농민 간의 갈등 고조로 이어졌다. 또한, 소작료의 상승은 한인 경작자들의 노동생산성을 감소시켰고, 한인들의 노동력에 전적으로 의존했던 역내 쌀 생산은 소유주가 토지를 경작하게 된 러시아 토지에서 현저히 감소했다.

이러한 토지갈등은 민족갈등으로 이어졌고 많은 러시아 농민들은 자신들의 토지에서 경작하는 한인들을 합법적인 소유물인 반농노로 인식하게 되어 '내 소유물 한인', '우리 소유물 한인'이라는 생각까지 하게 되었다. 이러한 현상은 소비에트 정부의 노동정책과 배치되었다.

한인들도 소작을 둘러싼 불법적인 관행에 대한 문제 제기를 했고, 토지에 대한 경작권을 주장하면서 자신들의 노동이 농민사회뿐 아니라 소비에트 권력에도 도움이 됨을 주장했다.

다음은 최근 4년간 한인들의 토지경작 결과이다.

무토지자에게 할당된	1923년	1924년	1925년	1926년	총계
전체 토지	18,267.07	17,257.31	49,158.46	33,396.00	118,080
농지	11,064.03	10,649.69	36,057.91	17,707.00	75,479
택지	931	717	2,938	1,417	6,003
가족구성원 (식솔) 수	4,701	3,881	18,901	8,509	35,992

혁명 전까지 9천여 한인 가구들이 약 3천 [⋯]의 토지를 경작했고, 이는 정상적인 가구 증가를 가능케 해 곧 그 수치는 1만 가구에 이르렀다. 이러한 한인 가구에 의한 경작지 증가는 다른 측면에서 연해주 내 한인 이주자들로 인한 후유증이라는 미묘한 정치적 숙제로 부각되었다.

한편 1925년 블라디보스토크 지역 정부의 한 자료에 따르면 소비에트 정부는 러시아 국적을 취득하지 않은 한인 경작자에게도 대규모 토지와 금전적 혜택을 지원할 예정이라고 밝혔는데, 이 선동은 당시 가난한 한인들의 러시아로의 유입을 더욱 촉진했다.

이러한 선동이 최종적으로 어떠한 결과로 이어질지는 아직 명확하지는 않으나 적어도 일본의 조선 식민지화와 천만 엔이 투여된 '대동아공영' 정책에 대해서는 익히 알고 있다. 조선인들의 극동러시아 내 토지 구매 자금에 일본의 공작금 일부가 연관되어 있을 개연성을 전면 부인할 수만은 없으며 심지어 아직 소비에트 정부의 면밀한 관리가 이루어지지 못하고 있는 소비에트 극동지역 내 빈 땅에 대한 일본의 접근이 일부 한인 이주민을 통해 진행되고 있을지도 모르는 일이다.

만일 한인들의 유입이 일본의 식민정책과 조금이라도 연관된다면 한인 이주민 문제에 대한 접근은 단순히 경제적 측면에서의 토지 문제의 범위를 넘어 정치적이며 전략적인 성격을 띠게 된다.

[한인들에게 있어서의 토지경작]

토지를 보유할 수 없었던 한인들의 대거 유입은 원주민들 토지경작 문제와 관련하여 극동지역 토지관리 당국의 주의를 환기시켰다. 관리당국의 개입은 일정 부분에서 효과를 보기도 했지만 완전한 해결책을 내놓지는 못했다.

예를 들어 1만 가구의 토지 배당 문제는 조심스럽게 접근할 수밖에 없는 토지 문제와 관련 막대한 예산소요에 대한 고민을 수반하게 했다.

물론 정착 한인들은 소비에트 정부가 사실상 대납하고 있는 토지 경작권에 대한 비용을 지불할 필요가 없었다. 이러한 불공정 현상으로 결국 정부로 하여금 토지경작에 수반되는 개인지출을 부담하게 했다.

또 다른 문제는 토지관할권 및 토지 무소유자들에 대한 경작권 부여와 관련된 사안이다. 토지 경작권 부여 기간은 그 수요량에 따라 결정되는데 통상 러시아 원주민들은 한인 농민들에게 2~3년 기간의 경작권을 부여해 주었다. 기간을 단축할 경우 한인 농민들 사이에서 안정적이지 못한 경작 기간 문제로 동요가 일어날 수 있기 때문이다.

그런데 원주민들의 자력 토지경작 확산은 토지를 소유하지 못한 해당 지역 한인 농민들을 압박했다. 특히 이러한 경향은 1927~28년 블라디보스토크 관구에서 현저해서 전체적으로 2,000가구의 농지만 부여되고 여기에 러시아 중앙으로부터 유입된 농업인구 문제까지 더해졌다. 8,000가구에 대해서는 블라디보스토크 관구 이외 지역에서 제공되었다. 그런데 총 10,000가구의 무토지 농민들에 대한 수요는 충족되지 않아 새로운 지역으로 확장하는 방안이 뒤이어 이루어졌다. 새로운 농지를 부여받은 농민들은 러시아 원주민뿐만 아니라 상대적으로 안정적인 토지 경작권을 보유하고 있던 한인들과도 자주 대립했던 무토지 한인 농민들이다.

이러한 배경에서 한인 농민들을 위한 비교적 안정적인 정착지와 경작지에 대한 검토가 이루어지고 있다. 하바롭스크 관구의 쿠르드-다르친스크와 아무르 관구의 비잔노-비르스크가 그 대상이다. 이러한 가운데 연해주 내 한인 이주 문제에 대한 다양한 검토가 이루어질 수 있다.

쿠르드-다르친스크 지역은 최대 833,000헥타르로서 거주지역에 크지 않은 2개의 러시아인 촌락이 있다. 그중 오래된 곳은 주민 수 1,035명으로 비교적 온화한 기후에 좋은 환경을 보유하고 있다. 주로 연해주에서 소비되는 쌀과 대두 농작이 가능하다.

역내에는 강과 호수가 있어서 강을 따라 기선이 오가고 조업도 가능하다. 하바롭스크와 가까워서 농산물 판로가 좋으며 유통과 통신에도 유리하다. 여유 농지는 29구역에 108,897데샤티나와 추가적으로 7구역에 12,822데샤티나 등 총 116,719데샤티나 크기로서 7,500여 한인 가구들이 정착하기에 편한 곳이다.

비잔노-비르스크 지역은 74,203평방킬로미터의 면적으로 1871년 형성된 한인촌이 이미 존재하며 벼농사를 성공적으로 정착시켰다. 역시 기후와 환경이 좋으며 460,000데샤티나의 경작이 가능하다.

물론 연해주 한인을 아무르주로 원활하게 이주시키기 위해서는 다양한 요소에 대한 고려와 여건 마련이 필수적이다. 이를 통해 소비에트 권력이 고민해 온 극동지역 한인 문제에 대한 해결책을 마련해야 한다.

[결론]

1. 지난 60여 년간 극동러시아 내 한인 문제는 항상 대두되었지만, 지금까지 이 문제의 근본적 해결을 위한 기본 노선과 진지한 노력 없이 부분적인 접근만이 이루어졌다.

2. 일본 및 중국과 국경을 접하고 있는 연해주에서 전체 한인을 이주시키는 문제는 이미 주정부 차원의 문제가 아닌 소비에트 중앙권력과 일본 식민주의자 모두의 관심 사항이다.

3. 10,000호에 달하는 무토지 한인 농가들은 조속한 해소책을 요구하고 있으며 이처럼 적지 않은 수의 농가 상황은 연해주 경제에도 부정적인 영향을 주며 더 나아가 민족갈등 야기의 토양이 될 수 있다.

4. 한인들에 대한 토지경작권 부여는 국가의 주도로 이루어져야 한다. 즉 정부

의 주도하에 공동체의 희망이 검토되어야 하며 한인 농민들도 부여받은 토지 경작권에 대한 상응한 대가를 정부에 납부해야 한다.

5. 러시아 중앙지역으로부터의 유입인구 증가 등으로 경작지와 주거지가 모두 부족한 연해주의 상황은 무토지 한인들을 블라디보스토크 외곽 지역으로 이주시켜야 할 당위성을 주고 있다.

6. 한인 농가 이주를 위한 유력한 지역으로는 하바롭스크 관구의 쿠르드-다르친스크와 아무르 관구의 비잔노-비르스크가 제안되며 두 지역 모두 한인 농가들과 한인들의 경작관례에 적합한 여건을 갖추고 있는 것으로 평가된다. 무엇보다 두 지역은 연해주로부터의 신속한 이주가 가능하다.

7. 조선 내 열악한 여건이 더할수록 소비에트 정부의 소수민족 보호정책의 혜택과 보다 양호한 환경을 찾아 연해주로 이주해 오는 한인들의 수는 지속적으로 증가할 수 있으며 이러한 유입은 대체로 그 규모와 추이가 예측 불가능함을 염두에 두어야 한다.

8. 새로 유입된 한인 이주민에 대한 토지경작권 부여를 둘러싸고 부여 주체인 러시아인 원주민 및 기존 한인 소유주들을 대상으로 하는 불만 제기와 이로 인한 갈등 발생에 대비해야 한다.

이상의 과제들을 해결하기 위해 아래와 같은 방안들을 제안할 수 있다.

1. 조선 내 한인들의 불법적인 극동지역 유입을 차단하고 오직 합법적 절차에 따른 이민만 허용한다.

2. 토지법 9조에 단서조항을 더해 소련 영토로 이주하는 외국인 노동자들에게는 자유로운 근로권을 부여하나 토지경작권과 관련해서는 상당한 제한규정을 둔다.

3. 연해주 한인에 대한 토지경작권을 더 이상 부여하지 않는다. 대신 북하바롭스크 지역과 남동아무르 지역으로 이주시킨다.

4. 한인들의 이주는 정주여건을 마련해 가며 진행하되 최대 3년 내에 완수한다.

5. 이주지역에서의 한인들에 대한 토지경작권 부여도 토지법에 근거하여 진행한다.

6. 러시아 중앙지역 인구의 연해주 이주를 적극 추진한다.

7. 연해주 한인의 이주에 관한 제반 사무는 변강주정부의 책임과 예산은 물론

중앙정부의 책임과 예산지원으로 진행한다.

8. 한인 가구 이주와 정착을 위한 여건 향상을 위해 필요한 기술적 지원과 물품 제공을 강화한다.

9. 이상 조치들은 각별히 중요한 사항들로서 시급히 진행되어야 한다.

변강주토지관리국 토지개량부 부장

마마예프(MAMAEB)

ГАХК, Ф.П-2, Оп.1, Д.332, ЛЛ.45-50

극동변강주 한인 상황에 대한 보고

전연방공산당(볼셰비키) 극동변강주위원회 수신

담당교관 카우토프(КАУТОВ)

극동변강주 한인 상황에 대한 보고서

극동변강주에 있는 한인들의 상황은 더 이상 두고 볼 수 없을 정도로 토지 이용과 시민권 문제가 매우 복잡하게 얽히고설켜 있는 상태라 즉각적인 해결이 필요하다. 이 문제를 완전히 해결하는 것이 필요한데, 그 또 하나의 이유는 일련의 지역 기관들(한카이스크, 스파스크, 이바놉스크, 포크롭스크, 포시예트)이 절박하게 몇차례나 변강주 소비에트 및 집단농장 기관에 문제 해결을 요청했음에도 불구하고아무도 없는 황야에 소리치는 것처럼 여태 전혀 해결되지 않았다는 것이다.

이러한 상황은 1930년 12월 28일 자, 그리고 1931년 2월 20일 자 극동변강주집행위원회의 두 차례 결의안에서조차 볼 수 있듯이 매우 복잡하다. 1930년 12월 28일자 극동변강주집행위원회의 첫 번째 결의안 중 2.3항과 4항은 재정착을 반대하는부농(쿨락)들의 선전 활동에 대해 단호한 투쟁을 펼치고, 죄인들을 밝혀내어 그들에게 엄정한 책임을 묻도록 명시하고 있다. 1931년 해당 지역에서 한인 이주민들에게 토지를 임대하는 것은 완전히 중단됐다. 해당 지역들에서는 지역 기관들을포함한 모든 경제 관련 기관들이 1931년 이주 대상인 무토지 한인 가구들의 생산활동을 금지했다. 예전 블라디보스토크 관구에 속한 모든 지역의 집행위원회들은일부 집단농장과 기관, 그리고 구(舊)주민 집단농장에 무토지 한인 가구들을 위한노동용 토지를 제공하는 것을 즉각 중단하여야 한다. 1931년 2월 20일 자 극동변강주집행위원회의 두 번째 결의안에서는 "한인들의 이주를 중단한다… 쿠르다긴스크와 신디긴스크 지역에 정착한 이들을 하바롭스크 국가소비에트로 이전한다… 쿠르다긴스크와 신디긴스크 지역 내 이주 자금 준비 업무를 중단한다…"라고 명시되어 있다. 지역집행위원회는 즉각 한인 이주민들이 떠나는 지역에서 징발을 중단하며, 이와 동시에 국영농장 및 기타 기업체의 어업활동에 그들을 활용할 수 있도록 조직하고, 퇴거 지역 내 한인들의 정착을 금지한다.

이와 같은 극동변강주집행위원회의 결의안 두 건은 현지 어디에서도 농업에 종사하는 한인들이 정착하는 것을 금지하고 있다. 퇴거 지역 내에서 일어나는 이러한 혼동은 끝이 보이지 않는다.

우리 변강주 기관(변강주토지관리국, 변강주집단농장연맹, 곡물트러스트)들은 관련 자료를 전혀 갖고 있지 않다는 단순한 이유로 극동변강주 한인들과 관련된 상황에 대해 정확하고 자세한 그림을 그리는 것을 매우 어려워한다. 그러므로 사태를 파악하기 위해서는 변강주위원회, 변강주집행위원회, 변강주 지역위원회의 단편적인 일련의 자료들, 그리고 본 보고서를 작성한 저자와 저자의 직장 동료들의 개인적 관찰을 활용하는 것이 필요하다.

극동변강주로의 한인 이주는 변강주가 러시아로 편입되던 1862년 초기에 시작됐다. 그 시기부터 한인들의 유입은 누군가에 의해 통제되지 않은 채 끊이지 않았고 점진적으로 증가했다. 이러한 현상을 해결하려는 이전 차르 정부의 시도가 있었고, 최근에는 변강주가 국경수비대를 강화하는 조치를 취했으나 성공을 거두지 못했다.

변강주로의 한인 유입 움직임은 다음과 같은 지표로 볼 수 있다. 과거 연해주, 아무르주, 자바이칼주 기관들의 자료에 따르면, 1910년 한인 수는 러시아 공민이 된 38,193명(약 71%)를 포함해 총 53,378명이었다. 이전 연해주가 시행한 1917년 인구조사 결과에 따르면, 9,308가구(55,848명)가 등록됐다. 1926년 국가인구조사에 의하면, 이전의 블라디보스토크 관구 한 곳에서만 134,217명의 한인이 등록됐다. 한인들을 48선 너머로 이주시키라는 전러시아중앙집행위원회의 지령으로, 1929년 당에 의해 이들의 이주가 진행되었고, 분배 토지를 가지지 못한 한인 99,553명이 이전 블라디보스토크 관구의 농촌에서 떠나야 했다.

한인 대부분(약 95%)이 주로 연해주와 농촌 지역에 정착했으며, 이들은 연해주 전(全) 지역 인구의 대부분을 차지하고 있다. 예를 들면, 1926년 인구조사 결과, 포시예트주의 총인구 42,482명 중 37,901명, 즉, 89%가 한인이었으며, 수이푼스크 지역의 총인구 78,504명 중 25,704명(33%)가 한인이었고, 포크롭스크 지역에서는 한인들이 43%, 수찬스크 지역에서는 40%를 차지했다.

이러한 환경, 즉, 연해주, 다시 말하자면 국경 지역 및 농촌 지역 내 한인 정착은 첫째, 잘 알려진 것처럼 정치적으로 불합리한 것이며, 둘째, 나중에 보게 되겠지만, 토지 문제에 있어서 극도의 민감한 상황과 엄청난 혼란을 낳았다.

한인들에게 토지를 분배한 것은 조선과의 조약 이행에 들어갔던 1889년에 시작됐으며, 1884년 이전에 극동변강주로 이주한 한인들은 한 가구당 15데샤티나의 땅을 분배받았으며, 해당 한인의 수는 12,857명(약 2,500가구)이었다. 1917년 인구조사에 따르면, 이전 연해주에 분배 토지를 소유한 한인 가구로 총 2,711가구가 등록됐으며, 이는 이 주에 사는 모든 한인 인구의 29%에 해당하는 것이었다. 나머지 약 71%에 해당하는 많은 한인들은 도시에 사는 경우를 제외하고는 대부분 토착 주민들이나 국가로부터 땅을 임대받는다. 1922년 10월 25일부터 시작된 변강주의 소비에트화 정책 시기부터 토지 미소유 한인들은 그들이 오랫동안 일궈왔던 땅의 사용 권한을 요구하기 시작했다. 이에 대해 러시아인들은 임대 연장을 거부하기 시작했으며, 이로 인해 러시아인과 한인과의 관계가 첨예해질 수밖에 없었다.

연해주에서 첨예화된 토지 상황을 완화하기 위해, 1923년부터 토지 정리 사업을 전개했으며, 이 사업의 과제는 첫째, 30년 이상 전에 토지를 받았던 한인들의 토지 부족 문제를 해결하고, 둘째, 토지법을 근거로 토지에 대한 권한은 갖고 있으나 현재 토지를 갖고 있지 못한 임대자 신세인 한인들을 위한 토지 기금을 준비하는 것이었다. 그 결과, 19[…]년부터 1926년까지 총 6,003가구(38,092명)에 118,108헥타르의 토지를 분배하여 토지 정리 사업이 진행됐다.

1925년까지도 전(前) 블라디보스토크 관구 내 토지 문제는 상당히 첨예했으며, 이는 다음 상황이 말해주고 있다. 블라디보스토크 관구의 토지관리국은 한인들의 토지 정비 가능성을 알아보기 위해, 명시된 해당 연도에 한인들과 그들의 토지 자원 여부를 함께 조사했으며, 다음과 같은 결과를 도출했다:

1. 관구 내 농촌 한인 인구는 총 106,835명(19,586가구. 이들 중 46%는 소련 국적, 54%는 외국 국적)

2. 3,637가구(30,217명), 즉, 관구 내 전체 한인 인구 대비 약 2[…]가 분배 토지 소유

3. 토지 미소유 5,654가구(30,217명, 이 중 3,178가구(16,178명)는 외국 국적)에 거주지 내에서 토지를 분배해 줄 수 있다.

4. 토지 미소유 1,056가구(5,586명, 이 중 327가구(1,648명)은 외국 국적)에 관구 영토 내에서 토지를 분배해 줄 수 있다.

5. 관구에서 91,89가구(47,915명, 이 중에서 7,819가구(39,754명)은 외국 국적)를 이주시키는 것이 필요하다.

이와 관련, 한인들을 48선 너머로 이주시키는 정부의 지령을 이행하는 데 있어, 변강주 기관들은 전(前) 블라디보스토크 관구에서 다른 관구로 이주하기로 한 한인들을 위해 토지를 준비해야 하는 과제를 안고 있다. 해당 관구는 하바롭스크 관구와 관구 내 두 지역, 쿠르강까지의 쿠라긴스크 지역과 아무르강 인근의 신딘스크 지역이다. 1929년 당은 연해주에서 한인들을 이주시킬 최종안을 구성했으며, 1930~33년 도시 거주자를 제외한 87,759명이 여기에 해당했다. 이 계획에 따라 해마다 이주가 진행되고 있다: 1929~30년에는 10,000명, 1930~31년에는 20,000명, 1931~32년에는 26,161명, 1932~33년에는 29,854명(이외, 1929~30년 하바롭스크 관구에 정착한 1,229명도 해당 계획에 포함됐다).

이 이주 계획은 여러 원인으로 인해 중단됐다. 1930년에 10,000명을 이주하려던 계획과 달리, 1,342명만이 이주했다. 1931년에는 중앙기관들이 변강주 이주관리국의 사업 계획에서 한인 이주를 제외함으로써 한인 이주가 전혀 이뤄지지 않았으며, 이와 관련, 1931년 2월 20일에 극동변강주집행위원회는 쿠르다긴스크와 신딘스크 지역으로의 한인 이주 중단과 신딘스크와 쿠르다긴스크 내 국영농업기업의 폐지를 결정했다. 쿠르다긴스크와 신딘스크 지역으로의 한인 이주를 중단시킨 후, 변강주 기관들은 아직까지 한인 이주민들이 정착할 다른 지역들을 물색하거나 그들을 위한 토지 기금을 마련할 준비를 전혀 하고 있지 않다.

집단농장화 사업 및 연해주로부터 한인을 이주시키는 사업을 진행하는 과정에서 엄청난 실수가 발생했으며, 이로 인해 토지 이용 문제에 혼란이 일어났고 이주 자체가 힘들어졌다. 이는 국경 밖으로부터 새롭게 한인들이 다시 유입되는 계기가 됐다. 이 잘못들은 여태 대부분 바로잡지 못한 채 남아 있다.

이러한 실수와 혼란은 변강주위원회의 지령과 달리, 연해주 내 모든 무토지 인구(연해주 내 토지 권리를 갖고 있지 않은 비(非)소비에트 국민)를 별다른 조건 없이 해당 지역의 구(舊)주민들의 집단농장(기존, 그리고 새로 조직된 집단농장)으로 받아들이게 했으며, 그들에게 일반 노동용 토지 이용 절차에 따라 토지를 나눠주게 했다. 이때 이주하여 구(舊)주민 집단농장으로 합류한 한인들과 해당 집단농장 내 한인들은 집단농장으로의 합류가 그들의 소련 국적 취득, 그리고 토지 권리에 대한 문제를 해결해 줄 것으로 기대하고 있다.

한인 이주 업무를 맡은 기관은 매우 심각한 실수를 저질렀으며, 이러한 실수는 한인들의 특징을 제대로 이해하지 못했던 점에서 기원했다. 이주는 강제적인 성격을 띠어야 했지만, 극동변강주집행위원회와 변강주위원회는 48선 너머로의 한인 이주에 대한 지령에 따라 이주를 강제적으로 집행할 수 없었다. 그러나 왜 이주 담당 기관들이 집단농장에 의한 이주 의무만 강제했는지 아무도 알 수 없다. 이로 인해 무토지 한인들이 구주민 집단농장으로 들어가게 되는 가능성은 활짝 열렸으며, 이는 한인 이주의 성격과 완전히 대치되는 것이었다.

이주를 강제적으로 진행해야 했지만, 이주 예정 노동자 단체와 집단농장 단체 (집단농장에 의해서만 이주하는 경우)는 자발적으로 이주를 진행했다. 이주가 강제성을 띠기 위해서 어떻게 이주의 강제성과 집단농장 합류의 자발성을 결합해야 할지 알 수 없다.

결과적으로 오늘날 연해주에 있는 모든 한인들은 극히 소수의 경우를 제외하고는 토지 소유에 상관없이 완전히 집단화됐다. 예를 들면, 포시예트 지역에서는 지역 인구의 89%가 한인으로, 해당 지역은 84%가 집단화됐으며, 한카이스크 지역에서는 1,129 한인 가구 중 924가구, 즉 82%가 집단화됐다.

법적으로 무토지 한인 중 가장 많은 수가 구주민 집단농장에 통합됐으며, 따라서 일반 토지 이용 규범에 따라 실제 토지를 소유하고 있다. 나머지 무토지 한인들은 토지를 소유한 일부 소수의 한인들과 함께 집단농장으로 통합됐고, 집단농장의 분배 토지들은 쌀 국영농장 영토 내에, 그리고 크라스노아르메이스크 집단농장의 일부에 위치해 있다. 이들은 도급업자(그러나 본질적으로는 임차인)의 자격으로 쌀 국영농장과 크라스노아르메이스크 집단농장의 쌀 재배지 일부를 차지하고 있다. 한인 대부분은 쌀 재배에 종사하고 있으며, 이 분야가 역사적으로 발전해 왔던 환경에 따라 이전에 우리 변강주의 다양한 국가기관들이 관개수로를 마련했던, 그리고 최근에는 곡물트러스트로 양도된 논 지대에 정착하고 있다.

토지에 대한 권리를 가지고 있는 세 번째 그룹, 즉, 수적으로 가장 적은 한인들과 무토지 한인들은 개인농으로, 쌀 국영농장의 논에서 일하거나 크라스노아르메이스크 집단농장의 토지 중 척박한 작은 구역의 일부를 차지하고 있다.

곡물트러스트에 소속된 총 여섯 개의 벼 국영농장들은 실제로 1931년 5,716헥타르의 논에 벼를 심었고, 이 중 2,742헥타르(48%)가 도급업자 신분의 한인들에 의해 경작됐다. 니콜스크-우수리스크의 쌀 국영농장은 1,548헥타르의 논에서 790헥타르를 도급업자들이 경작했다. 국영농장 영토 내 거주하고 있는 500 한인 가구 중 350가구가 경작 도급업자에 해당하며, 나머지는 집단농장 노동자로 전환됐다. 한카이스크 쌀 국영농장에 속한 1,288헥타르의 논에서 968헥타르를 도급업자들이 경작한 것으로, 최대 600개의 한인 가구로 구성된 '신투히네츠(Синтухинец)'라는 집단농장이 도급업체였다. 이 집단농장은 국영농장 내에 자신의 분배 토지를 소유하고 있으며 벼농사 외에도 다른 작물을 경작하고 있다. 쌀 국영농장 '산타헤자(Сантахеза)'가 소유한 1,890헥타르의 경지에서 397헥타르를 도급업자들이 경작했는데, 이들은 진동천(Дин-Дон-Чен) 마을의 한인들로 총 400가구이며, 이 중 50% 이상이 집단농장원으로 국영농장 내에 자신의 작은 분배 토지를 가지고 있다. 스레드네-다우비힌스크 쌀 국영농장은 440헥타르의 논을 소유하고 있으며, 이 중 237헥타르를 한인 도급업자들이 경작했으며, 이들은 국영농장 영토 안에 있는 네 개 마을에 살고 있다. 총 300가구 중 60가구가 국영농장 범위 내에 작은 분배 토지를 가지고 있으며, 이 토지에서 쌀이 아닌 다른 작물들을 재배하고 있다. 포크롭스크 지역에는 붉은군대 공동체(코뮌)인 '포그라니치니크(Пограничик)'가 있으며, 공동체 영토 내에는 최대 400개에 달하는 한인 가구가 타바넨(Таванен), 사르바크반(Сарбакван), 탄냐고우(Таняroу) 등의 마을에 분배 토지 없이 살고 있다. 이들은 상호 조력 제공을 조건으로 해당 공동체가 한인들에게 제공한 비옥하지 않은 작은 땅에서 농사를 짓고 있다.

이상 서술한 것을 간략히 요약하자면 다음과 같다:

1. 정치적, 경제적 이유로 한인들을 연해주에서 이주시키는 문제를 조속히 해결해야 함에도 불구하고, 이주에 필요한 비용을 중앙에서 내주지 않고, 한인 이주민들이 정착할 지역을 탐색하고 이들을 위한 토지 기금을 준비해야 할 변강주 소비에트 기관들의 무능으로 인해 이주는 지연되고 있다.

2. 한인들의 집단화 및 이주 사업에 있어서 심각한 실수들이 초래된 바, 이주 대상이었던 한인 대부분이 구주민 집단농장으로 들어가 일반적인 토지 이용 규범에 따라 토지를 받게 됐었고, 이들은 다른 곳으로 이주하지 않아도 되는 것으로 생각하고 있으며 소비에트 국적을 취득할 것으로 기대하고 있다. 이로 인해, 첫째, 이들을 좀 더 멀리 떨어진 곳으로 이주시키는 것은 점점 어려

워지고 있으며, 둘째, 한인들의 토지 정비에 있어 해로운 불안정함을 발생시키고 있다(이에 해당하는 한인 그룹을 이주시킬 시, 토착 주민들의 토지 정비는 무너질 수밖에 없다).

3. 극동변강주집행위원회는 연해주에서 어마어마한 수의 한인들을 이주시키고, 한인들이 살던 자리에 소련의 다른 지역에서 온 이주민들을 정착시키는 것을 고려하지 않은 채, […]년 2월 20일 자 결정을 1년이라는 시간 동안 시행하지 않았다. 이 결의안은 모든 무토지 한인들에게 연해주 내에서 어떠한 형태의 토지라도 제공하는 것을 금지하는 것이다. 이 결정은 이주 초기, 그리고 그 이후 다시 이주할 수 없는 한인들을 정착지에서 농업에 종사하지 못하는 상황으로 떠밀려 버리는 것이자, 연해주 농업에 있어서 살아 있는 생산력의 상당 부분을 상실하는 결정으로, 옳다고 할 수 없다.

4. 주택과 분배 토지를 가진 한인 개인농들과 한인 집단농장들의 대부분은 쌀 국영농장 영토 내에 위치하고 있으며, 쌀 국영농장에서 도급업자의 신분으로 벼를 재배하고 있고, 이와 더불어 자신의 개인적인 농업, 또는 집단농장만의 농업에도 종사하고 있다. 이것은 다음과 같은 점에서 정상적이라고 할 수 없다. 첫째, 국영농장 영토 내에 국영농장 소유가 아닌 주택(지구) 및 분배 토지가 있다는 것 자체가 용납할 수 없으며, 둘째, 이러한 계약 관행은 이미 중앙 및 변강주 기관들이 비밀스러운 착취 형태로 비판한 바 있다.

5. 한인들의 대부분이 쌀을 재배해 왔다는 역사적인 상황으로, 이들은 자신들이 분배받은 논 지대에서 쌀을 재배하고 있으나, 많은 논 지대가 곡물트러스트의 관개 시스템으로 물을 공급받고 있다. 올해 쌀 국영농장들이 소유한 전체 논의 절반(지난 몇 년간은 절반 이상)이 도급업자들에 의해 경작됐다. 이는 첫째, 쌀 국영농장들이 한인 농부들을 주요 노동력으로 관심 있게 보고 있다는 것이며, 둘째, 쌀 국영농장들(예를 들면, 한카이스크 및 그 외 집단농장들)의 확장과 관련해, 한인 집단농장(한카이스크, 신투히네츠 집단농장)이 분배받은 논에서 퇴거하거나 또는 이전하는 것이 불가피하다는 것을 말해준다.

이러한 문제들을 조속히 해결하기 위해서는 본 보고서에서 다룬 문제들을 연구하고 조사하는 극동변강주집행위원회 산하의 임시 위원회를 설립하는 것이 필요하다. 이 위원회의 업무 기간을 단기로 설정하고, 위원회는 다음과 같은 의무를 지닌다:

1. 연해주에서 한인 이주민들이 정착할 지역들을 조속히 찾고, 이들을 위한 토지 기금을 준비하는 문제를 조사한다.
2. 1932년 한인 이주 가능성을 비롯하여 얼마나 많은 수가 이주할 수 있는지, 얼마의 비용을 드는지를 조사하고, 개별적인 지역에서 우선순위의 이주를 예상하여 이주 계획을 세운다.
3. 이주해야 하는 집단농장원과 개인농의 할당 수와 이주하는 데 필요한 비용을 설정한다.
4. 1932년 이주할 수 없었던 무토지 한인들의 토지 이용 권리와 특징을 조사한다: a) 구주민 집단농장에 합류하여 일반적인 토지 이용 규범에 따라 사실상 이미 분배된 토지, б) 집단농장에 통합됐지만, 토지가 분배되지 않고 쌀 국영협동조합에서 도급업자의 신분으로 벼 재배에 종사하고 있는 한인들, в) 도급업자로서 쌀 국영농장에서 벼 재배에 종사하는 무토지 한인 개인농들.
   4조의 2항과 3항을 해결할 시, 쌀 국영농장의 한인 농부에 대한 높은 수요(초기라 할지라도)를 고려하는 것이 필요하다.
5. 이 위원회는 한카이스크 지역집행위원회가 제기한 해당 지역 내 벼농사 조직, 그리고 이와 관련해 한인 집단농장을 지역 내로 이전하는 문제에 대해서도 조사해야 한다(지역집행위원회의 보고서는 변강주집행위원회로 전달함).

변강주위원회 담당교관   카우토프 [서명]

ГАХК, Ф.П-2, Оп.1, Д.332, ЛЛ.51-57

한카이스크지구 집행위원회의 보고서

한인들의 토지 지정 및 토지 정비 사업에 대한 변강주 기관들의 분명한 지침, 그중에서도 국영농장, 특히 쌀 국영농장의 논 지대 물색과 정비 사업을 시행할 시 필요한 규범과 권리에 대한 지침이 없는 상황으로 인해, 명시된 문제들의 조속한 해결과 상응하는 해명이 필요하다. 쌀 국영농장 건설에 대한 소련농업인민위원회 조사단의 토지 분할 문제는 모든 한인들이 영향을 받을 수밖에 없다.

올해 해당 지역의 전체 인구 중 23%를 차지하는 한인을 다음과 같이 국적에 따라 구분했다:

거주지 이름	소련 국적		외국 국적		총
	가구	가족원 수	가구	가족원 수	
프롤레타리(Пролетарий)	22	121	86	336	
신투힌카(Синтухинка)	300	1216	70	500	
오제르노예(Озерное)	〃	〃	144	473	
즈베즈다 한키(Звезда Ханки)	13	43	36	85	
3.모로좁카(З.Морозовка)	18	437	35	187	
레닌카(Ленинка)	58	334	36	191	
[···] 루니([···]ельг. руны)	9	46	6	13	
코미사롭카(Коммисаровка)	10	50	17	143	27/193
2 코미사르. 구역(2 комиссар. уч.)	12	87	55	192	
아다몹카(Адамовка)	3	17	8	46	
드보랸카(Дворянка)	12	60	36	90	48/150
데비차(Девица)	〃	〃	5	25	
로브니(Ровный)	6	33	12	73	13/101
2 구역(2 участок)	19	63			
3 구역(3 участок)	6	35			
홍범도(Хон-Вен-До)[84]	5	23	1	6	
하(下)나찰롭카(Н.Началовка)	11	55	11	55	
총	560		558		

1931년 여름 기준 한인들은 집단화 기준에 따라 다음과 같이 정리할 수 있다:

거주지 이름	집단농장		개인농		총
	가구	식솔 수	가구	식솔 수	
즈베즈다 한키	100	176			
프롤레타리	102	407	10	40	
하(下)모로좁카, 모로좁카 II구역 & III III구역	227	1065	34	170	
신투힌카 로브로예(Ровное)	330	1441	32	160	
레닌카	〃	〃	20	100	
오제르노예	48	189	〃	〃	
3 코미사롭스크	90	365	4	40	
코미사롭카	27	193	〃		
드보랸카	〃	〃	48	150	
아다몹카		〃	11	63	
달구놉카	〃	〃	15	59	
데비차	〃	〃	5	25	
하(下)나찰롭카	〃	〃	22	115	
총	924	〃	558	/	1129

혁명 이전, 한인들은 자신의 토지 구역을 갖고 있지 않았으며, 구주민들의 임차인이었다. 어떤 지역에서는 이러한 상황이 24~25년까지 지속됐다. 24~25년에 토지 기관들은 한인들을 대상으로 28년까지 지속되는 토지 정비 절차에 따라 구역 정비 및 정착 사업을 시작했다. 이 사업이 진행되는 동안 다음과 같이 각 거주지에 구역이 분배됐다.

거주지명	사업 년도	분리된 구역명	구역 면적 (헥타르)	[……]	1인당	
하(下)로브니(Н. Ровный)	25년	로브니(Ровный)	1889		1.32	
신투힌카(Ситухинка)		일린카(Ильинка)	2441		상동	1716
즈베즈다 한키 (Звезда Ханки)	1929	파콜롭스키	1395	269	상동	
[⋯] 푸티 ([⋯]имерн. Путь)		치혜자(Чихеза)	1868			
[⋯] & 3구역 ([⋯] и III участки)		[⋯] & 3 구역 ([⋯] и III участки)	2632			
홍범도(Хон-Бен-До)		한수[⋯](Хан-Шу-[⋯])	2001			
레닌카(Ленинка)		레닌카(Ленинка)	2501			

---

84 Хон-Вом-До의 오기로 추정됨.

1928년부터 한인들에게 퇴거 서류 발급이 중단됐으며, 한인 일부가 한카이스크 지역(쿠르-다리얀스크 지역)에서 이주해야 했다. 이 이주는 이뤄지지 않았으며, 현재까지 문제는 [……]

1930년 초부터 인구 대부분을 대상으로 한 집단화가 강화됨에 따라, 모든 한인 마을은 구주민 마을과 동등하게 해당 거주지 내 토지 소유 여부에 따라 경작 의무 수치[85]를 부여받았다.

30~31년 경작 의무 수치는 대부분 쌀농사에 종사하는 한인들이 분배받은 토지 규모를 훨씬 뛰어넘은 것이었으며, 이는 밭농사를 하는 구주민들의 토지 기준에서 봐도 그 이상이었다. 국영농장 내에 주인 없는 토지가 있었던 덕분에 분할토지를 임시대여하여 경작 수치를 달성할 수 있도록 이주민, 국영농장, 집단농장 그리고 개인에게 토지가 제공됐다.

1930년 국영농장 건설을 위한 토지 기금 탐색, 그리고 1931년 이 문제의 좀 더 심화된 해결을 위해 농업인민위원회 조사단이 조사하는 동안, 쌀 국영농장 설립을 위해 예정된 땅을 예전에 한인 쌀 집단농장(로브노예 지역의 신투힌네츠 구역, 레닌카와 모로좁카의 3구역)에 할당된 구역으로 이전해야 하는 필요성이 대두됐다.

그 외에도 한인들은 현재 농가가 쌀 재배지 중 저지인 늪지대에 위치하고 있는 탓에 인명과 가축에 막대한 질병이 발생하고 사망률도 높아지고 있어, 보다 높은 지대의 농지에 토지를 대여해 줄 것을 청원하고 있다.

현재 광활한 땅을 세심하게 사용하는 것에 대해 관심이 모아지고 있다. 현재 토지는 약탈적인 방법으로 사용되고 있는데, 많은 토지가 올바르지 않은 관개수로에 의해서 물에 잠기거나 흩어져 있고, 미개척지도 사용되고 있다. 이로 인해, 올봄에 지역에서 약 6,050헥타르의 벼 재배지를 어렵게 확보했으나, 3,000헥타르만 벼 재배에 적합한 것으로 나타났으며, 나머지는 쓸모없는 땅과 늪으로 판명됐다.

경험상, 한인들이 벼 재배하는 방식으로 토지를 사용할 경우, 한 구역에서 3년에서 5년 사이 토지는 황폐화되어, 몇 년간 휴지기를 가져야 한다. 1헥타르당 벼 재배에 들어가는 물의 양 [……], 한인들이 현재 상황에서 토지를 사용하는 환경과 방법은 그러하다. 개별적인 한인 정착 경우를 살펴보면, 국영농장 건설의 이해

---

85 '통제 수치', '감독 수치'로 번역 가능. 예를 들어, 어느 정도 면적에서 어느 정도의 어떤 곡물을 생산하라는 일종의 의무 규범.

관계와 한인들의 이해관계가 긴밀하게 연결된 곳들이 있는데, 신투힌카 마을, 신후히네츠 협동조합, 로브로예 라차옙스크 4구역, 오제르노예, 모로좁카 마을(우트렌냐 자랴 협동조합), 홍수계(Хон-Шу-Ге)[86], 2, 3구역, 레닌카가 이에 해당한다.

앞서 언급한 대로, 신투힌카 마을은 1925년 […] 이름하의 노동용 토지 구역을 2,441헥타르 받은 바 있으며, 30년에는 신투힌스크 벼 국영농장에 구역을 분할해 줄 시, 규정에 의해 잉여 토지를 회수함에 따라 신투힌카 구역 경계가 변경되어 신투힌카 국영집단농장의 토지가 2,155헥타르가 됐다. 이에 따라 신투힌카 구역은 국영농장의 옛 경계와 새 경계선 사이에 놓이게 됐다. 그 경계를 따라 국영농장의 모든 관개수로가 지나가며, 신투히네츠의 모든 기본 유통 및 수뇌 기관이 자리한다.

국영농장의 관개수로 고지가 다른 토지 이용자 영토에 위치해 있는 이러한 상황은 이 관개수로를 통해 물을 사용하는 사람들이 물 사용 순서와 규범에 대해 빈번하게 요청하게 만든다.

이외에도 신투히네츠 분할 대여 농지에서 쌀 재배지들은 장기적으로 혹사당하여 수확량이 적어졌으며, 신투히네츠는 매년 국영농장 영토 내의 토지에 대한 권리를 주장하고 이용한다.

국영농장이 계약 방식으로 토지를 이용하고 그 농작물을 경제적으로 취할 경우, 이러한 현상이 용인된다면, 집단농장과 국영농장이 토지 이용과 물 이용에 대해서 규제해야 한다.

이러한 상황을 해결하기 위해서는 신투히네츠 구역을 집단농장이 별개의 관개 시스템을 제공할 수 있는 장소로 옮겨야 하며, 신투히네츠 협동조합이 소속된 모든 가구가 함께 새로운 곳으로 이주해야 한다. 신투히네츠 협동조합에서는 자체 관개 시스템이 없으며, 과거 사용했던 시스템이 있다 […]는 곡물트러스트로 이전했고, 이후에는 벼 트러스트, 그리고 현재는 곡물트러스트로 이전했으며, 신투히네츠 협동조합이 현재 이주 시점부터 사용하고 있다. 신투히네츠의 새로운 이주가 진행될 시, 이주와 관개시스템 구축 준비에 들어가는 모든 비용은 국영농장이 책임져야 하며, 이는 대략적인 계산에 따르면 20만 루블까지 예상된다.

---

86 이전 표의 '한수[…]' 및 이후 등장하는 '한수제'와 동일한 지명으로 보임. 다만 둘 중 어느 지명이 정확한 것인지는 확인이 어려움.

신투히네츠의 이주 장소는 신투히네츠 측으로부터 승인받지 못했고, 협동조합이 요청한 장소로의 이주는 불가능했다. 집단농장과 국영농장 구역들의 위치가 현재와 별반 다르지 않기 때문이다. 이외에도 신투하강의 물 저장량, 저수지 건설까지, 강물을 올바르게 사용할 시, 2,000헥타르의 농작물에만 수급이 가능하다는 점을 고려해 볼 때, 신투히네츠 협동조합의 이주와 독립적인 경제 단위로서의 협동조합을 유지하는 것이 타당한 것인지는 의심스럽다.

소련농업인민위원회 조사단이 쌀 공동체 조사 자료를 분석한 결과는 다음과 같다: 1순위 건설에 해당하는 신투힌스크 쌀 국영농장이 정상적으로 건설되려면 막대한 노동력 충당, 예를 들면, 저수지 건설을 위해서는 3,200명, 쌀 생산을 위해서는 2,000명을 조달해야 하지만, 해당 지역에서 이 정도의 노동력을 찾는 것은 확실히 불가능하다. 신투하강에 저수지를 건설하기까지 벼 재배지 확장은 물 공급의 엄격한 제한으로 전망이 없으며, 물 사용에 있어 가혹한 제재를 가하는 것이 필요하다. 이 모든 것에 대해 조사가 필요하며, 신투힌카 한인들을 국영농장의 노동력으로 전환하는 것이 훨씬 타당하다. 이는 신투힌카 이주 비용 유지에 효과적이며, 국영농장이 다른 곳에서 유입하는 인력을 훨씬 줄이게 하면서, 노동력 문제로 겪는 위기를 완화하고 물 사용과 토지 사용에 대한 분쟁과 오해를 없앨 것이다.

두 번째 경우는 해당 영토 내, 그리고 아스트라한스-뎁찬스크 쌀 국영농장, 즉, 프롤레타리, 한수제(Хан-Шу-Де), 레닌카, 프롤레타리와 우트렌냐냐 자랴 협동조합을 포함한 1, 2 구역, 베르흐냐냐 모로좁카, 니즈냐냐 모로좁카와 그 인근에 사는 한인들이 자신의 토지 구역을 갖고 있지 않다는 것이다.

전자는[87] 20년에 아스트라한스크 쌀 국영농장이 분할받은 구역에서 살며 그 토지와 관개수로를 이용하고 있으며, 두 개의 모로좁카[88]는 주토지관리국 토지를 사용하고 있다.

30년에 모로좁카 지역에 우트렌냐냐 자랴 협동조합을 레닌카 거주 주민들과 통합하여 협동조합을 조직한 것과 함께, 이 토지들은 자동적으로 […] 이용으로 이전됐으며, 이는 […] 파종 시 12,1000헥타르에 해당되는 것이며, 400헥타르가 건초 베기로 사용됐다.

---

87 앞 문장에서 언급한 프롤레타리, 한수제, 레닌카가 해당
88 베르흐냐냐(상) 모로좁카, 니즈냐냐(하) 모르좁카

협동조합 '우트렌냐 자랴'의 앞서 언급한 구역들 내 토지는 모두 사용이 불가능하고 토지의 무계획적인 사용은 토지 황폐화 및 침수로 이어지고 있다. 이와 관련하여 농업인민위원회 조사단은 우트렌냐 자랴의 초과 토지를 압류하여 그것을 국영농장 건설을 위해 제공하고, 해당 협동조합은 생산능력을 감안하여 다른 더 작은 구역을 구매하는 것을 제기했다.

낮은 습지에 위치한 한인 마을에 분산된 오두막집들을 한 곳으로 이주하도록 했다. 아스트라한-뎀찬스크 국영농장의 개발은 두 번째, 세 번째로 지정되어 있고, 현재 곡물트러스트가 주인 없는 구역들을 고집하지 않는다는 점을 고려하여, 협동조합 우트렌냐 자랴와 모로좁카는 곡물트러스트에 이주비용을 부담해 줄 것을 청원했지만 이는 이뤄지지 않았다.

이주와 영지 내 정착은 계획적인 절차에 따라 진행되어야 하며, 분산된 형태의 오두막집들을 더 짓지 못하도록 하여야 한다. 건설 기관들은 한인 집단농장들의 영지 개발의 과제를 안고 있으나 현재까지 어떠한 지령도 없는 데다, 현재 진행 중인 집단농장 건설 프로젝트는 한인들의 민족적 생활환경(특히 주택)과 맞지 않는다.

프롤레타리아 협동조합과 동명의 마을은 아스트라한 국영농장과 계약을 맺고 이 농장의 토지와 관개수로를 사용하고 있다. 1932년부터 이 계약은 연장될 수 없으므로 해당 토지와 관개시설 역시 사용할 수 없게 된다. 관개망을 건설하지 않고 프롤레타리아 협동조합과 마을을 다른 구역으로 이주하는 것은 불가능하며 관개망이 마련된 구역은 없는 상황이므로, 곡물트러스트는 상기 언급한 집단농장을 확장하여 농민들이 1932년 국영농장 마을의 노동자로 전환될 수 있도록 해당 집단농장의 토지를 정비하는 것이 필요하다. 토지를 정비하게 되면 프롤레타리아 협동조합이 국영농장에 토지를 나눠 대여하는 것이 가능한 상(上)페트로브카 영지로 이주할 수 있기 때문에, 해당 업무를 곡물트러스트가 맡아야 한다. 상기 서술한 모든 것을 종합해 볼 때, 한인 정착 문제는 [……] 다음과 같다:

1. 쌀 재배 특성을 고려하여 1인 또는 집단농장의 생산 가능성에 따라 토지를 분배할 시 무엇을 따라야 할 것인가.

2. 집단농장에서 일하는 조선 국적의 한인들에게 어떻게 분배할 것인가.

3. 프롤레타리아와 신투히네츠 집단농장 사람들을 마을 노동자로 전환하는 문제를 해결하는 것이 특히 중요하다. 해당 집단농장들은 그들의 이주와 관련해 [……] 하기 때문이다. [……] 국가 지원 없이 벼 재배를 정착시키는 것은 불가능

하다. 국가 측에서 필요한 작업을 해주고 있지 않기 때문에 사람들은 이전할 의지를 내비치지 않고 있다.

4. 쌀 국영농장의 토지 이용 경계 설정과 쌀 재배 확장을 위해, 그리고 집단농장이 있는 지역이 생활하기에 부적합하다는 사실로 인해 새로운 구역으로의 이주가 필요한 상황이다. 국영농장 및 집단농장의 이주는 무슨 비용으로 이뤄져야 하는가?

5. 신투힌카 관개수로를 전체 토지에서 별도로 분리된 쌀 국영농장의 재배지로 이전하는 방안이 채택될 경우, 이는 어떠한 방식으로 이뤄져야 하는가. 보고서에서 언급한 해당 집단농장의 열악한 경제적 상황을 고려할 때 그들의 이주비용, 그리고 그들이 소유한 설비 및 장비와 관련된 비용은 어떻게 지급될 것인가.

6. 이 모든 문제는 1932년 파종 준비 작업을 지연시키면서 지역의 지속적인 토지 관리, 특히 쌀 국영농장과 상기 언급한 집단농장들의 토지 관리를 방해하므로 즉각적인 해결이 필요하다.

지구집행위원회 의장 예르쇼프(ЕРШОВ) [서명]
지구토지관리국 국장 포타포프(ПОТАПОВ) [서명]

ГАХК, ф.П-2, оп.1, д.444, лл.263-265

한인들 사이의 사업 문제에 관한 당지역위원회의 1934년 10월 16일 회의

한인들 사이의 사업 문제에 관한 당 지역위원회의 1934년 10월 16일 자 회의 녹취록

라브렌티예프 동지.

당지역위원회가 우리의 사업에서 1년 반 동안 커다란 공백이 발생한 한 가지 문제를 다루어 주기 바란다. 그 사안이란 한인들 사이의 사업 문제다.

이곳의 한인 주민은 10만 명 이상이다(지역에서부터 나오는 목소리를 따르면 그보다 훨씬 많아서 약 20만 명이다).

사람들의 말에 따르면 20만 명이 있었다가 이후 각지로 흩어졌다는 것이다. 현재 얼마나 많은 사람들이 있는지 정확한 정보를 제공해 줄 수 있는 사람은 아무도 없다. 아무튼 10만에서 15만 명은 된다.

우리 지역에는 180만 명의 인구 중 한인이 10만 명을 차지하는바 이는 경제적으로나 또 다른 측면에서나 커다란 힘이 아닐 수 없다.

우리가 벌이는 사업의 모든 분야들에서, 즉 농업과 소비에트 권력의 조직, 문화 사업, 한인의 정치 사업 등에서 우리들의 모든 결점을 보완할 조치들을 계획하여야 할 것이다.

그에 따라 우리는 [⋯⋯] 우리 인민이 알고 있거나 혹은 어떠한 경우라도 알고 있어야 할 바에 대해 자문을 받기로 결정했다. 비록 많은 동지들이 한인 주민들 사이에서 직접적인 사업을 벌이고 있지는 않지만, 한인들은 그들에게 요구되는 바와 사업의 단점들을 우리 각자보다 더 잘 알고 있다. 우리는 마을과 지구에서 우리와 더불어 일하는 여덟 내지 열 명의 사람들과 모였고, 동지들에게 부끄러울 것은 없다고 생각하며, 공동으로 사업상의 모든 미흡함을 밝히고 향후 대책을 간구하고 한인촌 내와 한인 주민들에게 사업을 맡기는 것이 소비에트 권력을 위하는 길이라고 생각한다.

여기에는 편집장, 기술전문학교장, 기술분과장(4명)과 다른 일꾼들도 있다. 나는 이들이 이 사업들의 상황들과 당지역위원회 의 상태가 무엇인지, 당의 지역 위원회가 문화, 경제, 정치 및 기타 모든 분야의 사업들을 개선시키기 위해 무엇을 해야 하는지를 우리에게 말하기 시작할 것이라고 생각한다. 한 가지 분명한 점은 지금까지처럼 그렇게 앉아만 있는 건 불가능하다는 것이다. 우리는 때때로 한인 마을과 집단농장에 전혀 눈길도 돌리지 않은 채 사업을 뒤집어야 하곤 했다. 이 모든 조치를 위해 우리는 오늘과 내일의 실질적 조치를 설명하는 총회를 소집했다.

나는 개인적으로 그렇게 생각하며, 플레곤토프(Флегонтов), 데리바스(Дерибас)가 (데리바스 동지에 대해서는 그들이 나쁜 상황에 처해 있다는 점은 알고 있으나 그것이 정확히 어떤 사항인지는 알지 못하고 있는바, 그들은 반드시 발언을 해야 할 것이며 그로부터 향후 사업을 어떻게 해 나가야 할지가 분명해질 것이다) 어떤 발언을 했는가는 알지 못한다.

내가 반드시 말해야 할 것은 이 이니셔티브가 어디에서부터 연원했는가이다. 얼마 전 우수리스크 지방에 가서 그들과 조선 문제에 대해 이야기를 나누다 보니 변강주에서 사업하였거나 현재 사업을 하고 있는 한인 동지들을 소집하는 것이 필요함을 더욱 확신하게 되었다. 조언을 주신다면 추가 활동 프로그램을 계획토록 하겠다. 농업 문제에 관한 한인 집단농장 회의나 대회도 소집할 수 있을 것이다. 아니면 한인 교원 회의, 대회도 소집하도록 하겠다. 나는 우리가 10~15분간 정회를 선포하고 동지들로 하여금 잠시 생각을 한 뒤에 발언할 수 있도록 하는 것이 좋겠다고 생각한다.

(15분간의 정회가 공지되었다.)

ГАХК, ф.П-2, оп.1, д.469, лл.55-58

극동지구 소수민족 분과 관련 요구

전소공산당(볼셰비키) 극동지구위원회 서기 라브렌티예프 동지에게
극동지구 집행위원회 의장 크루토프 동지에게

극동지구 집행위원회 소수민족 분과 지도자 김동우 동지로부터

보고서

극동지구 집행위원회 간부회의 산하 소수민족 분과는 1932년 2월부터 "존재했다". 1933년 2월까지는 한국 분과, 중국 분과, 유대인 분과가 있었지만 서로 관련도 없었고 아무도 분과를 지도하지 않았다. 즉, 각 분과는 자기 재량대로 극동지구 집행위원회 의장이나 그 대리자의 직접적인 결정에 따라 활동했다.

그해 2월부터 지금까지 민족분과 대신에 한국, 중국, 유대인 문제를 담당할 3명의 지도자를 두고 해당 분과를 "지도하도록" 했다.

우리 분과는 법적으로 "존재했지만", 실제적으로는 조직이 설립된 첫날부터 동사(凍死)했다.

지구당 집행위원회의 분과로서 우리 분과는 결코 신중하게 계획하지 않았으며, 지역위원회 지도부는 말할 것도 없고 간부회나 극동지구 집행위원회 당파 회의에 민족 문제를 상정한 적도 없었다. 그 당시 우리 지역에는 한국과 같은 국제 문제와 관련된 심각하고 중요한 민족 문제가 있었으며, 최근에는 "만주국"이 세워진 후 중국 문제가 복잡하게 되었다. 다시 구체적으로 말하자면 한인의 경우 벼농사, 어업, 콩과 비단 문제가, 중국인의 경우 원예, 채소 재배, 수공업 등의 문제가 대두되었다. 불행하게도 이 문제는 여전히 우리에게 유리한 쪽으로 해결되지 않았다. 개조할 수 없는 관료, 전(前) 극동지구 연맹 의장이 표현한 바와 같이 그들은 "순수한 일반 경제" 문제가 아닐 뿐만 아니라 우리에게는 이 지역에서의 민족정치 문제가 특별하다. 왜냐하면 한인과 중국인은 이 지역 경제 분야에서 절대적이고 결정적인 역할을 수행하는데 이것은 그들의 경제, 문화적 삶이 그들과 직접 연결되어

있기 때문이다.

따라서 이런 문제들에 대한 성공적인 해결은 이 지역의 사회주의 경제 건설을 보장할 뿐만 아니라 극동지구에서의 한인과 중국인 민족 문제에 대한 근본적인 부분을 해결한다. 그런데, 극동지구 집행위원회 소수민족 분과 과업에서 이 문제는 분과의 과업에서 중요한 요소가 아니다. 즉 그들은 분과의 나머지 과업을 이해하지 못했지만, 대신 분과의 다른 과업에는 복종하였다. 사실 분과의 직원들은 때때로 이러한 문제를 처리했지만 결정적으로 끝까지 수행하지는 못했다.

소수민족 분과의 개입도 없이 이 문제가 "처리되었지만" 보고몰킨, 레오넨코(전 목재트러스트 사장), 타라카노바(가내수공업), 페트로프(전 ДКС 의장), 코르슈노프(전 러시아 공산당 한카이스키지구 서기) 등과 같은 기회주의자들도 이 문제를 처리했다.

전소공산당(볼셰비키) 지역위원회와 지역집행위원회에 도움이 되었을 뿐만 아니라 그 과업으로 인해 모욕을 당하게 된 분과의 좋지 않은 과업에 대한 근본적인 원인은 어디에서 근거한 것인가.

우리의 판단에 따르면 근본적인 원인은 다음과 같다.

1. 소수민족 분과의 과업에는 다른 과업을 집중시킬 만한 합목적성이 부재한데다 분과의 과업이 방문자들의 개인적인 사소한 문제들이지만 분과는 이런 사소한 것들에 신경을 쓰지 않는다.

2. 언제나 분과는 완전히 무책임한 조직이었다. 분과장 카벨린 동지는 그야말로 게으름뱅이로 분과 직원들에게는 북부 위원회의 과업을 부담시키고 북부 위원회 직원들에게는 소수민족 분과의 과업을 재부담시킴으로써 결국에는 분과에도 북부위원회에도 아무 것도 하지 않았다. 마지막 분과장 스트로쉬카 동지는 지난 1년 동안 분과에 있었던 기간이 2개월에 지나지 않으며, 그 외 기간에는 여러 기업에 있었다. 그래서 스트로쉬코 동지는 분과 지도에 대해 논의할 필요가 없었다. 스트로쉬코 동지와 마찬가지로 분과의 다른 직원들, 예를 들면, 겨울 내내 목재 가공에서, 4월초부터 6월까지 분과에서, 그리고 6월 1일부터 올해 9월 15일까지 군사 재훈련에서 보고한 사람도 마찬가지였다. 그리하여 분과의 과업을 한 이는 아무도 없었다.

3. 분과가 소수민족 노동자들의 기본적인 문제에 대해 거의 아무 것도 하지 않았다면 다른 조직의 태도와 관심이 무엇인지 분명하다. 직원과 조직을 사람이 아

니라 작업 결과에 따라 평가한다.

따라서 조직이나 개별 직원들은 분과에 거의 협력하지 않았다. 대부분은 무시하거나 심지어 때로는 그들을 방해했다. 예를 들어, "채마밭에 대해 어떻게 생각하는가"라고 언급했던 페트로프(ДКС)의 채마밭을 조직하기 위한 준비에 우리는 관심이 있었지만, 타라카노바는 아직까지 소수민족과 수공업자가 얼마나 있는지 모르고 기업 시스템에 따라 활동하지도 관리하지도 않았다.

당과 정부의 지시를 실현하기 위해 아래와 같이 귀하의 도움을 요청한다.

1. 분과에 더 이상 무능한 인재를 채용하지 말고 유능한 직원들로 증원함으로써 우리 분과를 회복하고 긴급하게 소수민족 분과장을 임명한다.

김태 동지(현재 니쿠스 조선극장 대표로 근무 중)를 한국 문제 지도자로, 쿠조프 동지(극동농기구 공장 위원회 의장으로 근무 중)를 중국 문제 지도자로 우리 분과로 파견해 줄 것을 간절히 요청한다.

2. 향후에 소수민족 노동자들과 관련된 의사결정 기관에서의 문제 상정 전에, 특히 극동지역에서 벼농사, 어업 문제 및 아시아 산업작물(콩, 참깨, [······] 수수, 옥수수 등)의 파종 문제와 원예 수공업 발전에 대해 사전에 우리 소수민족 분과에 문제의 개발을 위한 지침을 내려주길 바라며, 그리고 이것은 본질에 대한 실제적인 상황과 실제적인 제안에 대해 우리가 상부 기관에 보고하기 위함이다.

3. 극동지구 집행위원회 간부회 당과 정기회의에서 극동지구 집행위원회 산하 소수민족 분과의 상황에 대한 본인의 보고서를 첫 번째로 상정하고, 올 10월 20일 지역 위원회 지도부에서는 1934년 벼농사 현황과 모내기 준비 상황에 대한 목재 트러스트와 지역위원회의 공동 보고서를 상정한다.

그런 사전 준비가 없다면 1933년과 마찬가지로 벼농사는 또 다시 수치스럽고 태만할 정도로 실패할 것이다.

4. 전러중앙집행위원회 민족 분과의 지시에 따르면 올 11월 중순에 우리 분과는 자치공화국과 지역의 소수민족 분과장으로 전러대회에 4명(분과장, 유대인, 중국인, 한인 문제 전권대표)을 파견해야 한다.

본 문제에 대한 귀하의 지시를 기다린다.

소수민족 분과장 대행이자 지도자 (김동우) (КИМ-ТОНУ) [서명]

ГАХК, Ф.П-2, Оп.11, Д.233, Л.6

연해주 관리부 책임자 페르부힌이 극동변강주 당서기 바레이키스에게 보낸 지역 한인, 중국인 수에 관한 보고(1932.1.1)

전러시아공산당(볼셰비키) 극동변강주위원회 당서기 바레이키스
(ВАРЕЙКИС) 동지 앞

1932년 1월 1일 기준 극동관구 내 지역별 한인 및 중국인 수

	한인	중국인	단위: 천 명
1. 연해주	88.4	21.0	
2. 우수리스크주	66.1	9.5	
3. 하바롭스크주	30.5	6.7	
4. 유대인자치주	3.6	0.5	
5. 아무르주	4.2	7.9	
6. 제이스크	0.3	2.4	
7. 니즈나야 아무르주	3.0	3.0	
8. 사할린주	3.2	1.0	
9. 캄찻카주	0.2	-	
총계	199.5	52.0	

상기 한인 및 중국인의 인구수 통계는 1931년 조세 관련 자료와 연해주 집행위원회 민족 문제 담당부서 자료에 기초한 것임.

변강주 인민경제회계국[89] 국장 페르부힌(Первухин) [서명]

---

89 КрайУНХУ(Крайное управление народнохозяйственного учёта)

제3부

1937년 극동러시아 한인의 강제이주와 그 후

ГАХК, Ф.П-2, Оп.1, Д.1332, ЛЛ.84-85

극동 국경 지역 거주 한인의 중앙아시아 지역 이송 개시 명령

전연방공산당(볼셰비키) 연해주위원회 서기 벡케르(БЕККЕР) 동지
연해주집행위원회 의장 다닐로프(ДАНИЛОВ) 동지
내무인민위원부 연해주지부장 디멘트만(ДИМЕНТМАН) 동지 수신

전연방공산당(볼셰비키) 중앙위원회와 소련인민위원회의 8월 31일 결정에 따라, 극동 국경 지역에 거주하는 모든 한인들은 이송된다. 남카자흐스탄주, 아랄해 지역, 발라쉬와 우즈베크소비에트사회주의공화국으로 이주한다. 귀하의 주에서는 다음과 같은 지역에서 한인 이주가 이뤄진다: 포시예트지구, 바라바시스크(Барабашск)지구, 나데진스크지구. 이송은 9월 1일부터 시작된다.

해당 지역에서의 이주 지도를 위해 전연방공산당(볼셰비키) 극동변강주위원회 전권대표, 극동변강주집행위원회 전권대표, 내무인민위원부 관리국 전권대표로 구성된 3인위원회를 조직한다. 전연방공산당(볼셰비키) 변강주위원회로부터 귀하 지역의 전권대표는 다음과 같이 승인됐다: 포시예트지구 – 지구위원회 서기 센코(Сенько) 동지, 변강주집행위원회 전권대표 지구집행위원회 의장 카르포프 동지, 내무인민위원부 관리국 전권대표이자 국경수비대 대장 고르킨 동지. 바라바시스크지구 – 변강주위원회 전권대표 즈보나료프(Звонарев), 연해주집행위원회의 변강주집행위원회 전권대표 주라블레프(Журавлев) 서기, 내무인민위원부 관리국 전권대표 바라바시스크 지구국장 야운파블로비치(Яунпавлович) 동지, 나데진스크(Надеждинск)지구 – 변강주위원회 전권대표 스테파노프 지구위원회 서기, 변강주집행위원회 전권대표이자 변강주집행위원회 특별부 감독관 멜리니코프(Мельников) 동지, 내무인민위원부 관리국 전권대표 셰레메트(ЩЕРЕМЕТ).

이주 대상 한인들은 이주 시 재산, 경제활동에 필요한 도구를 가져가거나 동물을 데려갈 수 있다.

이들이 두고 간 부동산 및 동산 재산과 농작물에 대해서는 보상하도록 한다.

외국행을 희망할 시, 제약을 두지 않으며, 외국으로의 출국을 희망하는 한인들

에게 통행허가증을 발급하는 것은 내무인민위원부 규정에 따라 진행한다.

이주대상자들을 퇴거 장소에서 집합 장소 및 열차 탑승 장소까지 빠르게 이송하기 위해 귀 동지들에게 차량 동원 권리를 부여한다.

귀 동지들은 집합 장소에서 이주 한인들이 필요한 매매, 음식, 필수적인 위생-의료를 지원할 수 있도록 조직해야 한다.

한인들이 남기고 간 부동산 및 동산, 농작물에 대한 보상 절차에 대한 지시사항은 추후 부가적으로 전달될 것이다.

내무인민위원부는 한인 이주로 인해 비게 된 부지에 국경수비대 배치를 허가한다.

지역 3인위원회는 한인들이 챙기지 못하고 남긴 농작물을 제시간 내 수확할 수 있도록 한다.

이주 과정, 그리고 지역에서 출발한 한인 이주민들의 수, 총 이주민 수, 가구(家口) 수, 외국 출국자 수에 대해서는 5일마다 전보로 전연방공산당(볼셰비키) 변강주위원회와 변강주집행위원회에 알린다.

전연방공산당(볼셰비키) 극동변강주위원회 서기 바레이키스(Варейкис) [서명]
변강주집행위원회 의장 대리 볼스키(Вольский) [서명]
극동변강주 내무인민우원회 관리국장 류시코프(Люшков) [서명]

1937년 8월 29일 No. 44/c

ГАХК, Ф.П-2, Оп.1, Д.1344, ЛЛ.756-758

이주 대상 한인의 재산 보상 절차

시리즈 Г

2개의 수신지

블라디보스토크 공산당 연해주위원회 벡케르 서기, 주집행위원회 다닐로프 의장,
극동변강주 보로실로프(ВОРОШИЛОВ) 우수리스크주위원회
로홀린(РОХЛИН) 서기, 주집행위원회 그리네비치(ГРИНЕВИЧ) 의장에게

("지역 3인위원회에게 즉각 전달")[90]

이주 대상 한인들이 남기고 간 동산 및 부동산 재산, 그리고 농작물에 대한 보상은
다음 절차에 따라 이뤄지도록 한다:

1. 이주하는 한인 집단농장이 남기고 간 재산은 1937년 1월 1일 자 장부가액에 따라 책정한다.

2. 1937년 1월 1일 이후 집단농장 소유가 된 재산은 실제 가격에 따라 책정한다.

3. 정리되지 않은 경작지는 해당 작물의 평균 수확량에 따라 지역집행위원회가 기본 곡물수매가에 맞춰 가격을 책정한다.

4. 이주하는 한인들이 소유했던 모든 가축은 가축조달관리소(Заготскот)[91]가 수용하도록 하며, 이에 대해서는 이주 정착지에서 현물로 보상하도록 한다.

5. 상기 규정된 절차에 따라, 지역집행위원회는 공유화한 집단농장의 재산에 대한 금액을 집단농장 이사회 요구에 따라 집단농장이 새로운 이주지에 이전하는 대로

---

90 본 문서와 다음에 등장하는 강제이주 관련 문서의 내용 중 문장 또는 문구 말미에 тчк,
   двтчк, квчк, квчк라는 용어가 등장하는데, 이는 точка(마침표), две точки(두 개의 마침표,
   즉 :), кавычка (인용부호, 즉 〈 〉)의 약자임. 해당 문서가 전보(電報)인 관계로 이 같은
   축약 표현이 사용되고 있음.

91 заготовлять(준비하다, 조달하다)와 скот(가축)이라는 단어의 합성어. 1936년 몰로토프
   가 조직한 기관으로, 가축 구매 및 조달, 도축, 사료, 가축 표준화 등 가축 관련 전반적 업
   무를 관장함.

집단농장 이사회로 반드시 보낸다.

6. 현재 계좌에 있는 집단농장의 비분할자금은 집단농장의 이전 지역에 있는 해당 은행지점으로 이체한다.

7. 이전하는 집단농장 기계트랙터배급소들의 부채는 현재 집단농장이 소유한 생산물과 돈으로 갚거나, 집단농장이 남기고 간 재산의 가치 평가 시 이 부채를 상쇄하여 지급하도록 한다.

8. 집단농장원들과 개인농들의 모든 부동산은 보험가에 따라 책정되며 지급된다.

9. 집단농장원들과 개인농들이 남기고 간 재산에 대해서는 바로 현금으로 지급하거나 신용장으로 발행된다.

10. 재산 가치 평가는 지역 3인위원회가 지정한 위원회가 진행한다.

11. 가축 수용 절차 지침은 농산물조달위원회, 가축조달관리소, 식품산업인민위원회가 동시에 제공한다.

12. 모든 미수확 작물은 곡물 수매 절차에 따라 소비자협동조합에 인수된다. 남은 생산물은 식품 및 필수품 구매-조달 절차에 따라 처리한다. 매각 대금에서 수확비용을 제외한 금액은 지역집행위원회의 특별 시좌구좌에 예치되며, 이는 변강주집행위원회의 특별 명령에 따라 지출될 수 있다.

모든 미수확 작물을 결산하고 수용하는 절차에 관한 지침은 농산물조달위원회가 소비자협동조합과 함께 구성한다.

13. 남겨진 재산에 대한 금액은 사전에 다음 지역들에 이체된다. 연해주 포시예트 구역에 350만 루블, 바라바시스크 구역에 80만 루블, 나데진스크 구역에 60만 루블. 우수리스크주 수이푼 구역에 200만 루블, 몰로톱스크 구역에 7000루블, 그로데콥스크 구역에 70만 루블, 한카이스크 구역에 50만 루블, 호롤스크 구역에 5만 루블, 체르니곱스크 구역에 100만 루블, 스파스크 구역에 150만 루블.

바레이키스
볼스키
류시코프

1937년 8월 31일 하바롭스크
공산당 극동변강주위원회

1937년 9월 4일 자 전연방공산당(볼셰비키) 극동변강주위원회 사무국의 결정 전달

시리즈 Γ

블라디보스토크 공산당 주위원회 벡케르 및
주집행위원회 다닐로프 의장 동지 수신

1937년 9월 4일 자 전연방공산당(볼셰비키) 극동변강주위원회 사무국의 결정을 전달한다. 연해주 포시예트, 바라바셉스크, 나데진스크 구역의 한인 이주 과정을 점검한 결과, 전연방공산당(볼셰비키) 극동변강주위원회의 결정에 반하여, 변강주위원회 지시에 따라 진행되어야 할 상기 지역 내 이주 준비 업무가 여태 이뤄지지 않고 있으며, 주민에게도 이주에 대해 통보되지 않았음이 드러났다.

한인이 남기고 간 재산에 대한 평가 및 가납 위원회도 일을 진행하고 있지 않다.

연해주위원회 및 주집행위원회는 해당 구역 내 이주를 제대로 집행하지 못하고 있으며, 9월 3일까지 필요한 조치들 역시 제대로 취해지지 않았다. 이에 다음을 시행한다:

1. 지역위원회 서기 벡케르와 지역집행위원회 의장 다닐로프는 직원들에게 의무를 다하도록 독촉하며, 해당 지역 내 점검 및 지원을 위해 한 명은 즉시 포시예트 구역으로, 다른 한 명은 바라바셉스크 구역으로 떠나도록 한다.

№. 423.[92] 극동변강주위원회 서기 바레이키스(Варейкис) [서명]

1937년 9월 4일 하바롭스크
전연방공산당(볼셰비키) 극동변강주위원회

---

92 원문에 HP 423이라 표기되어 있는데 HP는 Номер(번호)의 약어로 추정됨. 해당 문서가 전보문이므로 문서 번호를 의미함.

3인위원회 위원 수신 특급등기

블라디보스토크 공산당 연해주위원회 벡케르, 다닐로프, 디멘트만,
우수리스크주 공산당 위원회 보로실로프,
로흘린, 그리네비치, 다비도프 수신

아직까지 해당 지역에서 이주하는 한인들의 청산 작업은 매우 더디게 전개되고
있으며, 지역 3인위원회는 이 업무를 위해 모든 인적 자원을 충분히 동원하지 못
하는 것이 분명하다. 동지들은 필요한 만큼의 지원과 인적 자원을 보완하지 않고
있으며, 이는 이송 기간에 지장을 주고 있다. 책임이 있는 동지들, 즉 3인위원회
위원들은 아무런 활동도 하고 있지 않다. 다음과 같이 개별적으로 책임을 부과한
다:

1. 조속히 한인들의 부동산 및 농작물에 대해 보상할 수 있도록 즉각 전면 청산
작업에 들어가도록 한다.

2. 농장 및 집단농장에 어떤 가격으로 계산을 완료했는지, 수용한 가축 수는 얼
마인지, 그리고 수용한 가축 관리, 농작물 및 주택 보호를 위해 어떠한 조치들이
취해지고 있는지 매일 직통으로 보고한다. 청산 작업이 지연될 경우, 3인 이주위
원회의 태업으로 간주할 것이며, 동지들의 잘못으로 이송 지연, 그리고 이송 일정
에 차질이 생길 경우, 동지들은 법정으로 넘겨질 수밖에 없다. № 59.

바레이키스(ВАРЕЙКИС)
볼스키(ВОЛСКИЙ)
류시코프(ЛЮШКОВ)

1937년 9월 5일. 하바롭스크

ГАХК, Ф.П-2, Оп.1, Д.1344, Л.861

이주 대상 한인의 재산 처분에 관한 특급등기

특급등기

크라스키노 포시예트 지역공산당 3인 지구위원회 위원
센코(СЕНЬКО), 카르포프(КАРПОВ), 고르킨(ГОРКИН);
나데진스크지구 공산당
스테파노프(СТЕПАНОВ), 멜리니코프(МЕЛЬНИКОВ), 셰레메트(ШЕРЕМЕТ);
바라바시지구 공산당
즈보나라예프(ЗВОНАРАЕВ), 주랍체프(ЖУРАВЦЕВ),
야운페트로비치(ЯУНПЕТРОВИЧ) 동지 수신

1. 이주 대상 한인들이 제한 없이 자신의 재산을 가져갈 수 있도록 허락한다.
2. 현금을 보유하고 있지 않은 어업 집단농장들이 매우 필요할 경우, 집단화된 재산을 현금으로 지급할 것을 허락한다. 만약 어업 집단농장이 재산 및 현금을 보유하지 않을 경우, 동지들에게 할당된 자금에서 이송 기간 필요한 식량에 대해 한 가구당 200루블씩 지급하도록 한다.
3. 집단농장 및 개인 농민의 가축을 수용할 시, 이들에게 해당하는 돈을 지급하도록 한다. № 441.

바레이키스   볼스키

하바롭스크 극동변강주공산당. 1937년 9월 7일.

ГАХК, Ф.П-2, Оп.1, Д.1344, Л.870

기관 및 기업에 근무하는 한인들의 이주 진행 지침

전연방공산당(볼셰비키) 주위원회, 지구위원회 서기들,
주집행위원회, 지구집행위원회 의장들 및
내무인민위원부 국장 수신

전연방공산당 중앙위원회 결의안에 근거, 기관 및 기업에 근무하는 한인들의
이주는 다음 지령에 따라 진행한다:

1. 기관 및 기업에 근무하는 모든 이주 대상 한인들에게 2주치 휴가 보조금을
지급한다. 해당 직원들의 가족 이송비용은 변강주집행위원회가 송금한 금액으로
지급한다. 이 범주에 속한 이들이 이송되는 모든 기간 변강주가 지원한 비용에서
각 가족 구성원에게 하루에 5루블씩 지급한다.

2. 이주 대상 한인들은 직종별로 열차에 탑승해 이송하며, 농기구 및 어구 등을
소지할 수 있다.

3. 지급 절차에 대한 이전의 지령 No. 422는 폐지된다. 상기 지령에 따라 정확히
진행하도록 한다. № 445.

극동변강주위원회 서기   변강주집행위원회 부의장
И. 바레이키스(И. ВАРЕЙКИС)   볼스키(ВОЛСКИЙ)

1937.9.7. 전연방공산당(볼셰비키) 극동변강주위원회

ΓΑΧΚ, Ф.П-2, Оп.1, Д.1344, Л.927

지역으로 전달된 1937년 9월 12일 자 극동변강주위원회 결의안

특급등기

극동변강주위원회 결의안을 지역위원회에 전달

9월 12일 자 변강주위원회 결의안을 전달한다: 변강주위원회는 한인들에게 전 연방공산당 중앙위원회와 정부의 결정을 충분히 설명하는 업무에 불만족스럽다. 이로 인해 여러 도발적인 가짜 소문들, 예를 들면, 한인들을 사람이 살 수 없는 지 역으로 보낸다든가, 가축을 몰수한다는 등의 소문이 적들에 의해 퍼지고 있다. 변 강주위원회는 경계심을 높이고 그와 같은 도발에 대해 단호히 대응해야 한다. 카 자흐스탄과 우즈베키스탄 내 한인들의 정착에 관한 정부의 결정을 한인들에게 설 명하는 업무를 수행할 시 "가장 위험한" 지역으로는 검증된 사람들을 파견할 것이 다. 이송 기간이 어긋날 시, 특히 청산 작업과 한인들의 선적지 이송이 지연될 시, 변강주위원회는 연해주, 우수리스크 주위원회 서기들, 이 지역집행위원회의 의장 들, 한인 이주에 해당되는 지역위원회의 서기들(3인 이주지역위원회)이 "체포"에 이 르기까지 가혹한 처벌에 처해질 것임을 경고한다. № 474.

극동변강주공산당 서기　　　　　　바레이키스

1937.9.12.
하바롭스크

ГАХК, Ф.П-2, Оп.1, Д.1344, Л.928

극동철도국에 전달된 변강주위원회 결의안

직통, 극동철도국 전보송달지 폐기[93]

아무르교통정치부 브도빈(ВДОВИН) 부장 수신

9월 12일 자 변강주위원회의 결의안을 전달한다: 교통정치부 쿠드랍체프 (Кудрявцев) 부장으로부터 한인 퇴거 지역에서 한인 이주 작업이 제대로 이뤄 질 수 있는 어떠한 조치도 취해지지 않고 있으며, 한인들의 장비 급송에 대한 관리감독도 이뤄지지 않고 있다고 보고받았다. 교통정치부 직원들에 의한 어떠한 업무도 진행되고 있지 않다. 변강주위원회는 개인적으로 쿠드랍체프 부장에게 직접 한인 이송 업무를 맡을 것을 제안하는 바이며, 9월 12일 오늘 열차 이송이 이뤄지는 각 역으로 교통정치부 책임자들을 보낼 것을 제안한다.

극동교통정치부 쿠드랍체프 부장, 아무르교통정치부 브도빈 부장은 즉각 이 송열차 정차역을 담당하는 교통정치부 직원들에게 열차 통과 시 열차의 기술적 상태와 정치적 통제 절차를 철저하게 점검할 것을 지시하고, 열차 이동에 대해 엄격히 경계하고 비밀을 준수할 것을 지시하도록 한다. № 475.

전연방공산당 극동변강주위원회 서기   바레이키스
1937년 9월 12일

---

93 전신기사가 헤드폰을 끼고 전보 신호를 들으면서 전보송달지에 글자 인쇄. 수신이 끝나면 전보송달지에 인쇄된 내용은 전보 양식으로 전송. '전보송달지 폐기'는 전보 사본을 남기지 않는다는 뜻.

노동자 시설에 거주하는 한인 이주 관련 지령

특급등기

3인 지역위원회 위원들에게

소련공산당 중앙위원회 결정에 의거, 노동자 시설에 근무하는 한인 이주는 다음과 같은 지령에 따라 시행한다:

1. 기관 및 기업에 근무하는 모든 이주 대상 한인들에게 2주치 휴가 보조금을 지급한다. 해당 직원들의 가족 이송 비용은 변강주집행위원회가 송금한 금액으로 지급한다. 이 범주에 속한 이들이 이송되는 모든 기간 변강주가 지원한 비용에서 각 가족 구성원당 하루에 5루블씩 지급한다.

2. 이주 대상 한인들은 직종별로 열차에 탑승해 이송하며, 농기구 및 어구를 소지할 수 있다. № 476.

극동변강주위원회 서기　　　　　　　　　극동변강주집행위원회의장
바레이키스(ВАРЕЙКИС)　　　　　　　　　레그콘라보프(ЛЕГКОНРАВОВ)

1937.9.13.
하바롭스크

보로실로프시 우수리스크주위원회
그레셰닌(ГРЕШЕНИН), 로흘린(РОХЛИН),
그리네비치(ГРИНЕВИЧ) 수신

귀하의 통보에 다음과 같이 답한다:

1. 열차에 의료진을 보내는 것이 가능할 경우, 그렇게 처리하도록 한다. 의사가 반드시 탑승하는 건에 대해서는 별도의 지령을 보내지 않았다. 만약 한인 의사가 있다면, 그를 열차에 태워 보내도록 한다.

2. 산업협동조합에 소속된 한인들에게는 일반 근로자 및 직원과 동일하게 일주일치 비용을 지급한다.

3. 만약, 한인들이 경작한 작물 중 아무도 사지 않은 피, 좁쌀, 콩이 있는 경우, 3인 위원회는 시가에 따라 해당 구역 내 수확량에 대해 지급해야 한다. 이를 위해 4천 루블의 사용을 허가한다.

4. 보로실로프 도시 이주 시 필요한 20만 루블을 추가로 보냈다. № 485.

극동변강주위원회 서기   변강주집행위원회 의장
바레이키스   레그콘라보프

1937년 9월 15일

ГАХК, Ф.П-2, Оп.1, Д.1316, Л.19

1937년 9월 9일~15일 퇴거한 한인 수에 관한 증명서

번호	출발역	도착역	출발일	가구 수	사람 수	참조
1	크노링(Кноринг)	우즈베크소비에트 사회주의공화국 카우프만스크 (Кауфманск)	1937.9.9.	366	1744	
2	스비야기노(Свиягино)	상동	1937.9.10.	358	1362	
3	예브겐옙카(Евгеньевка)	상동	1937.9.11.	360	1737	
4	하(下)벨마노프 (Н-Бельманов)	상동	1937.9.10.	181	920	
			합계	1265	5763	4개 열차
5	골렌키(Голенки)	우즈베크소비에트 사회주의공화국 주마(Джума)	1937.9.10.	307	1412	
6	골렌키(Голенки)	상동	1937.9.10.	328	1418	
7	라즈돌리노예 (Раздольное)	상동	1937.9.10.	417	1603	
8	호르바토보(Хорватово)	상동	1937.9.14	262	1134	
			합계	1314	5567	4개 열차
9	예브겐옙카(Евгеньевка)	타시켄트(Ташкент)	1937.9.11.	351	1568	1개 열차
10	일린카(Ильинка)	타시켄트-토바르니 (Ташкент-товарн.)	1937.9.11.	214	1169	
11	만좁카(Манзовка)	상동	1937.9.11.	349	1549	
			합계	563	2718	2개 열차
12	보로실로프(Ворошилов)	카자흐소비에트사회주의공화국 카잘린스크 (Казалинск)	1937.9.12.	240	1229	
13	보로실로프(Ворошилов)	상동	1937.9.13.	360	1337	
			합계	600	2566	2개 열차
14	예브겐옙카(Евгеньевка)	칠리(Чили)	1937.9.13.	307	1530	1개 열차
15	라즈돌리노예 (Раздольное)	테렌쟈크(Терензяк)	1937.9.14.	239	1162	1개 열차
16	에게르셸리드 (Эгершельд)	부를류-튜베 (Бурлю-Тюбе.)	1937.9.15.	294	1518	1개 열차
			종합	4933	22392	16개 열차

ГАХК, Ф.П-2, Оп.1, Д.1344, Л.966

전연방공산당(볼셰비키) 극동변강주위원회 지도국 결의안 전달

전연방공산당(볼셰비키) 극동변강주위원회 지도국의 9월 16일 자 "조선사범대"에 대한 결의안이 전달됐다. 블라디보스토크에서 조선사범대를 이전할 시, 교원, 대학 행정부, 전 학년에 재학하는 모든 학생, 그리고 교재 및 사범대 재산을 모두 옮기도록 한다. № 489.

전연방공산당(볼셰비키) 극동변강주위원회 서기   И. 바레이키스

1937년 9월 16일
하바롭스크

전연방공산당(볼셰비키) 극동변강주위원회 지도국의 9월 16일 자 "블라디보스토크 조선극장"에 대한 결의안이 전달됐다. 극장은 조선사범대학과 함께 카자흐스탄으로 이전한다. 블라디보스토크로 이전을 담당할 치놉스키를 파견하도록 한다. № 490.

전연방공산당(볼셰비키) 극동변강주위원회 서기   И. 바레이키스

1937년 9월 16일

ГАХК, Ф. П-2, Оп.1, Д.1344, ЛЛ.953-955

한인의 중앙아시아 이주에 관한 변강주위원회 지도국의 1937년 9월 15일 자 결의안 전달

즉각 직접 전달

블라디보스토크 전연방공산당 주위원회 주3인위원회 위원 코소킨(КОСОКИН),
리보치킨(РЫВОЧКИН), 보로비요프(ВОРОБЬЕВ) 동지 및
아무르주 지구위원회들 수신

9월 15일 자 변강주위원회 지도국 결의안을 전달한다:

1. 다음 지역에서는 한인 이주 업무에 즉각 착수한다: 미하일롭스크, 아르하린
스크, 블라고베셴스크, 스보보넨스크, 탐봅스크, 블라고베셴스크시.

2. 상기 나열된 지역 및 도시에서 열차 이송은 9월 24일에 시작하여 10월 5일(5일
포함)에 마치도록 한다.

4. 한인 이주와 관련하여 승인된 담당기관인 3인위원회 – 지구위원회 서기, 지
구집행위원회 의장, 내무인민위원부 전권대표 – 를 대표하여 아무르 주위원회, 주
집행위원회, 그리고 모든 지구위원회, 지구집행위원회들은 상기 지역 및 도시에
서 한인 이주 준비작업에 즉각 착수한다.

7. 코소킨 동지의 책임하에 전연방공산당(볼셰비키) 아무르 주위원회와 블라고
베셴스크 시위원회에 50명의 공산주의자들과 콤소몰 회원들을 동원하여, 한인 이
주 시 지구의 3인위원회를 도울 수 있도록 파견한다.

8. 주위원회, 주집행위원회, 지구 3인위원회는 한인들에게 이주 및 출발 기간에
대해 즉각 통보하고 한인들이 남기고 간 동산, 부동산, 그리고 미수확 작물, 그 외
의 재산에 대해 평가 업무를 즉각 조직한다. 이전의 관련 지령에 맞춰 모든 한인
과의 결제가 모두 종료됨에 따라, 재산 평가 작업을 즉각 조직적으로 시작한다.
이 업무는 어떠한 재산 횡령 남용 없이 이뤄져야 하며, 이와 동시에 한인들에게 상
황을 설명하도록 한다. 이주 대상 한인들이 출발하기 이틀 전 한인들과의 모든 계
산이 완전히 종결되기 위해서는 위와 같은 절차를 반드시 따르는 것이 필요하다.

이는 집단농당, 집단농장원, 개인농, 노동자, 회사원, 교사, 의사, 농업기사, 공산주의자 등 한인 모두에게 해당된다.

9. 공산주의자 및 콤소몰 회원들의 제명은 일반적인 공산당 절차에 의거하여 제명 증서를 발행하는 것으로 이루어지며, 나머지 모든 문서는 한인들이 이주지에 도착한 후, 이주지 관할 당 조직의 상응하는 자문 후 발송된다.

10. 주와 지구의 소비에트 경제 조직들, 조달위원회, 곡물조달위원회, 지역도시부서, 기계트랙터배급소, 가축조달관리소의 주, 지역 분점, 건초 수확 및 조달 사무소, 이외 기타 조직들은 자신의 접수인, 가격 평가인들을 이 업무에 투입하여, 이전 지령에 따라 집단농장들, 집단농장원들의 재산 접수를 시작하고, 접수된 재산, 작물, 가축에 대해 보상하도록 한다. 해당 업무가 제시간에 종결되는 것, 그리고 접수된 모든 재산의 안전한 확보에 대해서는 상기 나열된 기관 지도자들 개인의 책임을 준엄하게 물을 것임을 경고한다.

12. 주위원회, 지구위원회, 주 및 지구 3인위원회 위원 개개인, 그리고 한인 이주 업무를 맡은 모든 공산주의자, 콤소몰 회원들은 이 작전의 정치적 의미를 참작하여, 우리가 제공한 지령을 엄격히 따르고 최대한의 규율과 실행력을 보여주도록 하며 매우 조심스럽고 신중하게 경각심을 가지고 작전을 처리해야 한다. 당혹스러운 경우나 예상치 못한 어려움이 발생할 경우, 내무인민위원부 변강주위원회, 변강주집행위원회로 즉각 전보를 보내도록 한다. № 487.

공산당 극동변강주위원회 서기   И. 바레이키스

1937년 9월 16일
하바롭스크

스탈린스크 및 블류헤롭스크 지역의 한인 이주 관련 조치 지령

전연방공산당(볼셰비키) 변강주위원회

소콜로프(СОКОЛОВ) 동지에게

한인 이주가 예정된 스탈린스크 지역과 블류헤롭스크 지역에서 기선과 바지선으로 사람들을 이송하여, 1937년 10월 2일 7시까지 하바롭스크 선착장에 도착, 1937년 10월 2일 열차에 탑승시켜 출발하도록 한다.

콤소몰스크에서도 이주민들을 기선으로 이동시켜 우리 신청서에 따라 1937년 10월 1일까지 도착할 수 있도록 하며, 같은 날에 열차에 탑승해 출발하도록 한다.

스미도비첸스크 지역에서는 1937년 9월 28일 이주민들을 Ин.포스콜리코(Ин. Посколько)역으로 이동시키도록 한다. 그곳에는 열차 13량밖에 없는 관계로, 이 차량들을 하바롭스크 열차에 연결한다.

부르스크 지역의 바쉬코보 마을과 라데 마을의 경우, 이주 대상의 수가 매우 적기 때문에 퇴거 지역들과 함께 한인들을 이주시키도록 한다.

상기 기간에 따라 신고서를 제출했으며, 철도청이 이를 수용했다. 콤소몰스크에서 기선으로 이주민을 이송하는 건에 대해 신고서를 제출했으며, 이 신고서가 수용될 경우, 다른 문제는 없을 것으로 보인다.

본 신고서 사본 첨부.

제1소령 [서명] 마흘린(МАХЛИН)

1937년 9월 22일
하바롭스크시

ГАХК, Ф. П-2. Оп.1. Д.1345. Л.416

1937년 9월 25일 자 극동변강주위원회의 결의안 전달

시리즈 Г

칸찻카주 제외한 모든 주위원회 수신

9월 25일 자 극동변강주위원회의 다음 결의안을 전달한다: 극동변강주 전 지역에 남아 있는 한인들을 이주시킨다. 이주는 10월 한 달간 1차 이주 시 정해졌던 절차에 따라 진행된다. 주위원회, 지역위원회는 즉각 준비작업에 착수하도록 한다. 이주 계획, 열차 출발 일정, 그리고 기타 모든 필요한 지시사항은 가까운 시일 내에 전달될 것이다. № 577.

전연방공산당(볼셰비키) 극동변강주위원회　　　И. 바레이키스

1937년 9월 25일

ГАХК, Ф.П-2, Оп.11, Д.233, ЛЛ.17-18

내무인민위원부 블라디보스토크수송부대 책임자
소콜로프의 열차 수량 신청서(1937년 9월 28일)

신 청 서

극동 철도선상에서의 운송 시행을 위한 수요

역명	열차 종별 수량						무개차	필요일 (1937)	비고
	특실	일반실	화물차	주방차	위생차	예비용 차대			
에게르 셸리드 (Эгершельд)	2	110	12	2	4	4	2	10.3	
〃	2	110	12	2	4	4	2	10.5	
〃	2	110	12	2	4	4	2	10.9	
〃	2	110	12	2	4	4	2	10.11	
〃	2	110	12	2	4	4	2	10.13	
〃	2	110	12	2	4	4	2	10.14	
〃	2	110	12	2	4	4	2	10.15	
〃	2	110	12	2	4	4	2	10.20	
〃	2	110	12	2	4	4	2	10.25	
〃	2	110	12	2	4	4	2	10.16	
〃	1	26	4	1	1	1	1	10.19	
수찬(Сучан)	1	50	6	1	2	2	1	10.4	
〃	1	50	6	1	2	2	1	10.6	
〃	1	50	6	1	2	2	1	10.8	
〃	1	50	6	1	2	2	1	10.9	
마이헤(Майхэ)	1	62	6	1	2	2	1	10.4	
〃	1	62	6	1	2	2	1	10.7	

역명	열차 종별 수량						무개차	필요일 (1937)	비고
	특실	일반실	화물차	주방차	위생차	예비용 차대			
시코토보 (Шкотово)	1	55	6	1	2	2	1	10.5	
〃	1	55	6	1	2	2	1	10.7	
〃	1	55	6	1	2	2	1	10.8	
〃	1	55	6	1	2	2	1	10.10	
〃	1	55	6	1	2	2	1	10.12	
〃	1	55	6	1	2	2	1	10.13	
〃	1	55	6	1	2	2	1	10.17	
나홋카(Находка)									
〃	1	49	5	1	2	2	1	10.6	
〃	1	49	5	1	2	2	1	10.7	
〃	1	49	5	1	2	2	1	10.8	
〃	1	49	5	1	2	2	1	10.10	
〃	1	48	5	1	2	2	1	10.14	
〃	1	48	5	1	2	2	1	10.15	
〃	1	48	5	1	2	2	1	10.16	
〃	1	48	5	1	2	2	1	10.18	
〃	1	48	5	1	2	2	1	10.19	
〃	1	48	5	1	2	2	1	10.21	
〃	1	48	5	1	2	2	1	10.22	
이폴리톱카 (Ипполитовка)	2	100	12	2	4	4	2	10.3	
〃	1	50	6	1	2	2	1	10.4	
〃	1	50	6	1	2	2	1	10.5	
엔겐옙카 (Энгеньевка)	1	68	6	1	2	2	1	10.5	

역명	열차 종별 수량						무개차	필요일 (1937)	비고
	특실	일반실	화물차	주방차	위생차	예비용 차대			
몰로토프 간이역(Разъезд Молотов)	1	57	6	1	2	2	1	10.20	
〃	1	55	6	1	2	2	1	10.22	
이만(Иман)	1	56	6	1	2	2	1	10.15	
비라 비로-비젠(Бира Биро-Биджен)	1	19	3	1	2	1	1	10.7 (동시 필요)	비라 및 티혼 카야역에서 집합
〃	1	27	3	1	2	1	1		
하바롭스크 - 지선 (Хабаровск-ветка)	1	45	6	1	2	2	1	10.18	
에게르 셸리드 (Эгершельд)	1	50	6	1	2	2	1	추가분	18량 객차는 무개차 통일
〃	1	16	2	1	2	2	2		
총계	58					116	58		특실 차량은 겨울 운송 전용으로 준비

작성: (19)37년 9월 28일 하바롭스크시

내무인민위원부 블라디보스토크 수송부대 책임자 여단장 소콜로프

수령:

ГАХК, Ф.Р-1752, Оп.6, Д.5, Л.22

극동 지구별 이주 대상 한인 인구

극동 하바롭스크주 1 마을 그룹 내

쿠르-우르미스키지구 이주 대상 한인 인구

<u>종합</u>
총가구 – 135
총인구 – 677
　남성 – 353
　여성 – 324

17세 미만 아동:
　남성 – 168
　여성 – 165

전연방공산당(볼셰비키) 당원 – 9
전연방공산당(볼셰비키) 후보 – 2
레닌콤소몰(공산청년동맹) – 27

직업:
　노동자 – 18
　사무원 – 22
　집단농장원 – 173
　개인경영농민 – 10
　교사 – 8
　의료진 – 1

집단농장 – 2
농가 – -

ГАХК, Ф. П-2, Оп.1, Д.1345, Л.297

2차 이주 열차 요청 전보

10월 5일 6시 40분 No. 3 10월 6일 4시 05분 No. 25 셰칼로바(Щекалова) 접수	하바롭스크 공산당변강주위원회 바레이키스(ВАРЕЙКИС) 수신

15/5/1806/77/ 하바롭스크 노보포크롭카 No. 5 40 4 10 15

직무 표장

2차 이주 대상은 포스티셉스크 지역 597가구 1,988명으로, 가족용 74량, 화물용 8량, 위생용[94], 식당 2량, 관료용 2량, 총 89개 차량이 필요, 2개 열차 제공을 요청함. 10월 15일 15시 – 페둘라 예프(ФЕДУЛАЕВ)

---

94 원본에 숫자가 표기되어 있지 않음.

1호 객차 이송 대상자

객차 No. 1

	이름	성별	나이	출생지	사회적 지위	직장 및 직위	직업	당원 여부	주소	여권 번호
1	2	3	4	5	6	7	8	9	10	11
1	1. 최 표트르 표트로비치	가장	1915	극동 우스리 스크주	농민	학교, 교사	교사	전소련방 레닌공산 청년동맹	보스토치 나야 칼리놉카, 쿠르-우르 미스키	DVO-631 237
2	1. 셰가이 안드레이	가장	1909	수찬		학교, 교장			상동	DUV 128084
	2. 셰가이 타티야나	아내	1909							UI 574976
	3. 셰가이 니나	여동생	1918							UE 245075
	4. 셰가이 아스트라	딸	1929							
	5. 셰가이 로디온	아들	1931							
	6. 셰가이 로만	아들	1934							
	7. 셰가이 리디야	딸	1935							
3	1. 전진철	가장	1907	수찬		보스토 치나야 칼리놉 카 교사	교사		상동	
	2. 박정애	아내	1914							
	3. 전 클라라	딸	1935							
	4. 전 빅토르	아들	1937							
4	1. 남황희	가장	1894	조선		학교 경비	노동자	공산당 (볼셰비키)	상동	DUA 007483
	2. 이영희	아내	1898							
	3. 남성별	아들	1917							
	4. 남상화	딸	1922							
	5. 남상술	딸	1924							

	6. 남 아나톨리	아들	1927							
	7. 남 류보피									
	8. 최지나	어머니	1875							
5	1. 이사일	가장	1881	조선	집단농장원	병원경비	평(平)농장원	공산당(볼셰비키)	상동	B. 0089542
	2. 이상섭	아내	1881							Kv. 165
	3. 이동식	아버지	1856							
	4. 이상암	아들	1923							
6	1. 장준	가장	1904	파세치니지구	사무원	교사	교사	공산당(볼셰비키)	상동	Uzh. 077701
	2. 이 예카테리나		1915							DUB 007426
	3. 이 니콜라이	아들								

총 27명

ГАХК, Ф.Р-1752, Оп.6, Д.5, Л.25

3호 객차 이송 대상자

객차 No. 3

	이름	성별	나이	출생지	사회적 지위	직장 및 직위	직업	당원 여부	주소	여권 번호
1	2	3	4	5	6	7	8	9	10	11
1	1. 신영갑	가장	1902	수찬	집단농장원	집단 농장	목수	[……]	보스토치나야 칼리놉카	ДУА 08800
	2. 엄태옥	아내	1903							ДУА 038681
	3. 심 […]	딸	1930							
	4. 김수완	어머니	1837							
	5. 신 […]	아들	1937							
2	1. 이정수	가장	1882	조선	집단농장원	집단 농장	평(平) 농장원	공산당 (볼셰비키)	상동	B0039584
	2. 김 마리야	아내	1896							
	3. 이만설	아들	1920							
	4. 이 나데즈다	딸	1922							
	5. 이만철	아들	1932	.						
	6. 이 다비드	아들	1935							
3	1. 김창섭	가장	1922	조선	집단농장원	집단 농장	평(平) 농장원	공산당 (볼셰비키)	상동	
	2. 이이섭	아내	1903							
	3. 김영애	딸	1924							
	4. 김병철	아들	1927							
	5. 김 니콜라이	아들	1936							
4	1. 김창신	가장	1880	조선	집단농장원	집단 농장	평(平) 농장원	공산당 (볼셰비키)	상동	B0065119
	2. 김창애	아내	1890							УЛ616216
	3. 김 엘레나	딸	1917							ДУА0075 14
	4. 김영철	아들	1919							
	5. 김분선	딸	1922							

	6. 김성철	아들	1925							
	7. 김구철	아들	1926							
	8. 김남철	아들	1928							
5	1. 김창율	가장	1917	수찬	집단농장원	집단 농장 운전공	운전공	공산당 (볼셰비키)	상동	УЖ07702

총 25명

5호 객차 이송 대상자

객차 No. 5

	이름	성별	나이	출생지	사회적 지위	직장 및 직위	직업	당원 여부	주소	여권 번호
1	2	3	4	5	6	7	8	9	10	11
1	1. 김영금	가장	1917	조선	집단농장원	집단농장	목수	공산당 (볼셰비키)	보스토치나야 칼리놉카	4767
	2. 김항사	아버지	1881							
	3. 안공축	어머니	1981							
2	1. 김영섭	가장	1909	수찬	집단농장원	집단농장	평(平)농장원	공산당 (볼셰비키)	상동	
	2. 김순	아내	1914							
	3. 김영선	형제	1917							
	4. 김신옥	딸	1932							
	5. 김 안나	어머니	1879							
	6. 김옥이	딸	1932							
3	1. 박출광	가장	1893	조선	집단농장원	집단농장	운전공	공산당 (볼셰비키)	상동	ДУА 007619
	2. 유옥순	아내	1901							
	3. 박진길	아들	1922							
	4. 박분노	딸	1925							
	5. 박 옐레나	딸	1928							
	6. 박 시몬	아들	1933							
	7. 박 두샤	딸	1936							
4	1. 마경도	가장	1906	조선	집단농장원	집단농장	운전공	공산당 (볼셰비키)	상동	
	2. 윤 나데즈다	아내	1906							
	3. 김 알렉세이	아들	1925							
	4. 김곱분례	딸	1929							
	5. 김 콘스탄틴	아들	1932							

6. 마 베라	딸	1934							
7. 마 안나	딸	1937							

총 23명

6호 객차 이송 대상자

객차 No. 6

	이름	성별	나이	출생지	사회적 지위	직장 및 직위	직업	당원 여부	주소	여권 번호
1	2	3	4	5	6	7	8	9	10	11
1	1. 김영화	가장	1895		집단 농장원	집단 농장	집단 농장원	공산당 (볼세비키)		0087853
	2. 강영순	아내	1903							
	3. 김인길	아들	1922							
	4. 김 올림피아다	딸	1936							
2	1. 신장한	가장	1872	조선	집단 농장원	집단 농장	평(平) 농장원	공산당 (볼세비키)	보스토치나야 칼리놉카	B.0087140
	2. 김자순	아내	1900							
	3. 최안성	딸	1921							
	4. 신애순	딸	1924							
	5. 신숙금	딸	1928							
	6. 신영수	아들	1931							
	7. 신순옥	딸	1936							
3	1. 김원주	가장	1879	조선	집단 농장원	집단 농장	평(平) 농장원	공산당 (볼세비키)	상동	YK 026432
	2. 이옥순	아내	1891							
	3. 김준칠	아들	1918					레닌콤소몰		
	4. 김춘칠	아들	1921							
	5. 김날길	아들	1924							
	6. 김 옥사나	딸	1928							
	7. 김 알렉산드르	아들	1931							
4	1. 이범옥	가장	1891	조선	집단 농장원	집단 농장	평(平) 농장원	공산당 (볼세비키)	상동	
	2. 김 예카테리나	아내	1896							
	3. 이정암	아들	1920							

4. 이범옥	딸	1923							
5. 이금네	딸	1924							
6. 이 마리야	딸	1930							
7. 이 예프로시냐	딸	1932							
8. 이 지나이다	딸	1936							
9. 전옥	어머니	1874							

(총 27명)

8호 객차 이송 대상자

객차 No. 8

	이름	성별	나이	출생지	사회적 지위	직장 및 직위	직업	당원 여부	주소	여권 번호
1	2	3	4	5	6	7	8	9	10	11
1	1. 김창화	가장	1890	조선	집단 농장원	집단 농장	평(平) 농장원	공산당 (볼셰비키)	보스토치나야 칼리놉카	
	2. 김 아리나	아내	1894							
	3. 김학례	아들	1916				레닌 콤소몰			ДУА 007495
	4. 김범례	아들	1918				레닌 콤소몰			ДУА 026616
	5. 김분선	딸	1924							
2	1. 김창만	가장	1900	조선	집단 농장원	집단 농장	평(平) 농장원	공산당 (볼셰비키)	상동	
	2. 지영화	아내	1906							
	3. 김창세	아들	1925							
	4. 김전국	아들	1927							
	5. 김 알렉산드라	딸	1929							
	6. 김 타마라	딸	1936							
3	1. 김명율	가장	1888	조선	집단 농장원	집단 농장	평(平) 농장원	공산당 (볼셰비키)	상동	
4	1. 김자화	가장	1882	조선	집단 농장원	집단 농장	평(平) 농장원	공산당 (볼셰비키)	상동	
	2. 김 마리야	아내	1897							
	3. 김하례	아들	1921							ДУА 067721
	4. 김병금	딸	1825							
	5. 김영금	딸	1925							
	6. 김영엄	딸	1932							
	7. 김 안토니나	딸	1935							

5	1. 김동남	가장	1901	조선	집단 농장원	집단 농장	평(平) 농장원	공산당 (볼셰비키)	상동	
	2. 김옥순	아내	1906							
	3. 김 표트르	아들	1931							
	4. 한 아브구스타	어머니	1872							
	5. 김 트로핌	아들	1937							

(총 24명)

11호 객차 이송 대상자

객차 No. 11

	이름	성별	나이	출생지	사회적 지위	직장 및 직위	직업	당원 여부	주소	여권 번호
1	2	3	4	5	6	7	8	9	10	11
1	1. 이동삼	남성	1900	수찬	집단 농장원	집단농장	평(平) 농장원	공산당 (볼셰비키)	보스토치나야 칼리놉카	B0097932
	2. 임숙	아내	1905							
	3. 이 두냐	여성	1922							
	4. 이곱분네	여성	1924							
	5. 이구선	남성	1926							
	6. 이 모로샤	남성	1932							
	7. 이강선	아들	1930							
	8. 이 예카테리나	딸	1936							
2	1. 이정복	가장	1897	조선	농민	농촌협동 조합장	사무원	공산당 (볼셰비키)	보스토치나야 칼리놉카	УЖ077575
3.	1. 박춘	가장	1912	조선		농촌문화 운동가	집단농 장원	공산당 (볼셰비키)	상동	Кв.Ж.21 007521
	2. 이정애	아내	1917							
4	1. 강길승	남성	1913	그로데 코보	사무원	병원장	의료진	공산당 (볼셰비키)	상동	УЖ 077500
	2. 이안나	여성	1909	조선		간호사		공산당 (볼셰비키)		ДУА0078 85
5	1. 양춘희	남성/ 가장	1911			병원 내 간병인			상동	ДУА 007438
	2. 양천숙	딸	1934							
6	1. 이정환	가장	1907	수찬	집단 농장원	집단농장	운전공	공산당 (볼셰비키)	상동	ДУА0073 90
	2. 최 알렉산드라	아내	1917							
	3. 이 블라디미르	아들	1934							
	4. 이명옥	딸	1936							
7	1. 이사순	가장	1865	조선	집단 농장원	집단농장	평(平) 농장원		레닌 콤소몰	상동

2. 문 안나	아내	1887							
3. 이옥분	딸	1922							
4. 이정애	딸	1925							
5. 이 니콜라이	아들	1928							
6. 이 표트르	아들	1929							
7. 이 소피아	딸	1932							

(총 26명)

14호 객차 이송 대상자

객차 No. 14

	이름	성별	나이	출생지	사회적 지위	직장 및 직위	직업	당원 여부	주소	여권 번호
1	2	3	4	5	6	7	8	9	10	11
1	1. 김제율/ 가장	남	1896	조선	노동자	칼 마르크스 어업조합	어부	공산당 (볼셰비키)	쿠르-우르 미스키지구	
	2. 엄이순 / 아내	여	1900	연해주 수찬		가정주부				
	3. 박승감 / 딸	여	1918			학생				ДУА02
	4. 김자희 / 딸	여	1923			학생				
	5. 엄전옥 / 딸	여	1932	보스토치나야 칼리놉카						
	6. 김영순 / 딸	여	1935							
	7. 김승열 / 아들	남	1927	수찬						
2	1. 김 타우냥 / 가장	남	1877	조선	노동자		채소밭 지기	공산당 (볼셰비키)	하이만가	ДУА08 05
3	1. 장남칠 / 가장	남	1911	그라데코보	집단 농장원	골루비치 노예 집단농장		레닌 콤소몰	골루비치 노예	
	2. 제순희 / 아내	여	1915	상동	상동			상동	상동	
	3. 전분선 / 딸	여	1933	칼리놉카						
	4. 장 로자 / 딸	여	1936							
4	1. 신자성 / 가장	남	1912	수찬	집단 농장원	상동		상동	상동	
	2. 이옥선 / 아내	여	1912	파세치느이 지구	상동	상동		상동	상동	
	3. 신자일 / 형제	남	1924	수찬	[···]	상동		공산당 (볼셰비키)	상동	
	4. 신금단 / 여동생	여	1918	수찬	상동			레닌콤소몰	상동	
	5. 김 마리야 / 어머니	여	1876	조선	상동			공산당 (볼셰비키)	상동	

5	1. 강진 / 가장	남	1906	조선	집단 농장원	상동		공산당 (볼셰비키))	상동	
	2. 유 바르바라 / 아내	여	1910	라즈돌리노예	상동	상동		상동	상동	
	3. 강 블라디미르 / 아들	남	1929	예브게놉카		상동		상동	상동	
	4. 강 타마라 / 딸	여	1933	상동		상동		상동	상동	
	5. 강 키릴 / 아들	남	1936	올리야놉카	상동	상동		상동	상동	
	6. 전 마리야 / 어머니	여	1870	조선	상동					
	7. 강준 / 형제	남	1914	조선				레닌 콤소몰		

(총 24명)

ГАХК, Ф.Р-1752, Оп.6, Д.5, Л.37

15호 객차 이송 대상자

객차 No. 15

	이름	성별	나이	출생지	사회적 지위	직장 및 직위	직업	당원 여부	주소	여권 번호
1	2	3	4	5	6	7	8	9	10	11
1	1. 김창운	가장	1904	수찬	집단 농장원	골루비츠 노예 집단농장		공산당 (볼셰비키)	골루비치노 예	
	2. 박 올가	아내	1912	상동				레닌 콤소몰		
	3. 김 드미트리	아들	1930	상동						
	4. 김 미하일	아들	1935	상동						
	5. 김 보비야	딸	1928	상동						
	6. 김 타티야나	딸	1918	상동						
2	1. 곽명현	가장	1876?	조선	집단 농장원	상동		공산당 (볼셰비키)	상동	
	2. 주민희	아내	1883?	상동						
	3. 곽 모이세이	아들	1932	상동						
	4. 곽순영	딸	1925							
	5. 곽 베라	딸	1934							
3	1. 이만석	가장	1893	조선	상동	울리야노 프카		상동	예브게니옙 카	
	2. 김 마리야	아내	1900	상동						
	3. 이영남	아들	1921	상동						
	4. 이영선	아들	1927							
	5. 이 레온티	아들	1937	상동						
	6. 이한금	딸	1923	상동						
	7. 이건순	딸	1930	상동						
	8. 이 카티야	딸	1933	상동						
4	1. 김학수	가장	1888	조선	상동	상동		상동	상동	
	2. 강애선	아내	1898	상동						

3. 김만범	아들	1918	상동						
4. 김만선	아들	1923	상동						
5. 김분선	딸	1925	상동						
6. 김 류보피	딸	1931	상동						
7. 김 알렉산드라	딸	1929							

(총 26명)

하바롭스크 칼리높카(Калиновка) 마을 건축물 평가 가격 결정서

결정서

1937년 10월 7일 하바롭스크주, 쿠르-우르미스키지구,

보스토치나야 칼리높카 마을

위원회(구성원: 전권대표 Л.В. 페트로프, 지역집행위원회 전권대표 Д.Г. 골드펠드, 전권대표 포민, 집단농장 '농사꾼' 의장 박상희, 집단농장 경영진 고가이)는 하바롭스크 주 쿠르-우르미스키지구 보스토치나야 칼리높카의 집단농장 '농사꾼' 소유 주거용/비주거용 건축물을 점검하였다. (해당 건물 상태에 대한 목록은 해당 문서에 첨부)

총용적 – 13,273.89입방미터
37년 1/1당 평균가 – 50,910루블

점검 및 가격 책정 결과 총 43,192루블 96코페이카(사만 삼천 일백 구십 이 루블 96코페이카)가 확정됐으며, 이주 지역집행위원회가 해당 금액을 집단농장에 지급하여야 한다.

위원회 위원: 페트로프(ПЕТРОВ) [서명]
골드펠드(ГОЛЬДАЕЛЬД) [서명]
포민(ФОМИН) [서명]
박상희(ПАК Сон-хи) [서명]
고가이(КОГАЙ) [서명]

하바롭스크 칼리놉카 마을 건축물 수용비 지급 약정서

약정서

1937년 10월 11일 극동변강주 쿠르-우르미스키지구 보스토치나야 칼리놉카 마을, 극동변강주 쿠르-우르미스키지구 이사회의 전권대표인 Ф.Г. 크루고프, Д.И. 소볼례프, 예카테린추크 동지는 올해 10월 12일 자 지역집행위원회 신임장에 근거하여 활동하는바, 동 지역의 집단농장 '농사꾼' 경영진 ………를 대신하여 본 약정서를 발급한다.

1. 한인 이주와 관련하여, 모든 가축, 말, 소, 돼지, 벌은 여기 첨부된 결정서 및 목록에 따라 지역집행위원회가 수용한다.
2. 쿠르-우르미스키 지역집행위원회는 집단농장 '농사꾼'의 첫 번째 요청에 따라 해당 장소로의 이주 후, 수용된 가축, 말, 소, 돼지에 대해 38,015루블 90코페이카(삼만 팔천 일십 오 루블 구십 코페이카)를 지급하여야 한다.

지역집행위원회 전권대표:
집단농장 의장:
경영진:

ГАХК, Ф.Р-1752, Оп.6, Д.7, Л.87

하바롭스크 칼리높카 마을 농장 재산 평가 결정서

결정서

(추가)

1937년 10월 14일 하바롭스크주, 쿠르-우르미스키지구,

보스토치나야 칼리높카 마을

3인 위원회 전권대표가 포함된 위원회(Ф.Г. 크루고프, Л.В. 페트로프, 집단농장 '농사꾼' 의장 박상희, 집단농장 경영진 고가이)는 하바롭스크주 쿠르-우르미스키지구 보스토치나야 칼리높카의 집단농장 '농사꾼'의 농기구 및 농장 소유 재산을 살펴보았다. (농기구 목록은 해당 문서에 첨부)

검토 및 가격 책정 결과, 총 1,416루블 12코페이카(일천 사백 일십 육 루블 12코페이카)가 확정됐으며, 이주 지역집행위원회가 해당 금액을 집단농장에 지급하여야 한다.

[서명], [서명], [서명], [서명]

목록

(추가)

하바롭스크주 쿠르-우르미스키지구 보스토치나야 칼리놉카의 집단농장 '농사꾼' 소유 농기구

번호	농기구	수량	가격	약정서용 총액	참조
1	써레	10	16-50	165-50	
2	드럼통	5	42-14	210-72	
3	창틀	14	20-00	280-00	
4	틀 제작용 숫돌	1кбм.	60-00	60-00	
5	핀란드제 절삭밥	20,000	-	100-00	
6	탈곡기	1	50-00	50-00	
7	트랙터용 크랭크축	1	300-00	300-00	
8	트랙터용 연접봉	2	50-60	101-20	
9	발전기	1	100-00	100-00	
10	써레용 베어링	4	12-30	49-20	
총계				1,146 - 12	

ГАХК, Ф.Р-1752, Оп.6, Д.10, Л.112

하바롭스크 칼리놉카 마을 가축 수용가 결정을 위한 조사

결정서

1937년 12월 5일

본 위원회는 쿠르-우르미스키 지역 전권대표 코로트코프 스테판 미하일로비치, 돈구조프 알렉산드르 일리치, 쿠르-우르미스키지구 보스토치나야 칼리놉카의 경비 심마첸코 아브람 필립포비치, 쿠르-우르미스키 수의소(가축병원)의 수의병 바우만 아담 표트로비치, 하바롭스크 육가공콤비나트의 선임 말 담당자(마부) 알리예프 콘스탄틴 파블로비치로 구성되었다. 본 위원회는 한인 이주 후 남겨진 가축 인수 증서, 그리고 국가조직 및 1937년 11월 25일 지역집행위원회가 코로트코프 동지 이름으로 발급한 증명서 No. 17-4에 따라 […] 마을 그룹의 조사를 맡게 되었다.

조사 결과, 보스토치나야 칼리놉카 마을에 17마리의 말이 남아 있었으며, 이 중 다섯 마리는 망아지(한 살이 되지 않은 망아지 한 마리, 3개월이 안 된 망아지 네 마리)이며, 나머지 12마리는 늙은 말이었으며, 이 중에서 여섯 마리는 영양실조 상태, 나머지 여섯 마리는 영양 상태가 평균 이하인 것으로 나타났다.

이에 본 위원회는 다음을 결의했다: 부적절한 퇴거, 특히 사료 급식 및 급수가 제대로 이뤄지지 않음에 따라, 말들을 지역으로 수용하되 첨부된 본 수령 결정서에 따라 새로 책정된 가격에 맞춰 집단농장과 농장원들에게 분배한다. 또한, 1937년 10월 17일 한인들의 퇴거 후 해당 가축은 돌봐줄 사람이 없이 방치된 상태였으며, 충분한 보살핌이 제대로 이뤄지지 않았고, 사료 급식은 50%에 불과한 데다 거친 건초 및 콩짚을 사료로 사용했다는 점들이 가축의 영양실조를 초래했다는 것을 하바롭스크 육가공콤비나트 측에 가축 양도 전 미리 알린다.

본 결정서는 4장 5쪽이며 총 2부로 작성되었다. 한 부는 하바롭스크 육가공 콤비나트로 보내며, 다른 한 부는 쿠르-우르미스키지구의 지역 3인 위원회의 사건기록으로 보관한다.

서명:

수의병 대행 지역전권대표 – 코로트코프(KOPOTKOB)

위원회: 알례예프(AЛEEB), 돈구조프(ДOHГУЗOB), 심마첸코(CИMAЧEHKO)

확인: 농촌소비에트 의장

ГАХК, Ф. П-2, Оп.1, Д.1344, Л.812

극동 국경 지역 한인의 이주에 따른 급여 정산 및 필요 식량 지급 지침

시리즈 Г

2개의 수신지

블라디보스토크

공산당 주위원회 벡케르 동지 및
주집행위원회 다닐로프 동지에게

첫째. 국경 지역 내 모든 기관 및 기업 수장들은 해당 지역에서 한인 이주가 이뤄질 수 있도록 협조하며, 한인 근무자 및 노동자들의 급여에 대해 정산이 완전히 이뤄지도록 한다. 퇴사 기간은 지역 3인위원회가 정한다. 퇴사 시, 퇴사일에 따른 급여, 월급 정도의 퇴직금 및 근무 기간에 대한 휴가 수당이 지급된다.

둘째. 이주 대상인 조선사범대 및 전문학교의 한인 학생들에게 이주 시 필요한 식량에 대해 각 200루블씩 한 차례 지급한다.

셋째. 국경수비대에서 퇴역하는 모든 한인 – 붉은군대, 하급지휘관 각자에게 이주 시 필요한 식량에 대해 3인위원회 지시에 따라 지급된 비용에서 200루블씩 한 차례 지급한다.

넷째. 지역 3인위원회는 한인 이주 출발 전 이들에 대한 간단한 방역 작업을 시행한다.

다섯째. 기차로 이주하는 한인들의 식사는 이주하는 〈집단농장들의 의장, 농촌소비에트 의장〉, 경제위원회 구성원에서 선발된 열차 지휘관들이 담당하여 조직한다.

여섯째. 지역 3인위원회는 전체 이송 기간 필요한 식량을 제공해야 한다 – 이주하는 모든 집단농장원과 개별 농민들에게 최소 30일간 필요한 식량을 집단농장 생산물로 제공한다. № 422.

바레이키스   볼스키

ГАХК, ф.828, оп.1, д.4, л.1

소련 농업은행 극동지부가 우즈벡 지부에 통지한 한인 집단농장의 잔류 재산에 대한 청산비 지급

재무인민위원부 – 소련   2급 비밀

소련 농업 은행 «농업은행»

관리부 _____

우편 주소

[모스크바]-농업은행 모스크바, 네글린나야가, 12 - «Б» 전화번호 _____

발행번호   일자   발행번호 №4-234c   일자   1938년 8월 10일

농업은행 우즈벡 지부장

로마넨코(POMAHEHKO) 동지 앞

사본: 농업은행 극동지부

B/№ 136/c호 1938년 7월 29일

본 내용으로서 정착지 집단농장이 극동변강주에 남아 있는 가축을 대가로 한 납품영수증을 제시함으로 받는 노동용 가축 및 식용 가축을 제외하고는 한인 집단농장의 남겨진 공유재산의 값은 집단농장으로 되돌려지지 않을 것임을 설명한 다.

한인 집단농장의 잔류 재산에 대한 청산비로 100만 루블이 귀 지점으로 지급되었다.

한인 집단농장의 불가분 자금 복원을 위해 농가당 1000루블의 청산 영구대부 할당금이 개설되었다(1938년 2월 27일 자 업무서한 제4-481c호).

극동변강주 한인 집단농장의 재산 청산으로 수령한 자금은 반드시 본 은행 극동 지점 311호 계정으로 입금되고 연말에는 농업은행 간부회로 이체되어야 한다.

참고로, 일전에 우리가 이주한 한인 농업 집단농장이 극동변강주에 남긴 재산의 가치를 상환하는 절차에 대해 당국에 제기한 문제는, 1938년 2월 20일 자 인민위원회 제200-33/c.호의 결정에 따라 경제 소비에트의 논의로부터 제외되었음을 알리고자 한다.

소련 농업은행 이민부 담당자: [서명] (모케예프 Мокеев)

ГАХК, ф.828, оп.1, д.5, л.6

한인 집단농장의 가축에 대해 발행한 확인영수증의 유효성과 상환의 문제

카자흐소비에트사회주의공화국 인민위원협의회 [95]

№ I-K 1938년 8월 26일.

카자흐 자고트콘(КАЗЗАГОТКОНЬ)[96] 오룸바예프(ОРУМБАЕВ) 동지 앞.

귀측의 1938년 8월 26일 자 제1430호 공문에 대해 인민위원부는, 극동변강주 포시예트 육류 트러스트가 양도받은 한인 집단농장의 가축에 대해 발행한 확인영수증에는 인장이 없음을 알립니다. 또한 그 유효성에 대한 우리의 문의에 대해 포시예트 육류 트러스트가 답을 하지 않고 있다는 것을 알립니다.

육류 트러스트와 동일한 체계를 가진 카자흐 자고트콘이 그러한 확인영수증을 유효하다고 인정하고 그것을 받고 상환을 진행하기에 인민위원부는 «자고트콘» 체제를 따르는 그 영수증을 거절하고 가축을 내어주지 않는 것은 정당하지 않다고 간주하고 있으며 다음과 같은 조건이 준수될 경우 처리를 보증해 주도록 제의합니다. 확인영수증은 확정된 양식이어야 하며, 영수증에는 규정된 형태의 증서가 수반되어야 하고, 영수증과 증서는 가축을 수령한 이와 양도한 이의 서명이 있어야 한다.

카자흐공화국 인민 연맹 의장 임시 직무대리 /클리멘티예프(Климентьев)/

틀림없음. 네차예바(Нечаева).

사본 확인: [서명]

---

95 Совет народных комиссаров.
96 ЗАГОТКОНЬ. 말·낙타 조달 및 판매사무소.

ГАХК, ф.828, оп.1, д.4, л.4

한인 이주자에 대한 카자흐공화국 내 자금 지불

<u>사본.</u>
공지 대상 아님.
1938년 10월 14일 № 119.

농업은행 카자흐 지부

사본: 조달통제 카자흐 지부.

올해 12월 9일 자 수정안 제6114호에 따라 카자흐공화국 토지인민위원회는, 마필관리소(конебаз)가 부착한 영수증 혹은 극동 변경으로 말을 인도하도록 한 조치와 주(州)마필조달관리소가 아니라 «자고트콘» 카자흐 지부 중앙의 절차로 «자고트콘»의 시스템에 따라 마필 집단농장에 인도되도록 하는 조치가 첨부된 마필관리소의 예산에 반대하며, 한인 정착민에게 지불될 말 624필에 대한 비용으로 한인 이주자에게 할당된 자금의 잔액 지불을 요청합니다.

사본 확인: [서명]

3부 발(송).
1부 극동변강주
1부 소련 농업은행
1부 업무서류철

ГАХК, ф.828, оп.1, д.4, л.3

한인 집단농장의 말 수용가 평가 조직 구성

재무인민위원부 – 소련   2급 비밀

소련 농업 은행 《농업은행》

관리부 _____

우편 주소

[모스크바]-농업은행 모스크바, 네글린나야가, 12 – 《Б》 전화번호 _____

발행번호 일자   발행번호 №4-331c   일자   1938년 11월 19일

농업은행 카자흐공화국 지부장 앞

농업은행 극동 지부장 앞

소련 재무인민위원부는 소련 농업은행에 토지 및 금융당국과 더불어 극동 농업은행 지부에 한인 집단농장의 말을 수용하고 그들이 받은 말의 값을 평가할 조직을 구성할 것을 지시하도록 제안하고 소련 농업은행 극동 지부가 변경주 재무 당국과 더불어 이들 조직으로부터 말 값에 대한 금액을 징수하도록 하였다.

이 지시는 카자흐스탄으로 이주하는 한인에게 지출되는 자금을 대신하여 한인 집단농장들에 발행된 교환권에 대응하고자 카자흐스탄공화국 인민위원회가 조달한 624마리의 말을 농업은행 카자흐스탄공화국 지부가 지급한 사안과 관련해 우리에게 내려졌다.

따라서 다음과 같이 제안한다:

1. 카자흐스탄공화국 지부장은 올해 11월 25일 이전까지 624마리의 말에 대한 지불을 목적으로 할당된 자금 지출에 대한 2부의 보고서를 작성하되 보고서의 첫 번째 본에는 유료교환권을 첨부하도록 한다. 전체 교환영수증이 첨부된 보고서의 첫 번째 본은 농업은행 극동 지부장에게 보내고 보고서 사본은 소련 농업은행 앞으로 발송한다.

2. 보고서를 받은 극동 지부장은 변강주 재무 당국과 함께 한인 집단농장에서

받은 말의 교환권을 발급한 조직으로부터 이들 마필가의 징수를 시작해야 한다. 이들 조직에서 받은 금액 전체는 연방 예산에 반납(14조 12항)해야 한다.

올해 12월 15일까지 변경주 재무 조직과 공동으로 한인 집단농장으로부터 말을 받았던 조직에서 환수한 금액에 대해 연방 재무 인민위원부에 전신 통지하고 그 사본을 우리에게 전달하도록 한다.

첨부 자료: 소련 재무인민위원부 공문 사본.

소련 농업은행장 대리:　　　[서명]　　차레프(ЦАРЕВ)

ГАХК, ф.828, оп.1, д.4, л.12

사본.

2급바밀

1938년 12월 2일

№ 155c

소련 인민위원협의회 앞

1937년 한인 주민을 극동변강주로부터 이주시킬 때, 소련 중앙 지역에서 극동 변강주로 가기로 계획되어 있는 어민들의 재정착을 보장하고자 어업인 동맹은 생산수단 및 주택 기금으로 조성된 한인 집단농장의 모든 자산을 사회화하기로 했다.

한인 집단농장들과 인수 재산에 대한 정산이 이루어졌다.

한인 집단농장들과 시행된 정산 기금은 소련 인민위원부의 1928년 2월 5일 자 제10594호 및 5월 17일 자 소련 재무인민위원부의 제23-177/3c 결정에 따라 소련 농업은행에서 3년간의 대출 형식으로 일금 335만 루블이 지급되었다.

1938년 기간 동안 경제협의회(ЭКОСО)[97]의 1938년 5월 17일 자 제328호 결정에 따라 극동변강주로 이주하기로 계획된 1000가구 중 468가구가 들어왔으며, 이들은 극동에 새로운 집단농장을 결성하여 극동변강주에 남아 있던 집단농장들을 채워나갔다.

주택기금을 포함해 한인 집단농장들로부터 수용된 재산은 현재 신규 재정착 집단농장들에게 이전되었는바 이에 대해 농업은행은 채무 갱신을 해야 한다.

소련 인민위원부의 1937년 11월 17일 자 제115/2043호 결정 «재정착 농가에 대한 혜택»(12 및 17조 «б»)에 따라 집단농장에서 5년간 지속적으로 노동하며 수리비를 부담할 경우 주거용 건축물은 이주한 집단농장민에게 무상으로 양도되어야

---

97   ЭКОСО. 소련인민위원부 산하 경제협의회(экономический совет при СНК СССР)의 줄임말로 1937년 당시 소련인민위원부 산하에 41개 경제 지도기관들의 협의체로 활동하였음.

제3부 1937년 극동러시아 한인의 강제이주와 그 후 | 227

하며, 가구당 행정비용과 집단농장 내 학교 및 보건 시설 건축 비용은 예산으로 지원해야 한다. 따라서, 집단농장들은 받았던 주택기금에 대해 3년 기한으로 농업은행에 채무 약정서를 발행해야 하며, 이 기간에 이 기금은 농업은행에 대한 대출금 상환을 위한 아무 담보 없이 집단농장 구성원들에게 무상으로 이전될 것이다. 주택 기금의 총액은 180만 루블이다.

[…] 인민위원부에게 요청하고자 하는 바는 […] 농업은행에 [……]

ГАХК, ф.828, оп.1, д.4, л.17

극동 한인 집단농장에 수용된 마필과 동일한 수를 카자흐 이주 한인 집단농장에 제공하는 문제에 대한 소련 농업은행의 의견

재무인민위원부 – 소련

소련 농업은행 《농업은행》

관리부 _____

전신 주소: (   )번째 자료

모스크바, 농업은행   모스크바, 네글린나야가, 12 - 《Б》 전화번호 _____

발행번호 일자   발행번호 №4-60с   일자   1939년 2월 2일

2급 비밀

농업은행 하바롭스크 변강주 지부

하바롭스크시

<u>1939년 1월 15일 자 № 2с에 대하여</u>

극동변강주에서 마필을 양도한 집단농장은 카자흐스탄의 마필가와 상관없이 카자흐스탄에서 동일한 수의 말을 받아야 한다는 귀측의 의견은 당연히 옳습니다.

소련 인민위원부의 1939년 2월 20일 자 결정에 따라 극동변강주에서 양도한 것과 동일한 수의 가축을 이주 집단농장과 그 집단농장원들에게 제공할 의무가 경제 조직들에 부여되어 있고, 동 조치를 이행할 특별 예산 기금은 보내지지 않은 만큼, 《육류관리국(Главмясо)》 트러스트가 집단농장에서 양도받은 마필의 값을 카자흐공화국에서 동일한 수의 말을 구매할 수 있는 금액으로 지불해야 할 의무가 있다고 여겨집니다.

집단농장이 극동변강주를 떠날 때 집단농장에 발급된 영수증에는 집단농장이

양도한 마필가가 제시되어 있지 않기에 그와 같이 조치하는 것이 더욱 공정합니다.

각 개별 집단농장으로부터 양도받은 마필가에 대한 정보를 귀측에 제공하라는 지시가 우리의 1939년 1월 10일과 20일 전보를 통해 카자흐 지부에 전달된 바 있습니다.

소련 농업은행 이주부 부장 [서명] 콜로드니(Колодный)

상급 감독관 [서명] 그보제프(Гвоздев)

2부.
1939년 [⋯]
1부 – 행정.
1부 – 업무철.

ГАХК, ф.828, оп.1, д.4, л.20

한인 농업 집단농장의 재산매각 대금 이용에 대하여

재무인민위원부 – 소련
소련 농업은행 «농업은행»
관리부 _____

전신 주소: (   )번째 자료
모스크바, 농업은행   모스크바, 네글린나야가, 12 - «Б» 전화번호 ___

발행번호 일자   발행번호 №4-74c   일자   1939년 2월 11일
2급 ~~바밀~~

소련 농업은행 극동 지부 임시 직무대리
디야첸코(ДЬЯЧЕНКО) 동지 앞

소련 농업은행 연해 변강주 지부장
샬리모프(ШАЛИМОВ) 동지 앞

<u>1939년 1월 26일 자 제8210호에 대하여</u>

동지들이 1939년 1월 26일 자 제8210호 서한으로 통지해 준 하바롭스크 변강주 재무관리국의 잘못된 행위에 대하여 소련 재무인민위원부 스베례프(Зверев) 동지에게 통보하였으며 또한 농업은행에 채무상환을 위해 남겨둔 한인 농업 집단농장의 재산매각 대금을 변강주재무관리국이 이용하도록 의무화해 줄 것을 요청하였습니다.

재산매각 대금을 어떤 집단농장 및 어떤 개별 주소로 넣을 것이며 또한 새로운 거주지들에서 이주한 집단농장들이 (재산에 대해 그들이 받은 금액의 한도 안에서) 해당 은행 출장소들로 자신들의 부채를 상환할 수 있도록 하는 금융조직을 귀하

들이 설립해 줄 것을 제안합니다.

그 외에도, 우리는 어떤 집단농장들이 재산 대금을 수령하였는지와 대출 부채 이전 대상 콜호스들의 주소를 귀하에게도 통지해 주도록 우즈벡 및 카자흐의 농업은행 지부들에 제안하였습니다.

농업은행에 대한 부채 및 남겨진 한인 집단농장의 재산 가치에 대한 상세 내용이 첨부된 귀하의 서한은 통상적 절차에 따라 발송되었습니다.

이로써 당신들은 한인의 배치에 대한 모든 왕복 업무서신들은 비밀로 유지되어야만 한다고 한 소련 인민위원부의 1938년 5월 19일 자 제CO-2156호의 지시를 위반하고 있습니다.

향후로는 이러한 일이 용납되지 않기를 권하는 바입니다.

소련 농업은행 이주부 부장 [서명] 콜로드니(Колодный)

상급 감독관 [서명] 그보졔프(Гвоздев)

3부.
(19)39년 2월 […]
1부 – 하바롭.
1부 – 블라디.
1부 – 업무철

ГАХК, ф.828, оп.1, д.4, л.21

극동 한인 집단농장의 잔류 재산 및 부채의 상세 목록 발송 요청

재무인민위원부 – 소련

소련 농업은행 «농업은행»

관리부 _____

전신 주소:

모스크바, 농업은행   모스크바, 네글린나야가, 12 - «Б» 전화번호 ____

발행번호 일자 발행번호 №4-74c   일자 1939년 2월 11일

2급 비밀

농업은행 카잔 지부장 예피모프(ЕФИМОВ) 동지 앞

농업은행 우즈벡 지부장 로마넨코(РОМАНЕНКО) 동지 앞

사본: 농업은행 하바롭스크 지부

농업은행 연해주 지부

농업은행 하바롭스크 지부의 통지에 따르면 극동변강주의 지방 재무관리국은 재정착한 한인 농업집단농장들이 극동변강주에 남겨둔 재산의 매각 대금을 당국의 지침에 부합하지 않게 자신들의 새로운 주소지로 이체시켰습니다.

아울러 극동변강주 농업은행에 대한 한인 집단농장의 부채는 미지불 상태로 남겨져 있습니다.

우리는 당신이 20일 이내에 잔류 재산에 대한 자금이 어떤 집단농장들로 이체되었는지 확인하고 해당 집단농장들의 목록을 하바롭스크 혹은 연해 변강주 농업은행 지부에 통지하며 우리에게 그 사본을 발송해 주실 것을 제안합니다.

작성될 목록에는 집단농장들의 명칭(명칭이 바뀐 경우 신구 명칭 병기), 위치한

곳의 상세 주소 및 잔류 재산에 대해 극동변강주로부터 이들 집단농장이 받은 액수가 명시되어야 합니다.

이들 집단농장의 부채에 대한 이전 조치에 대해, 우리는 극동변강주로부터 받은 금액의 한도 안에서 이 부채를 회수하시기를 귀하에게 제안합니다.

소련 농업은행 이주부 부장 [서명] 콜로드니(Колодный)

상급 감독관 [서명] 그보졔프(Гвоздев)

(19)39년 [⋯]
[⋯] – 주소.
[⋯] – 업무철

ГАХК, ф.828, оп.1, д.4, лл.25-27

한인 집단농장 및 개인들이 양도한 382필의 수용처

재무인민위원부-소련
농업은행   육류관리국 하바롭스크 변강주 지부 앞
극동   관내.
변강주 지부
1939년 5월 23일 № 32/c

지난해 한인 가구들을 재배치할 때 귀사의 육류가공공장 및 지점들이 작업마를 무상으로 인수한 바 있는데 그 비용은 소련 재무인민위원부의 지침에 따라 청구 대상임.

우리는 다음과 같이 집단농장 및 개인들이 양도한 382필의 수용처를 확인해 주는 서류를 받았음:

인도 [장소]	인수자	확인 영수증 번호	가축의 수	총 가격	도착지 발행	
					수	총 가격
1	2	3	4	5	6	7
붉은 10월 포시예트(Красный Октябрь Посьетск) 집단농장	노보키옙스크 (Новокиевск) 농촌소비조합	6 8	45 22	16050-00 6625-00		
	계:		67	22675-00	67	86160-9[…]
[…]-몽찬(Мон-чан) […]비치(виц) 호롤스크(Хорольск)	호롤스크 가축조달관리지 소	252955	1	400-00	1	1846-7[…]
[…]정준(Тен-дюн) […]보카트카(вокатка)	상동	252676	1	140-00	1	907-1[…]
[…]필립(Филипп) […]보카트카(вокатка)	상동	252680	1	140-00	1	973-5[…]
제3코민테른(3-й Коминтерн) 나나이스크(Нанайск.) 지구	하바롭스크 육류가공공장	030263 264 265 266 269 270 271 272 273 274 277	11	4650-00	11	16135-6[…]
소브쿨트(совкульту) 집단농장 수찬스키(Сучанск.)지 구	힐랑돈스키 (Хиландонский) 접수처	206652	34	26540-00		
5월 1일(1-е мая) 집단농장 […]지구	상동	206651	15	4882-00		

1	2	3	4	5	6	7
제2차5개년계획(2-я Пятилетка) 집단농장	고르데옙스크 (Гордеевск) 접수처	002732 002729	18 19	6705-00 9155-00		
	계:		86	47282-00	86	99109-55
코민테른(Коминтерн) 집단농장 콤소몰스크(Комсомол.)지구	콤소몰스크. 육류가공공장	121 105 101 103 104	5	5600-00	5	16724-40
스탈린명칭(им. Сталина) 집단농장 하바롭.(Хабар.)지구	하바롭스크 육류가공공장	000477 000478 000479	8 13 1	1040-00 13500-00 60-00		
	계:		22	14600-00	24	26166-62
보로실로프 명칭(им. Ворошилова) 집단농장 스탈린스크. [⋯] K.A.O	스탈린스키지구 접수처	번호 없음	114	44540-00	93	108164-93
카를 립크네흐트 명칭(им. Карла Либкнехта) 집단농장 몰로토프(Молотов) 집단농장 [⋯] 비르스키(Бирский)지구	비로비잔 (Биробиджанск.) 육류가공공장 비르스키지구 이바놉스키 (Ивановский) 지역 접수처	194742 194739 194738 256466 256467	1 5 6 9 3	이 마필가는 아래 서류에 기재되지 않음		
	계:		24		26	28172-79
[⋯]군옥(гун-ок) [⋯]보크라트카(вокатка) 호롤스크(Хорольск.)지구	호롤스크지구 접수처	262679	1	70-00	1	1438-95
안 트로핌(Ан Трофим) 상동	상동	252678	1	70-00	1	1725-53
[⋯] 일리야(Илья) B. 아다미(Адами)	블라디보스토크 육류가공공장	증서 №17	1		1	1038-22
크라스나야 자랴(Красн. Заря) 집단농장 [⋯]톱스크.지구	블라디보스토크 육류가공공장 접수처	증서 №3 334413	16		15	26537-79
붉은 10월(Красный Октябрь) 집단농장 키로프(Кировск.)지구 우수리스크주	스파스키 육류가공공장 접수처	가라센코 (Гарасенко) 가 서명한 번호 없는 증서	31		26	41928-56
	계:		310 72	140167-00 가격 미표시		
	총계:		382		359	446734-40

우리는 소련의 농업은행으로부터 도착지에서 발행된 마필가, 즉 446,734루블 40코페이카를 그 말들을 인수했던 기관으로부터 징수하라는 지시를 받았음.

귀측이 그 정산서에 의거하여 일을 수행할 수 없다고 하고 있으므로 다음을 요청하고자 함:

1. 접수영수증에 가격이 표시되어 있지 않은 접수처들의 72마리에 대한 가격을 확인해 주시기 바람.

2. 총 382필에 대한 승인 액 전부를 농업은행 변방주 지부 통신계좌 № 191001을 통해 국립은행 변강주 지부로 지불해 주시기 바람.

농업은행 변강주 지부장 임시 직무대리 [서명] 디야첸코(Дьяченко)

ГАХК, ф.828, оп.1, д.4, л.28

옛 한인 집단농장의 부채 추심 문제에 대한 상세 지침의 문의 안내

재무인민위원부 – 소련

농업은행   농업은행 주 지부장

극동   데멘코(ДЕМЕНКО) 동지 앞

변강주 지부

1939년 6월 [⋯] № 47/c   우수리스크주 보로실로프시

<u>1939년 6월 9일 제4-3호에 대하여.</u>

소련 농업은행의 옛 한인 집단농장의 부채 추심 문제에 대한 상세한 지침은 농업은행 연해 변강주 지부 샬리모프(Шалимов) 동지에게도 송부된 1939년 2월 11일자 제4-74c호 서한에 나와 있습니다. 이 서한은 비밀 지침에 따라 발송된 것이므로 그 사본을 받으려면 농업은행 연해변강주 지부로 문의하시기 바랍니다.

소련 농업은행은 1939년 2월 9일 자 제8/103호 서한에서 "집단농장이 떠난 뒤 남겨진 재산으로 농업은행 대출금 회수를 연장하기 위해 사법조정기구를 통해 지방지부들에 건의하는 것이 필수적임"을 지적했습니다.

재배치된 집단농장들의 소재지 주소에 대해서 우리는 다만 이 지역 혹은 다른 지역의 집단농장이 어느 공화국으로 보내졌는지를 보여주는 자료만 가지고 있습니다. 해당 목록의 사본을 첨부하였습니다. 재배치 집단농장의 소재지 확인을 하려면 내무인민위원부 지방관리국 및 농업은행 카자흐공화국 지부로 문의하실 것을 권고합니다.

첨부자료: 옛 한인 집단농장들의 재배치에 대한 발췌 정보.

농업은행 변강주 지부장 임시 직무대리   디야첸코(ДЬЯЧЕНКО)

특수 사업 상급 감독관   [서명]   보로비요프(Воробьев)

ГАХК, ф.828, оп.1, д.4, л.30

우즈벡공화국으로의 한인 이주자 배치 완료에 따른 채무 및 인도 재산 정산 완료 촉구

2급 버밀

재무인민위원부 – 소련

소련 농업 은행 «농업은행»

관리부 _____

전신 주소:

모스크바, 농업은행   모스크바, 네글린나야가, 12 - «Б» 전화번호 _____

발행번호 일 발행번호 4-381с   일자   1939년 7월 4일

농업은행 하바롭스크 지부

농업은행 연해주 지부

소련 인민위원부 산하 경제협의회의 1939년 6월 26일 자 제614-120с호 «우즈벡공화국으로의 한인 이주자들에 대한 경제적 배치 완료에 관한» (제7조) 결정에 따라 연해주 및 하바롭스크 변강주의 소련 최고 소비에트 상임위원회 간부회의 지역위원회 및 우즈벡공화국 인민위원부로 하여금 1939년 9월 1일까지 우즈벡공화국에 배치된 한인 이주민과 모든 청산을 끝내어 우즈벡공화국으로 재배치된 이주 한인들의 채무액 산정과 그들이 극동에서 인도한 재산의 산정 절차를 결정하도록 제안되었습니다.

위의 산정 절차를 마련하는 데 참여해 주시고 이주민으로 인해 발생된 농업은행에 대한 채무 상환을 보장해 주시기 바랍니다.

소련 농업은행 이주부 부장 [서명] 콜로드니(Колодный)

ГАХК, ф.828, оп.1, д.4, лл.35-35об.

한인 집단농장의 농업은행 부채에 관한 재무인민위원부 경제 협의회의 1939년 10월 31일 자 제안

소련

내무인민위원부

모스크바, 중앙, 쿠이븨이셰바 거리 9. 전신송부처: 모스크바 재무인민위원부동맹

전화: 교환 1-05-00, 문의처 4-02-04, 전화통보처 2-18-92

1939년 11월 28일. 목록 082/3c

농업은행 하바롭스크 지부

하바롭스크 재무과 앞

사본: 하바롭스크 변강주 소련 최고 소비에트 상임위원회 간부회의 지역위원회 앞

소련 재무인민위원부 산하 경제 협의회는 (19)39년 10월 31일 자 CO-8895 공문을 통해 다음을 제안하였다:

1. 하바롭스크 변강주 소련 최고 소비에트 상임위원회 간부회의 지역위원회는 농업은행과 함께 한인 집단농장이 농업은행에 대한 부채를 확인하고 채무액을 소련 재무인민위원부와 소련 농업은행에 통지한다.

2. 한인 이주자들이 남겨둔 재산에 대한 지불을 목적으로 발행된 예산 상환 대상 액인 70만 9100루블을 하바롭스크 변강주 소련 최고 소비에트 상임위원회 간부회의 지역위원회로부터 상각한다.

3. 한인 집합농장들이 재정착 과정에서 양도한 재산에 대해 이들 집단농장에 지불한 채무이행금을 한인 집단농장들의 농업은행 인가 기금 채무액과 상각한다.

4. 하바롭스크 변강주 소련 최고 소비에트 상임위원회 간부회의 지역위원회와 소련 재무인민위원부는 소련 재무인민부 산하 경제 협의회에 남은 미상환 약정을 충당할 절차와 그 재원 및 유용한 재산의 판매 이행 조치에 관한 공동 제안을 제출한다.

소련 재무인민부 산하 경제 협의회의 특별 지령과 관련하여 재무인민위원부와 농업은행은 농업은행 하바롭스크 지부 및 하바롭스크 변강주 재무과에 다음과 같은 활동을 수행할 것을 제안한다:

1. 농업은행 하바롭스크 지부는 개별 한인 집단농장별로 정확한 지원 약정액을 확인하도록 한다.

II. 변강주 재무과:
1. 한인 집단농장이 양도한 재산에 대해 한인 집단농장들에 부여한 약정액을 확인한다.
별도 목록으로 각 집단농장의 명칭 및 각 집단농장별 약정액을 기입한다.

2. 한인 집단농장들의 남겨진 재산에 대한 매각 대금의 액수(집단농장들의 명칭 명시)

3. 재산 매각 명령에 따른 대금의 송금처는 어디인가(2항).
a) 국가 예산 회수(금액).
б) 신규 거주지 한인 집단농장으로 이체.
한인 집단농장으로 이체된 금액을 표기할 때에는 하나의 자료에 집단농장의 이름과 그 신규 거주지의 정확한 주소, 이체 금액을 기재할 것.
4. 국가 기관이 무상으로 재산을 양도한 금액.
5. 잔여재산 판매 적정 예상가.
6. 발행된 약정액과 재산 매각 대금 간 차이(1-(2,4)-5항)

앞서 언급된 정보의 작성 작업은 송부된 정보가 농업은행에 대한 채무 상황 및 한인 집단농장에 대한 약정액, 그리고 매각에 적합한 재산 현황과 남은 재산의 판매에 관하여 취한 모든 조치를 완전하고 정확한 모습으로 파악할 수 있도록 세심하게 진행되어야만 한다.

명시된 자료는 올해 12월 26일까지 소련 재무인민위원부와 농업은행으로 송부하도록 한다.

부채 탕감 및 상환에 관한 지침은 명시된 자료를 검토하여 제공될 것이다.

소련 재무인민위원부 담당 [서명] 보드로프(БОДРОВ)

소련 농업은행장 [서명] 골레프(ГОЛЕВ)

[…] 2부.

39년 11월 […]

1-3 발송처.

№4 업무철

[…]

ГАХК, ф.828, оп.1, д.4, л.36

우즈벡 및 카자흐공화국으로 재배치된
옛 한인 집단농장들의 1939년 12월 기준 미상환금

2급 비밀

소련 농업은행장
골레프(ГОЛЕВ) 동지 앞

1939년 11월 28일 자 № 082/3c호에 대하여

우즈벡 및 카자흐공화국으로 재배치된 옛 한인 집단농장들의 채무로서 1939년 12월 30일을 기준으로 미상환 상태에 있는 금액은 다음과 같음을 알려드립니다.

하바롭스크주 비킨스크지구(Бикинский район):

스탈린 명칭 집단농장(им. «СТАЛИНА») ·······················135200루블.

적성(赤星 кр. «ЗВЕЗДА») 집단농장 ····························· 300루블.

하바롭스크주 뱌젭스키(Вяземский)지구:

«아방가르드(АВАНГАРД)» 집단농장·········111999루블. 47코페이카.

하바롭스크주 로조프(Лозовский)지구:

«동방(ВОСТОК)» 집단농장 ·························40386루블. 90코페이카.

하바롭스크주 콤소몰스크(Комсомольск)시:

«푸시키노(ПУШКИНО)» 집단농장 ·················68463루블. 18코페이카.

«코민테른(КОМИНТЕРН)» 집단농장 ······································2700루블.

«붉은 파하리(КР. ПАХАРЬ)» 집단농장 ······························· 500루블.

71663루블. 18코페이카

총 삼십오만구천오백사십구 루블 55코페이카(359549루블. 55코페이카)

또한 우리는, 하바롭스크 변강주 재무과가 1939년 12월 25일 자로 경제협의회에 제출했다는 제711/c호가 요구했던 정보를 충분히 반영하지 못했다는 점을 귀하에

게 알려드립니다. 전체 정보는 1940년 1월 말, 즉 현장으로부터 그러한 정보를 받는 즉시, 재무인민위원부(НКФИН)로 제출될 것이 예상됩니다.

변강주 농업은행 지부장   쟈브로프(Зябров)

특수 사업 상급 감독관   [서명] 보로비요프(Воробьев)

교환 절차에 따라 재배치 한인들에게 인도된 마필

보고

교환 절차에 따라 재배치 한인들에게 인도된 마필에 대하여

№	마필을 받은 집단농장의 명칭	가격	극동변강주에 양도한 두수	집단농장에 교부한 접수영수증의 수	접수영수증 번호
1	2	3	4	5	6
1	집단농장 «연해주 빨치산 Приморский Партизан»	26537-79	16	15	№ 334413 구명칭 «크라스나야 자랴 Красная Заря»에서 개명한 집단농장임
2	집단농장 «붉은 10월 Красный Октябрь»	41928-56	31	26	37년 9월 20일 자 증서
3	집단농장 «붉은 10월 Красный Октябрь»	86160-91	67	67	№№ 6.8.
4	집단농장 «신생명 Новая Жизнь»	16135-67	11	11	№№ 030263-267, 030269-274, 206652, 206651, 002732, 002729
5	집단농장 «코민테른 Коминтерн»	83476-18		75	
6	집단농장 «레닌의 길 Путь Ленина»	15633-37	86	11	
7	집단농장 «붉은 한인 Красный Кореец»	6427-40	5	5	№№ 101, 103, 104, 105, 121
8	«스탈린 Сталин» 명칭 집단농장	26166-62	24	24	№№ 000477, 000478, 000479, 일부 2마리는 영수증 3[…]에서
9	집단농장 «카를 립크네흐트 «Карл Либкнехт»	28172-79	24	26	№№ 194738, 194739, 194742, 256466-467
10	집단농장 «보로실로프 Ворошилов»	108164-93	114	93	№ 37년 9월 27일 자
	계	438804-22	376	353	

집단농장원

1	안춘옥(Ан-Чун-ок)	1438-95	1	1	№ 252679
2	안 트로핌(Ан-Трофим)	1725-53	1	1	№ 252678
3	김몽찬(Ким-Мон-Чан)	1846-74	1	1	№ 252955
4	정 마리야(Тен-Мария)	907-15	1	1	№ 252676
5	김 필립(Ким-Филип)	973-59	1	1	№ 252680
6	한 일리야(Хан Илья)	1038-22	1	1	37년 10월 14일 자 증서 № 17
	계	7930-18	6	6	
	총계	446734-40	382	359	

ГАХК, ф.828, оп.1, д.5, лл.78-82

카자흐공화국 재배치 한인들에게 인도된
마필의 교환 관련 보고

보고

교환 절차에 따라 재배치 한인들에게 인도된 마필에 대하여.

№.	마필을 받은 집단농장의 명칭	가격	극동변강주에 양도한 두수	재배치 집단농장에 교부한 교환 영수증의 수
1	집단농장 모프르(МОПР)	1429-67	1필.	1필.
2	집단농장 기간트(Гигант)	102033-67	66필.	66필.
3	집단농장 마이쉬(Майши)	60540-36	53 〃	42 〃
4	10월의 길(Путь Октября)	46662-00	36 〃	33 〃
5	칼리닌 명칭(Им. Калинина)	18865-35	18 〃	14 〃
6	10월의 길(Путь Октября)	1278-99	-	1 〃
7	보로실로프(Им. Ворошилова)	72674-61	38 〃	34 〃
	집단농장에 대한 합계	303484-65	212 〃	191필

집단농장원

1	이주자 최(Цой)	365-84	1필.	1필.
2	이주자 단순문(Дан-Сун-Мун)	1250-58	1필.	1필.
3	이주자 정장집(Тен-Тан-Тив)	1305-41	1필.	1필.
	계	2921-83	3필.	3필.
	총계	306406-48	215필.	194필.

십만 육천 사백 육 루블. 48코페이카.

농업은행 카자흐공화국 지부장 [서명] P. 예피모프(P. Ефимов)

이주부 집행부장   [서명] 플레트뇨프(ПЛЕТНЕВ)

39년 12월 7일
알마-아타시

1. 집단농장 «모프르 МОПР»가 가축조달관리소 슈마코프(Шмаковский)지구 분
소에 양도한 700루블 – 칠백 루블 00코페이카 - 상당의 말 1필에 대한 1937년 9월
20일 자 제6호 구매 영수증

2. 1939년 7월 20일 자 제146호 증서
집단농장 «모프르»가 양도한 1200루블 상당의 말 1필 관련

3. 1939년 7월 20일 자 제146호 정산서.

농업용 말 1필	가격	1200루블.
거래 제잡비		151루블 57코페이카
말먹이 조달 1필 13일 1일당 6루블		78루블
	계	1429-67루블

일천사백 이십구 루블 67코페이카

1. 1937년 10월 14일 자 약정서. 집단농장 «붉은 아방가르드 Красный Авангард»
에 의해 극동변강주의 반고우스크(Вангоусский) 마을 소비협회(Сельпо)에 양도
된 76200루블 – 칠만 육천 이백 루블 00코페이카 - 상당의 말 66필 관련

2. 1939년 5월 23일 자 제3호 증서. 집단농장 «기간트 Гигант»에 자리를 잡은 집단

농장 «붉은 아방가르드 Красный Авангард»로 첨부된 목록대로 76200루블 상당의 말 66필을 이전하는 조치 관련.

<u>1939년 5월 23일 자 제2호 정산서.</u>

양도된 농업용 말 55필에 대해	루블.	70,025
종축. 망아지 1필	"	6,175
산정 기준에 근거한 운송비	"	15,857-02
거래 제잡비	"	6,947-78
말먹이 조달	"	3,028-87
	계	102,033-67

일십만 이천 삼십삼 루블 67코페이카

<u>1. 접수 영수증 제11호.</u>
«동방인 Восточник» 집단농장이 연해주 올긴스크(Ольгинск)지구 키예프 마을 소비협회에 양도한 11905 – 일만 일천 구백 오 루블 00코페이카 – 상당의 말 53필 관련.

<u>2. 1939년 6월 14일 자 제20호 증서.</u>
집단농장 «마이쉬 Майши»로 인도된 46900루블 – 사만 육천 구백 루블 00코페이카 – 상당의 말 53필 관련.

<u>3. 1939년 6월 18일 자 정산서 제120호.</u>

양도된 농업용 말 35필에 대해	루블.	36,950-00
양도된 소형 수송용 말 5필에 대해	"	7,000-00
양도된 중형 수송용 말 2필에 대해	"	2,950-00
운송비	"	6,426-72
거래 제잡비	"	4,880-96

말먹이 조달	"	2,332-68
계 42필에 대해 루블		60,540-36

육만 오백 사십 루블 36코페이카

1. 1937년 9월 15일 자 제1호 증서.
이주자 최(Цой)가 육류가공공장장에게 양도한 당나귀 관련.

2. 1939년 6월 22일 자 제24호 증서.
이주자 최(Цой)에 대한 290루블 – 이백 구십 루블 00코페이카 – 상당의 당나귀 1
마리 교부 관련.

1939년 6월 22일 자 제24호 정산서.

전에 양도된 당나귀 1마리에 대해	루블.	290-00
거래 제잡비	"	75-84
계		365-84

삼백 육십 오 루블 84코페이카.

1. 1937년 9월 8일 자 제55호 구매 영수증.
이주자 동순문(Дон-Сун-Мун)이 스파스크(Спасск)시 육류트러스트에 양도한 필
마 관련.

2. 1938년 7월 3일 자 제28호 증서.
이주자 동순문에 대한 950루블 – 구백 오십 루블 – 상당의 말 1필 교부 관련.
목록은 증서 뒷장에 첨부되어 있음.

3. 1939년 7월 3일 자 제28호 정산서.

말 1필 가격	루블.	95-00
운송비	"	141-83
거래 제잡비	"	103-21
말먹이 조달	"	55-54
	계	1250-58

일천 이백 오십 루블 58코페이카

1. 접수영수증 № 191968.
집단농장 «새 길 Новый путь»이 블라디보스토크시의 육류가공공장에 양도한 말 36필 관련.

2. 1939년 5월 26일 자 제9호 증서.
집단농장 «10월의 길 Путь Октября»로 인도된 34725루블 – 삼만 사천 칠백 이십 오 루블 00코페이카 – 상당의 말 33필 관련.

1929년 5월 26일 자 제8호 정산서.

양도된 농업용 말 33필의 가격	루블.	34725-00
운송비	"	6601-33
거래 제잡비	"	3502-85
말먹이 조달	"	1832-82
	계	46,662-00

사만 육천 육백 육십이 루블 00코페이카

<u>1937년 9월 20일 자 증서.</u>
집단농장 «울라키네츠 Улакинец»가 지구 3인위원회(райтройка)에 양도한 18마
리의 가축 관련.

<u>6월 1일 자 제12호 증서.</u>
집단농장 «칼리닌 Калинин»으로 인도된 […]루블 상당의 말 14필 관련. […]

<u>1939년 6월 18일 자 제12호 정산서.</u>

양도된 농업용 말 14필의 가격	루블	14,600-00
운송 비용	"	1,994-39
거래 제잡비	"	1,493-40
말먹이 조달	"	777-56
	계	18,865-35

일만 팔천 팔백 육십오 루블 35코페이카.

<u>1939년 6월 18일 자 제14호 정산서.</u>

교부된 말 1필의 가격	루블	1,000-00
운송 비용	"	146-66
거래 제잡비	"	103-21
말먹이 조달	"	55-54
	계	1,305-41

일천 삼백 오 루블 41코페이카.

<u>1937년 9월 21일 자 제21호 증서.</u>
이주자 정장집(Тен-Тан-Тив)이 키로프지구 스파스크 육류가공공장 접수[과]장에
게 양도한 말 1필 관련.

<u>1939년 6월 3일 자 제14호 증서.</u>
이주자 정장집에 대한 1000루블 – 일천 루블 00코페이카 – 상당의 말 1필 교부 관련.

1. <u>1939년 5월 26일 자 제1-50호 증명서.</u> 1937년 10월 3일 자 제191868호 접수 영수증에 대해 제4호 증서에서는 집단농장 «10월의 길 Путь Октября»로 3마리의 망아지가 인도되지 않았음을 확인.

<u>1939년 8월 29일 자 제25호 증서.</u>
집단농장 «10월의 길»에 대한 1000루블 – 일천 루블 00코페이카 – 상당의 말 1필 교부 관련.

<u>1939년 8월 29일 자 제25호 정산서.</u>

교부된 말 1필의 가격	1,000-00루블
수송 비용	146루블 66코페이카
거래 제잡비	103 " 21 "
말먹이 조달	29 " 12 "
계	1278루블. 99코페이카

일천 이백 칠십팔 루블 99코페이카

1. <u>1937년 9월 26일 자 접수 영수증.</u>
집단농장 «10월 Октябрь»이 비로비잔 육류가공공장에 양도한 6260루블 00코페이카 – 육천 이백 육십 루블 00코페이카 - 상당의 말 19필 관련.

<u>1937년 9월 27일 자 제7호 접수 영수증.</u>
집단농장 «집단 노동 Коллективный труд»이 스탈린지구 접수소로 양도한 8460루블 – 팔천 사백 육십 루블 00코페이카 – 상당의 말 19필 관련.

<u>1939년 8월 1일 자 제175호 증서.</u>
보로실로프 명칭 집단농장이 인도받은 57270루블 – 오만 칠천 이백 칠십 루블 00
코페이카 상당의 말 34필 관련.

<u>1939년 8월 1일 자 제175호 정산서.</u>

교부된 말 34필의 가격	루블	57,270-00
배송비	"	9,756-25
부수 경비	"	3,821-02
말먹이 조달	"	1,837-34
	계	72,674-61

칠만 이천 육백 칠십사 루블 61코페이카
금액 306406-48 – 삼십만 육천 사백 육 루블 48코페이카 – 상당의 말 194필 […]

재배치 집단농장들이 극동변강주에서 양도한 마리 수와 새로운 주소지에서 인도
받은 수 사이에 21 마리의 […] 차이가 있는바, 이는 극동변강주에서 어린 동물을
양도하고 배치지에서는 다 큰 가축으로 바꾼 결과로 인한 것으로 설명됨.
교환등가 계측 척도는 우리의 이전 비율 값을 참조.

농업은행 카자흐.공화국 지부장 [서명] P. 예피모프(Р. Ефимов)

이주부 집행부장 [서명] 플레트뇨프(ПЛЕТНЕВ)

ГАХК, ф.828, оп.1, д.5, лл.150-150об.

한인 집단농장으로부터 양도받은 마필가의 채무 주체

2급 비밀

소련 농업은행 이주부 담당자
콜리할로바(КОЛЫХАЛОВА) 동지 앞

모스크바.

<u>1940년 2월 10일 자 제4-197호에 대하여.</u>

한인 콜호스들은 카자흐 소비에트사회주의공화국으로 재배치될 때 자신들의 마필을 "육류-관리국(ГЛАВ-МЯСО)" 트러스트의 의장이 대표를 맡는 위원회의 결정에 따라 그 지역 센터들로 양도하였으며, 이는 624필의 말에 대한 지불을 위해 소련 농업은행이 지급하는 지출자금 관련 보고서에 첨부된 농업은행 카자흐공화국 지부 발행 증서들로 확인되고 있습니다.

집단농장들과 트러스트 지역 전권조직들의 마필 인수 및 양도 보고서는 하바롭스크 극동 "육류-관리국" 트러스트로 제출되었는바, 극동 트러스트는 한인 집단농장들로부터 양도받은 마필에 대한 부채 상환을 우리가 부담하고 한인 집단농장으로부터의 양도마 50필에 대한 트러스트의 채무를 지불해 달라고 제안하였습니다.

그 외에도 극동 "육류-관리국" 트러스트는 우리의 1939년 7월 22일 자 제59 с호의 질의서에 대해서 역시 한인 집단농장들로부터 자신들이 받은 접수액을 돌려주지 않았으며, 7월 23일 자 제283호 서한을 통해 «관리국본부 ГЛАВКЕ», 다시 말해 모스크바에서 이 문제를 해결해 주기까지 446734루블 40코페이카 금액의 영수증을 발급하고 양도받은 마필에 대한 채무를 지불할 수 없다고 우리에게 통보해 왔습니다.

따라서 우리는 한인 집단농장으로부터 양도받은 마필에 대한 채무를 책임져야 할 법률적 주체는 하바롭스크시에 위치한 극동 "육류-관리국" 트러스트라고 여기고 있습니다.

　현재 우리 지부는 카자흐공화국 농업은행 지부로부터 총 **사십 칠만 오천 팔백 사십** 루블 29코페이카 금액의 교환영수증에 따른 마필 지급 관련 지출 보고를 받았습니다.

　농업은행 변강주 지부장　쟈브레프(ЗЯБРЕВ)

　특수 사업 상급 감독관　[서명]　보로비요프(Воробьев)

엮은이
/
송준서

한국외국어대학교 러시아연구소 HK교수이다. 미시간주립대학교 역사학 박사이며, 주요 논저로『천년의 러시아: 모방과 변용의 문화』(공저, 2022),『세계사 속의 러시아혁명』(공저, 2019),「제정 말기 러시아의 동아시아 진출과 동아시아 인식」,「19세기 신슬라브주의자 니콜라이 다닐렙스키의 유럽 인식과 러시아」 등이 있다.

옮긴이(가나다순)
/
김혜진

한국외국어대학교 러시아연구소 HK연구교수이다. 모스크바국립대학교 역사학 박사이며, 주요 저서로『민족의 모자이크, 유라시아』(편저, 2016),『민족의 모자이크, 러시아』(편저, 2019),『러시아, 도시로 읽다: 상트페테르부르크에서 블라디보스토크까지』(공저, 2019) 등이 있다.

방일권

한국외국어대학교 중앙아시아연구소 연구교수이다. 러시아학술원 역사연구소 역사학 박사이며, 역서로 유리 로트만의『러시아 문화에 관한 담론』1, 2(공역, 2011),『러시아문서보관소 자료집 1_문서 번역집』(공역, 2020),『태평양전쟁사』1, 2(공역, 2017, 2019),『한국전쟁의 거짓말』(공역, 2018)이 있으며, 저서로는『책임과 변명의 인질극』(공저, 2018),『제국과 국민국가』(공저, 2021),『북·중·러 접경지대를 둘러싼 소지역주의 전략과 초국경 이동』(공저, 2020) 등이 있다.

배은경

한국외국어대학교 대학원 정보·기록학과 전임강사이다. 모스크바국립대학교 역사학 박사이며, 주요 논저로『최승희 무용연구소의 소련 순회공연 1950~1957』(2020),『로력자의 고향, 로력자의 조국』(2019),「기록화 스토리텔링 방법론 연구」,「1950년대 사할린 조선순회극단 연구: 러시아국립문학예술문서보관소(РГАЛИ) 자료에 기초하여」 등이 있다.

한울아카데미 2430

한국외대 디지털인문한국학연구소 연구총서 09
러시아문서보관소 자료집 5
1920~30년대 극동러시아 한인의 삶

ⓒ 한국외국어대학교 디지털인문한국학연구소, 2023

엮은이_ 송준서
옮긴이_ 김혜진·방일권·배은경
펴낸이_ 김종수
펴낸곳_ 한울엠플러스(주)
편집책임_ 조수임
편집_ 정은선

초판 1쇄 인쇄_ 2023년 2월 17일
초판 1쇄 발행_ 2023년 2월 28일

주소_ 10881 경기도 파주시 광인사길 153 한울시소빌딩 3층
전화_ 031-955-0655
팩스_ 031-955-0656
홈페이지_ www.hanulmplus.kr
등록번호_ 제406-2015-000143호

Printed in Korea.
ISBN   978-89-460-7431-6 93910

* 책값은 겉표지에 표시되어 있습니다.